気学用語事典

松田統聖
作道潤聖
共著

東洋書院

はじめに

気学が我が国のベーシックでポピュラーな運命学として、人生の岐路に迷う人々を助け、多くの支持を得てきたことは、周知のとおりです。また、それに伴って、多くの気学入門書、啓蒙書が出版されてきました。しかし、残念なことに、気学の専門用語を解説する本格的な事典というものは、これまで一冊も著されてきませんでした。このことは、初心者が気学を学ぶ際に、その都度、正確な知識を得ながら気学を自分のものにしていくのに、十分な環境が整っていないということにほかなりません。このような事情に鑑み、このたび『気学用語事典』を出版いたしました。

この事典は、「方位」「運勢」「気質」「家相」などの領域について、気学の基盤である「気」の論を基本とし、主に「孟子」の気の論と宋代の思想家である張横渠の「気の哲学」という、気の正統な思想に立って解説したもので、この点で、単なる事典としては勿論、正統気学を学ぶための指針としての役割も果たすものと自負しております。また、気学の実践法である「祐気どり」、「御神砂まき」の秘法につきましても、読者の皆様がすぐに実行できるよう、できるだけ丁寧に解説いたしました。ただ、用語事典であるために、詳細な解説に踏み込めない箇所もあります。その際は、『気学の力』『九星の秘密』『気学の真髄』『実践する気学』などを参照いただければと思います。なお、真の気学を識るためには、暦学をはじめ、易、四柱推命、の知識も必要であることは、いうまでもありません。

そこで、ここでは、気学を中心に気学周辺の暦学と四柱推命にまで語彙の範囲を広げ、五百項を越える項目を収録した事典となっております。

このような本事典を常に座右においていただき、皆様の毎日の生活にお役立て下さい。この用語事典が、気学に関心をもち、気学を学ぶ多くの人に、その手助けになっていただければ、私どもにとって幸甚これにすぐるものはありません。

最後に、この事典の編集、出版にあたり、聖法氣學會会長　伊藤聖優雨氏に幅広いご助力を頂きました。本書の出版にあたり、深く感謝を表します。

平成三十年十二月二十日

松田　統聖
作道　潤聖

―目　次―

【相性　あいしょう】

主に男女の気質の適合性の良否をいう。運命学のほとんどが、相性について良否を論じている。気学では本命星の九星がもつ五行の相生、比和、相剋の論理を判断基準とした原則的なものが主流である。概略、以下のように区分される。

互いの九星が相生の関係＝円満な関係
（本命一白の人と本命三碧の人との相性＝吉）
互いの九星が比和の関係＝相補い合う関係
（本命六白の人と本命七赤の人との相性＝吉）
互いの九星が相剋の関係＝傷つけ合う関係
（本命二黒の人と本命四緑の人との相性＝凶）

しかし、相性は九星の五行の相生、比和、相剋だけで判断できるものではない。五行を基本とはするが三碧木星、六白金星、九紫火星を本命とする人は、特に敏感、神経質であること、九星の陰陽（例えば互いの星の陰陽が同じ場合は相生の関係であっても鋭い関わりとなり、相剋の場合であれば、厳しい関わりとなる）などを考慮して多角的に判断しなければならない。一白水星から九紫火星の具体的な判断例は『実践する気学』の「第一章　相性の観方」に詳説。

【安倍晴明　あべのせいめい】
安倍晴明は平安時代の陰陽師（九二一～一〇〇五年）。鎌倉時代から明治時代初めまで陰陽寮を統括した安倍氏（土御門家）の開祖とされる。陰陽道とは中国の自然哲学である陰陽思想、五行思想を起源として、日本で独自に発展した。除災を中心とする呪術思想、占術。この仕業をおこなう人、あるいは集団を陰陽師という。安倍晴明は小説、テレビドラマ、映画、ゲームの主人公として登場している。陰陽五行思想については、【陰陽五行論　いんようごぎょうろん】【陰陽道　おんみょうどう】参照

【暗剣殺　あんけんさつ】
五大凶殺のひとつ。九星の遁行盤である年盤、月盤、日盤、刻盤の四つの遁行盤すべてにある凶神。五黄土星が回座している方位の向かい側の宮が暗剣殺となる。五黄土星が中宮の盤には暗剣殺はない。遁行盤上では暗剣殺は「ア」の略符合を使う。「ア」（暗剣殺）のある方位を「暗剣殺方位」、運気、鑑定では「暗剣殺を帯同する」という。凶作用は、「外部の原因による大きな災い」とされ、外部から受ける「事故」「傷害事件」「信用失墜による解職」や「人生を棒にふるような事件を起こす、巻き込まれる」などが、代表的な例である。また、暗剣殺が回座する宮に本命星が回座・同会した場合は、本命の気のエネルギーの活性力が阻害され、身体上の免疫力や判断力の低下、気力の減退などにより運気が低迷する。方位におけるこれらの作用は本命星の如何を問わず現象す

る。【五大凶殺　ごだいきょうさつ】参照

〈方位としての暗剣殺〉

〈例1〉辰　三碧木星の年

巽		南		坤
	2	7	9	
東	1ア	3	5	西
	6	8	4ハ	
艮		北		乾

東方が暗剣殺

自宅から見て東30度の
範囲内の移転、増改築
などは大凶方となり不可

〈例2〉丑　六白金星の年

巽		南		坤
	5	1	3ハ	
東	4	6	8	西
	9	2	7ア	
艮		北		乾

乾方が暗剣殺

自宅から見て西北60度の
範囲内の移転、増改築
などは大凶方となり不可

〔運気としての暗剣殺〕

この年の本命七赤金星の人の運気は、年盤で運気の盛衰をみると、暗剣殺を帯同しているため、前年から盛運の気運を残しつつも、衰運期での端境期を通過する中で、注意を払いながら諸事に対応する一年となる。即ち、突発的なトラブル、あるいは、実力以上の行動が思わぬ落とし穴になりやすく、波乱含みの年になる。

（年盤での場合）
丑　六白金星の年

巽	南	坤
5	1	3ハ
4	6	8
9	2	7ア
艮	北	乾

東（左）・西（右）

【一陰一陽　いちいんいちよう】

万物の根源である生々の気エネルギーの動きの象徴的な表現。陰気と陽気は常に引き合い、陰陽一体となって現象を生じ、しかもその一体という在り方は、両者が同一になるのではなく、あくまでも陰は陰、陽は陽である。陰気と陽気は互いに一対となり対立しつつ、依存する。このような陰の気と陽の気との関係をいう。「陰中に陽あり、陽中に陰あり」、あるいは「陽極まれば陰、陰極まれば陽」とされているように、このように陰の気と陽の気が動いて、瞬時も止まない様態が、一陰一陽ということなのである。【太極図　たいきょくず】参照

【井戸　いど】

井戸は、都会の一般の住居では、ほとんど見られなくなったが、それでも、古い家屋では、何十年も前に生活の必要上、敷地内に設けられ、現在では使用されていない井戸の処理の問題が出てくる。井戸は常に水を蓄えているだけに、昔から重視され、井戸には「井戸の神が住まう」といわれ、穢すことを禁じた扱いをされてきた。気学では「井戸の神」という考えはないが、敷地内にある井戸は五行の水気であり、敷地に居住する人に気の影響を与えるために、その対処は重要な課題となる。とくに、増改築などによって井戸を埋める場合には、無造作に土砂で埋めるのではなく、「気抜き」という手順をふむ必要がある。なお、敷地内の水気である井戸と同じく、敷地内に池を造ることは、このような敷地に居住する人に、生来、精神、神経系統を煩うもの、病弱短命なものが生まれるとして、気学では禁忌とされている。【気抜き　きぬき】参照

【居普請　いぶしん】

住居に住みながら、その住居を増改築すること。注意点は間取りの増改築のような規模の大きい工事、壁を打ち抜くなどによる間取りの変更ならば、住居内の気の流れが変わるため、その個所が年盤、月盤とも三大凶殺の方位、住んでいる家族の本命星が回座している方位は避けなければならない。但し、壁に釘を打ち込む、部屋の間の配線のために壁に穴を開けるなど部分的な補修などは、その方位に月盤で凶神がついていなければ可。なお、畳の張り

替え、塀の塗装は原則として方位を問わない。

【殷　いん】
中国における古代の王朝（ＢＣ一七世紀頃~ＢＣ一〇四六年）。夏を滅ぼして成立し、周によって滅亡した。この時代、易の源流とされる卜占が頻りに行われたことが記録されている。易の八卦の作者は、夏、殷、周の三大王朝に先立つ伝説上の三皇五帝のひとり伏羲（ふくぎ）と伝えられており、その後、殷を滅ぼし、周王朝の文王が卦辞（かじ）を作り、文王の子である周公が爻辞（こうじ）を加え、孔子が十翼を作って易が完成したとされている。

【印綬星　いんじゅせい】
四柱推命で使われる用語。通変星のひとつ。【通変星　つうへんせい】参照

【陰宅　いんたく】
風水の用語。陽宅は気学でも扱う「住居」であるが、これに対して陰宅とはいわゆる、墓相学のこと。気学では墓相の吉凶については問題としない。但し、墓を修理する、あるいは移転する場合は、時期と自宅からの方位をみて、墓地の方位が三大凶殺になる場合は不可。

【陰と陽　いんとよう】

陰陽と連称する場合は、いんよう、おんよう、おんみょう、ともいう。陰と陽という言葉は、『詩経』など古くから中国古代の書物にみられる。ただ、そこで使われている陰とは、日陰のことであり、陽とは日向のことを意味していた。例えば、陰が受動的な性質、陽が能動的な性質を意味する。

〈陰と陽の例〉

	陰	陽
性別	女性	男性
夫婦	妻	夫
天体	月	太陽
昼夜	夜	昼
光度	暗い	明るい
湿度	湿潤	乾燥
感触	柔軟	堅強
感性	消極	積極
数	偶数	奇数

元来、シンプルに「日陰」の意味であったが、その後、思想的に深化され、気の運動態を担うものとして、前漢時代にはすでに陰陽五行思想として中国の自然哲学、運命学の骨子となっていった。【陰陽五行論　いんようごぎょうろん】参照

【陰遁期　いんとんき】

年、月、日、刻の遁行四盤の九星が逆数（減じていく）になる期間のこと。一年は陰遁期と陽遁期に分かれる。陰遁の開始は夏至に最も近い甲子九紫火星の日。陰遁期では、九紫火星から八白土星、七赤金星のように、星の数字が減っていく逆数となる。陰遁期においては、年盤、月盤、日盤、刻盤ともに星の遁行は逆数となる。なお、陰

遁、陽遁は暦学上の言葉であり、陰遁とはおおよそ夏至から冬至までの間で日照時間が徐々に短くなる期間。陽遁はおおよそ冬至から夏至までの間で日照時間が徐々に長くなる期間。年盤、月盤は陰遁期、陽遁期に関係なく、逆数（九、八、七、六、五、四、三、二、一、九のように数字が減っていくこと）で進行するが、陽遁期には日盤と刻盤は、一、二、三、四、五、六、七、八、九、一のように数字が増えていく順数で進行する。

【陰陽家　いんようか】

中国古代の諸子百家のひとつ。万物の生成と変化は、陰と陽の二種類に分類されるという陰陽説を説いたとされている。代表的な人物として鄒衍（すうえん、ＢＣ三五〇年頃～ＢＣ二四〇年頃）がいる。戦国時代に五行論と一体となり、陰陽五行論として広まった。気学も九星を始めとして、論理構成に陰陽五行思想の影響を受けている。

【陰陽五行論　いんようごぎょうろん】

陰と陽、それぞれのイメージを端緒とした考え方は、その後、万物の生々・変化・消滅は、すべてエネルギーとしての気の陰陽両面の作用によって起こされるという説に発展して、これを陰陽説とし、この後にあらわれた五行説と陰陽説が合流したものを陰陽五行論という。五行説も「五材」といわれ、『書経』の「洪範」には、生活に必須の構成要素として、木・火・土・金・水の文字がみられる。この五行説も、気エネルギーを前提に「生む」「生まれる」「剋す」「剋される」という関係論を構成する。このように、陰陽五行論の骨子となる陰と陽の二気の関係、あるいは、五行の相生相剋の関係が構築されるには、その根本に「気、自然の活気、エネルギーの相互授受、転化」という発想と、これらのすべてが展開する「場」としての「太極」という用語（「太極」という言葉は北宋になって『太極図説』として論理的に深化された）によって、統一的に論理化された。この陰陽五行思想を最も深く吸収し、それを自家の論として取り込んだのが、四柱推命である。【四柱推命　しちゅうすいめい】参照。

なお、陰陽五行論は陰陽五行思想（いんようごぎょうしそう）ということもしばしばあるが、いずれも同義である。陰陽五行説、陰陽五行論、陰陽五行思想などの三者の間に厳密な区分や違いはない。例えば、儒教思想、老荘思想などと異なり、陰陽五行論は、独立した主となる思想集団が形成されず、他の思想に取り込まれて、論理的な構築に大きな役割を果したので、その際、その影響力を重視する場合は陰陽五行思想と言われることがある。

〈太極図〉太極図には、陽気がきわまる午の位置に陰の兆しが描かれ、陰気が極まる子の位置に陽の兆しが描かれている。つまり、陰気と陽気は常に「一にして二、二にして一」の不即不離の関係としてとらえられている。

【右旋　うせん／左旋　させん】

文字通り右回りの自然の流れを指す言葉。太陽は東から上り、西に沈む。時計が回るように自然の流れは右に回っていく。十二支円環図にみられるように、十二支の流れ、季節の移り変わりなどは右に回っていく。こうした自然の流れは右旋しているのに対して、その反対の巡りを左旋という。

〈五行相生の図〉

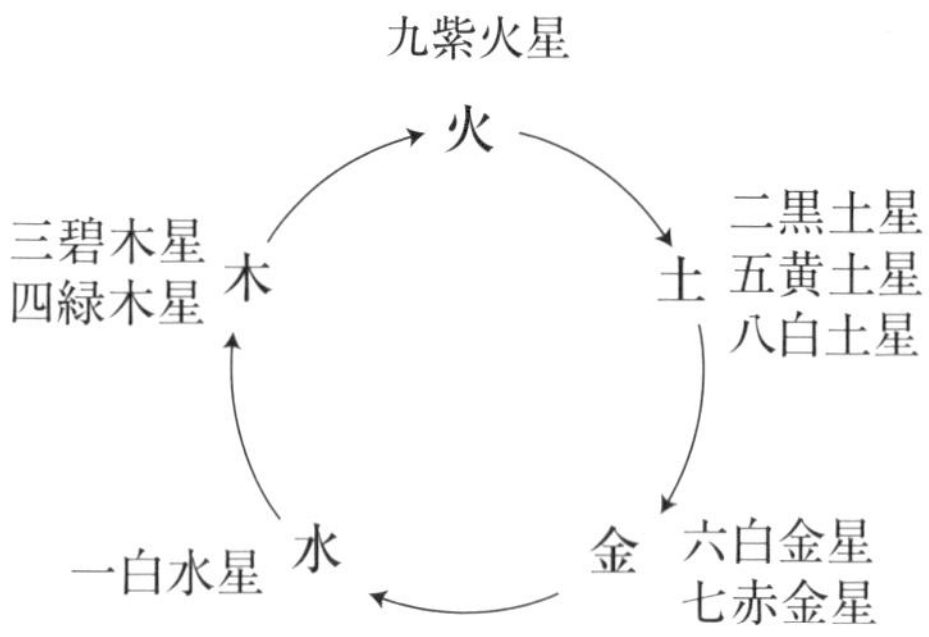

〈五行相剋の図〉

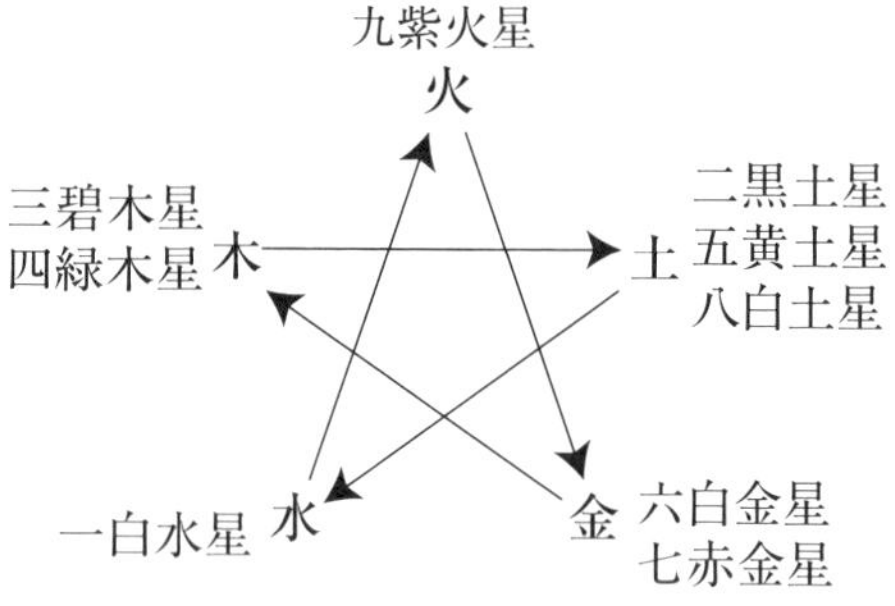

〈右旋・左旋の図〉

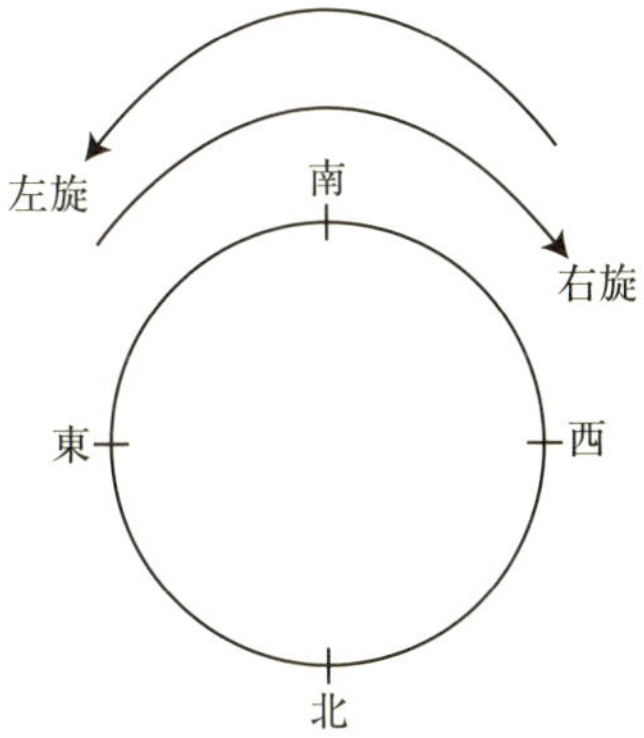

【裏鬼門　うらきもん】

未申（方位としては南西六〇度、家相では未の南南西一五度、坤の南西一五度、申の西南西一五度からなる合計四五度のエリア）を、艮（丑寅）の表鬼門に対して対冲の位置にあるところから、裏鬼門という。但し、表鬼門は後天定位盤上で坤宮は二黒土星の座であるところから、一家の妻、主婦の座とされているが、表鬼門ほど深刻な制約はない。

【盂蘭盆　うらぼん】

七月一五日を中心に七月一三日から七月一六日の四日間行われる仏教行事。サンスクリット語の ullambana から日本語にあてたといわれる。死語の世界で苦しみが続き成仏できない人のために仏事を行って、苦しみを取り除く供養のこと。七世紀に始まり、江戸時代に民間の先祖への信仰と結びつき、現在の形になった。鎌倉時代に寺院では施餓鬼と合わせて行われるようになった。「お盆」は「盂蘭盆会」を省略して呼ばれている。地域によって、旧暦の七月一五日、新暦の七月一五日、旧暦の八月一五日に行われている。現在、多くのお盆は八月一五日に行われている。（一月一五日を上元、七月一五日を中元、十月一五日を下元とする「三元」の習慣が中国から伝わったもの）。

【運気　うんき／運勢　うんせい】

いずれも、一般用語であり、運命学、占術で頻繁に使用される言葉。一般用語であるため、厳密な定義区分はない。「運気」とは、人を取り囲む状況で、その人の意思、欲求が実現されている状態の良し悪しを「運気」ということが多い。従って、気学で「運気」といえば、一年単位の比較的短期間での状態の好不調、良し悪しを意味し、それをもとに、九年周期の盛運期（四年間）、衰運期（五年間）が設定されている。また、「運勢」は一生涯の運気の良し悪し、変転を意味するときに使用されることが多い。この点では「運命」と「運勢」の使われ方は、同義に近いが、状況が変化、変遷を繰り返すという動的な面を強調する場合は、「運勢」を、静的な面、例えば、生来の定めとしてのニュアンスを強く出したいときは「運命」が好んで使用される。気学は、月々、年々の気エネルギーによる運気を問題にするので、「運気」「運期」「運勢」が多く使われる。【盛運期　せいうんき】【衰運期　すいうんき】参照

その他、九星によって、初年運、中年運、晩年運、不変運の四種にも区分される。

〔初年運　しょねんうん〕

本命星による生涯の運気区分。数え年で二十五～二十八才、三十四～三十七才、四十三～四十六才の三つの期間が順運になる運をいう。本命星が三碧木星、四緑木星の人は二十歳以降で自分の本命星が順運期である坤宮、震宮、巽宮、中宮に連続して回座する四年間が人生において三回巡ってくる。初年運は本命星が三碧木星と四緑木星の人。

〔中年運　ちゅうねんうん〕

人間が中宮で生まれ、成人以後で、中年期盛運期の始めが坤宮に回座する年齢から中宮までの四年間、三巡する間をいう。具体的には、数え年で三四～三七歳、四三～四六歳、五二～五五歳の三期が順調な運気のこと。中年運は本命星が一白水星と九紫火星の人。

〔晩年運　ばんねんうん〕

数え年で四三～四六歳、五二～五五歳、六一～六四歳までのそれぞれ四年間が、運気が強く、活動するのに適している期間をいう。晩年運は本命星が二黒土星、六白金星、七赤金星、八白土星の人。

〔不変運　ふへんうん〕

気学においては、本命星別の運気の区分がされているが、五黄土星だけは、初年運、中年運、晩年運の期間に共通して、つねに順運であるとされるため不変運とされる。気学における五黄土星の気エネルギーの強さが示されている。

【易　えき】

中国古代に源流をもつ運命学。中国の占法。世界は陰陽の気のエネルギーによって展開・成立しているという立場に立ち、宇宙に瀰漫（びまん）する気の変化を感応で受けとめ、「周易」に基づいて運命の吉凶の予兆を読み取る。この易に示されている気の論を基礎に陰陽五行思想、洛書の図などを吸収して、易のように不安定な感応に頼らない運命学を確立したのが気学である。

【易卦　えきか】

易の吉凶判断で用いられる基本図象。陰爻と陽爻の組み合わせによって、八卦、六十四卦と展開される。参考までに、太極から八卦成立までの展開図を次に示す。

＊九星と五行、十干、十二支との関係については、巻末「資料1」の〔気学の組織図〕参照。

〈太極から八卦の図〉

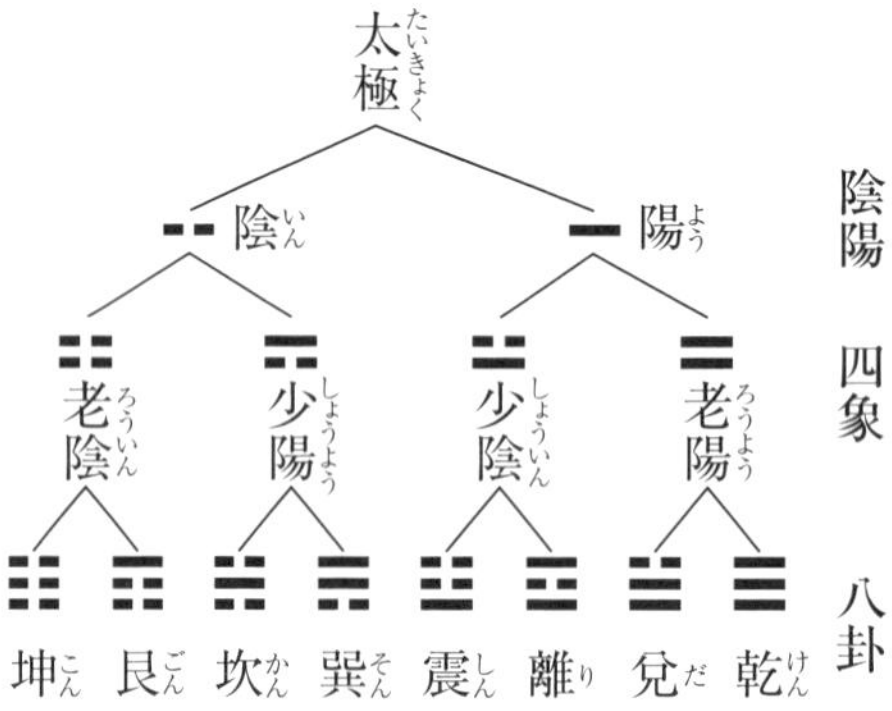

【易経　えききょう】

中国古代の占筮の書。万物をはじめ森羅万象は陰と陽の気エネルギーから成り立っているととらえ、その生々の変化に法則性を見出し、その解釈を書き記した書物。作者は伏義（ふくぎ）とされている。現存するものは「周易」のみ。「経」と呼ばれる本文と「伝」と呼ばれる解説部分から構成されている。「経」は陰陽二爻の六十四個の組み合わせを象徴する卦「（け・か）」と、それに付せられた「卦辞」「爻辞」から構成されている。この「卦辞」「爻辞」の言葉をさらに解説したものが「伝」。「伝」は十篇から成り立っており、あたかも鳥の翼が大気中で全身を支えるように、易経の本文を支え助ける意味で「十翼」とも呼ばれる。「十翼」の構成は次の十篇からなる。

「彖伝（たんでん）」上・下」主に卦辞についてを解説したもの
「象伝（しょうでん）」上・下」主に爻辞について解説したもの
「繋辞伝（けいじでん）上・下」易経の意義、陰陽の気の原理などを解説したもの
「説卦伝（せっかでん）」易の総論と八卦を詳論したもの
「文言伝（ぶんげんでん）」六十四卦のうち、最も重要な乾、坤を詳論したもの
「序卦伝（じょかでん）」六十四のうちの配列順の意義と正当性を説いたもの
「雑卦伝（ざっかでん）」実占のための卦の意味を解説したもの

【易象　えきしょう】

易卦が暗示する気の作用現象のこと。概要は以下のとおり。

☵　坎（かん）水の象。気学では、一白水星に配当する。
☷　坤（こん）地の象。気学では、二黒土星に配当する。
☳　震（しん）雷の象。気学では、三碧木星に配当する。
☴　巽（そん）風の象。気学では、四緑木星に配当する。
☰　乾（けん）天の象。気学では、六白金星に配当する。
☱　兌（だ）沢の象。気学では、七赤金星に配当する。
☶　艮（ごん）山の象。気学では、八白土星に配当する。
☲　離（り）火の象。気学では、九紫火星に配当する。

【恵方　えほう】

すべてにおいて大吉とされる方位のこと。陰陽道では毎年その年の万事に吉とされる福徳を司る神がいる。歳徳神（としとくじん）、恵方神と呼び、この神のいる方角を「恵方」「明きの方（かた）」という。恵方の方位はその年の十干で決まる。甲・己の年は甲（寅と卯の間）、東北東やや東の方位、乙・庚の年は庚（申と酉の間）、西南西やや西の方位、丙・辛の年は丙（巳と午の間）、南南東やや南の方位、丁・壬の年は壬（亥と子の間）、北北西やや北の方位、戊・癸の年は丙（巳と午の間）、南南東やや南の方位。節分に「恵方巻」を恵方の方位を向いて食すると縁起が良いとされ、近年はこの言い伝えをスーパーやコンビニエンスストアなどが販売促進に利用している。大阪が発祥とされているがその起源は定かではない。

〈恵方と十干の関係〉

その年の十干	恵方の方位
甲（きのえ）己（つちのと）	東北東やや東
乙（きのと）庚（かのえ）	西南西やや西
丙（ひのえ）辛（かのと）	南南東やや南
丁（ひのと）壬（みずのえ）	北北西やや北
戊（つちのえ）癸（みずのと）	南南東やや南

【黄幡神　おうばんじん】

陰陽道の八将軍の一つ。土を司る凶神。仏教では摩利支天ともいう。黄幡神の方位への移転、建築、井戸掘りなどは凶とされる。武芸始めにはこの方角に向かって射れば吉とされている。九曜（くよう）の一つである羅睺（らごう）を祀ったもので、集落の境や道の辻、三叉路などに主に石碑の形で祀られている。

【王弼　おうひつ】

中国三国時代の魏の学者、政治家。二十三歳の若さで夭折した天才。「思索」「思惟」というもの、現代哲学でいう「形而上的」世界を見事に展開し、それまでの処世的色彩の強い諸子百家的思想の流れを一新させた。特に彼が著した「老子　王弼注」、「易経　王弼注」は出色で、「老子」の「道」を形而上としてとらえ、老獪な人生訓を説いた書のイメージであったものを、深い哲学的思想書へと一新させた。思想的深さを与え、「道」の形而上学的意味づけを施した王弼の解釈による易は、その後、形而上学的意義を重視する「義理易」とされ、それまでの易の主流であった易は「数象易」と呼ばれて区分されている。

【王陽明　おうようめい】

中国明代の儒学者。一四七二年十月三一日〜一五二九年一月九日。著書『伝習録』を著した。彼の思想は「陽明学」とよばれ、「朱子学」と並んで、儒学の双璧をなしている。朱子の「性即理」を唱えつつも、究極的には理を重視する理気論と読書を重視する「格別致知」の実践論を展開した朱子を批判した。王陽明は実生活における行動を重視して、その行動が主体である心の仁の実現であると説き、理気同一論を説いた。抽象化し過ぎた朱子の思想を批判し、実践を強調したともいえる。王陽明が説く「気」は、孟子の「浩然の気」のように、エネルギーとしての「気」の躍動性を重視しており、性善説の「気」の系譜に連なる。「気」に対する考え方は、気学は朱子よりも王陽明に近い。日本にも強い影響を与えたが、理の実践＝政治では保守組織の維持となる朱子の思想が朱子学、徳川幕府に官学として尊重されたのに対し、陽明学は実践を重視するところから、体制改革的思想として、危険視された。事実、江戸時代の天保八年に大坂で起きた幕府政治に対して反乱（大塩平八郎の乱）を起こした中心人物、元与力の大塩平八郎は陽明学に心酔していたことで知られている。

【大祓い　おおはらい・おおはらえ】
災いや穢れを払うために行う神道行事の一つ。六月三十日の夏越しの大祓い、十二月三十一日の年越しの大祓いがある。神社によっては「茅の輪」を置き、穢れを落とすため定められた道順により茅の輪をくぐる。

【尾島碩聞　おじませきぶん】
明治時代の家相家。生没年不明。松浦琴鶴の門下。【気学　きがく】参照

【お砂とり　おすなとり】
御神砂とりのこと。【御神砂とり　ごしんさとり】参照

【御水とり　おみずとり】
祐気どりのひとつ。神社の境内のわき水がもつ強い気のパワーを含んだ御水をとること。気学、あるいは風水を信じる人が個々人で行っている。風水などのパワースポット巡りは別として、気学では時期と方位を選んで行う。御水とりは、わき水を採取するのであるから、神社で自由にいただくことが出来る。そのため、気学に関心のある人や巷の気学サークルが行う祐気どりはほとんどこの「御水とり」である。但し、御水は腐敗するので、二、三日

以内に使い切らなければならない。御水は敷地内にまくだけでなく飲むことを勧める説もある。手軽にできるため、気学に関心のある人や巷の気学教室が行う祐気どりは、ほとんどが「御水とり」である。

【親星　おやぼし】

木火土金水の五行の相生の関係を示したもので、九星のそれぞれの星からみて生気となる星を親星、退気となる星が子星となる。五行の親子関係でみる。木は水から生まれ（水生木）、火は木から生まれ（木生火）、土は火から生まれ（土生火）、金は土から生まれ（土生金）、水は金から生まれる（水生金）。一白水星の親星は「金」の六白金星と七赤金星、二黒土星、五黄土星、八白土星の親星は「火」の九紫火星、三碧木星と四緑木星の親星は「水」の一白水星、九紫火星の親星は「木」の三碧木星と四緑木星となる。六白金星と七赤金星の親星は「土」の二黒土星、五黄土星、八白土星となる。【相生　そうじょう／相剋　そうこく】参照

【陰陽道　おんみょうどう】

中国古代に発祥し、展開した陰陽五行思想が仏教とほぼ同時期（一説には五一三年）に我が国に伝わった。我が国では、この陰陽五行思想と、天文、暦などの説が交わって、後に律令制度のもとに、陰陽寮が出来てから、本格的に陰陽道が形成されていった。為政者の治世上の悩みを解決するというニーズに応えるために仏教信仰なども貪欲に吸収し、下俗化しながら広まっていった。近年、平安時代の陰陽師である安倍晴明（九二一年～一〇〇五年頃）がブームになり、陰陽道が歪んだかたちではあるが、ひろく知られるようになった。

【夏　か】

中国の史書に記された最古の王朝。ＢＣ二〇七〇年頃に建国され、ＢＣ一六〇〇年頃、殷に滅ぼされた。司馬遷の「史記」には一四世十七代、約四百七十年続いたとされる。夏王朝の創始者は、禹王とされる。黄河の治水を行った際に、黄河の支流である洛水から現れた神亀の背中に、一から九までの模様を見た。これを図にしたものが「洛書」と呼ばれ、後に易の八卦に配当された。後天定位盤のことである。

【回座　かいざ】

九星が後天定位盤上を定まった順序で年、月、日、刻単位で移動する際、それぞれの九星がそれぞれの宮に入ること。宮を移動することを遁行という。

〈例〉戊九紫火星の年盤

2018年（平成30年）
戊戌九紫火星年　年盤

南

東				西
	8ハ	4ア	6	
東	7	9	2	西
	3	5	1	

北

一白水星は乾宮に回座
二黒土星は兌宮に回座
三碧木星は艮宮に回座
四緑木星は離宮に回座（暗剣殺帯同）
五黄土星は坎宮に回座
六白金星は坤宮に回座
七赤金星は震宮に回座
八白土星は巽宮に回座（歳破帯同）
九紫火星は中宮に回座

【階段　かいだん】

階段は間取りのうえで、やや注意を必要とする。家相では張り、欠けいずれにしても、居住区内での機密性を重視する。このような点から、階段は一階と二階の気密性を抜いてしまうため、一階、二階の間取りを吉相に工夫しても、場所によっては吉相が不完全になってしまうとされる。勿論、必要があれば、住居を多層階にするのは必須であるが、理想的な配置は外に張りを出して、そこを階段にあてる方法である。できれば、宅心からみて艮（鬼門）方位へ階段を配置するのは避けたい。但し、吹き抜けと異なり、床、あるいは天井のごく一部のエリアであるから、階段で繋がれた二つの階の吉相が根本から損なわれるということはない。

＊なお、家相では、階段下の空間を利用したトイレは凶相とする。

【下元　かげん】
三元のひとつ。三元の最後の期間。年月日時を干で表わす干支暦において、六十干支が一回りした期間を一元として、上元、中元、下元と繰り返す。一元の期間は年であれば六十年、月であれば六十ヵ月、日であれば六十日、時間であれば六十時間を表す。

【卦辞　かじ】
易の六十四卦について解説した言葉。伝説では、文王（ＢＣ十二世紀、周王朝の王）が卦辞を作り、周公が爻辞を作ったとされる。

【家相　かそう】
家の間取り、設備等の方位によって、その家に住む人の吉凶をみることをいう。家相と一括りにいわれるが、家相とは、その家の間取り、家の外郭の張り欠け、さらに敷地内の井戸、樹木、ロッカー、倉庫などの建屋を含んで鑑定の対象となる。この中で、間取りはどのように配置しても「吉相」というものはない。住居内で生きるということは、大地に展開する大気を区切った空間（後天定位盤に順って展開する気）の中で火気と水気を使い、汚水雑排水を出しながら寝起きして生きているということである。つまり、生活するということは、トイレや風呂場、台所（家相では火気、水気に由来する濁気を排出する間取り、これを三備という）を必要とするということであり、この三備は住居内のどこに配置しても住居内の気を濁す（凶となる）ことはあっても、生々の活気を作り出す（吉となる）ことはない。従って、三備は出来るだけ汚気が生々の気（後天定位盤どおりに展開している気）を弱めないところに配置することが必須となってくる。このように家相によって生々の気）を強化できる余地は、外郭の張り、敷地内の建屋の配置に限られるのである。なお、清家清氏は自著『家相の科学』のなかで、家相論を迷信として退け、家相論の吉凶は、すべて現代の環境学で説明が可能である、としている。しかし、清家氏は「家相、まず迷信ありき」の立場に立っており、強い湿気や冷気が主婦の身体に悪いなど、日常的常識論の立場からの批判になっている。

1 〈家相盤　かそうばん〉

家の宅心（ちゅうしん）から四五度の方位を分界して、外郭、間取りなど家相の吉凶を判断するのに使用する基準の盤。原則として、八方位等分の盤（二十四山盤）を使用する。

＊その他、方位鑑定の際に使用する八方位変形盤（十二支盤）を家相盤として使用する派もあるが、住居＝後天定位盤という気学の考え方からすれば、家相に限っては、後天定位盤にならった八方位等分の盤を使用するのが正しい。

〈家相盤〉

2〔宅心の求め方〕

宅心は家の中心、方位の原点でもある。【宅心　たくしん】参照　宅心の求め方には。図面法と重心法がある。

（1）図面法

①一体法　左図のように建物の輪郭の凹凸が多くない場合は、凹凸があっても四隅を線で結んで仮の長方形にし、その外郭の四点を結んだ時の交差する点を宅心とする。

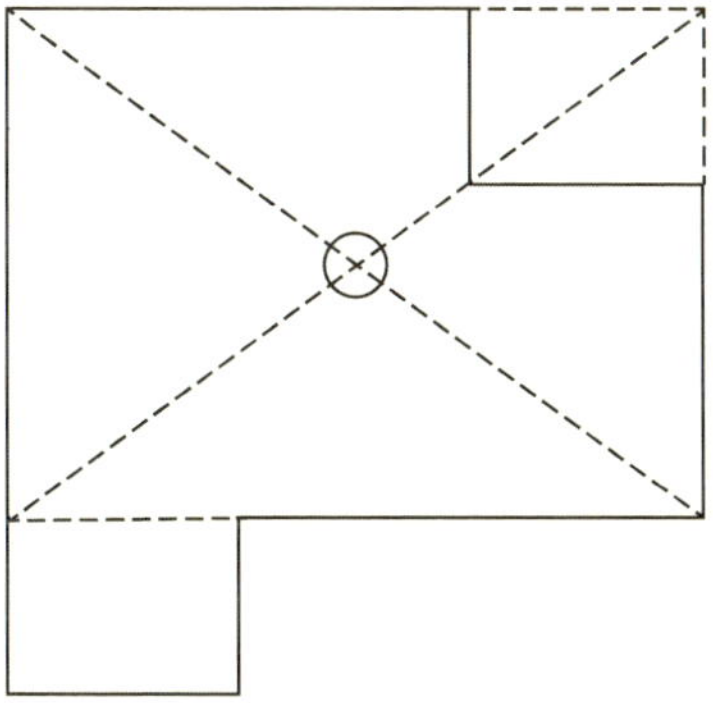

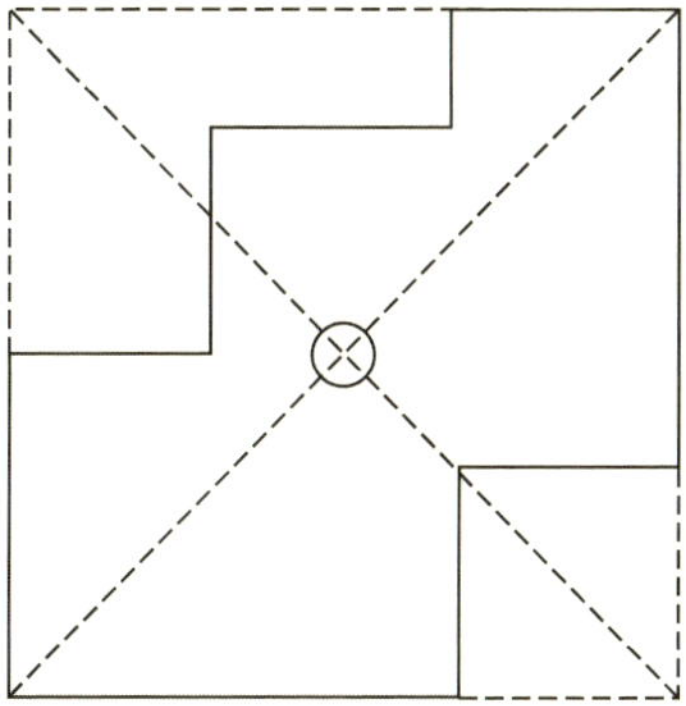

②分割法　建物の形を左図のように全体を凹凸が組み合わされた形状とみなして、一つひとつの形に分け、それぞれの中心を最後につないで、その交点を宅心とする。

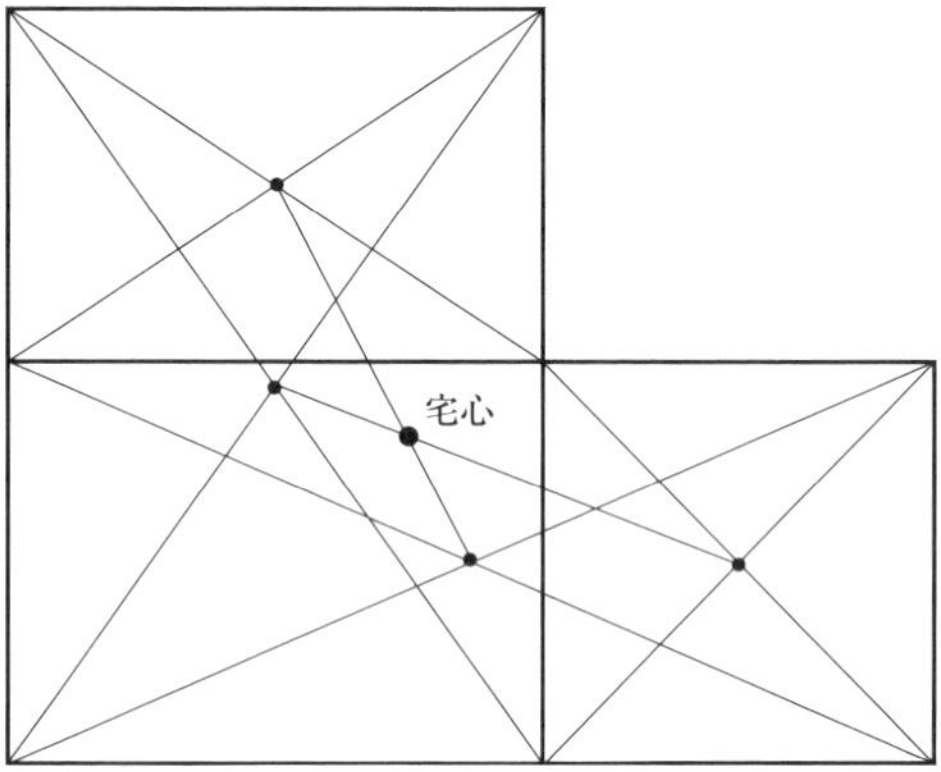

（2）重心法

図面の外郭が複雑な場合は、厚紙にて建物を描き外郭に沿って切り取る。次に糸を通した針を用意し、中心と思われる位置に針を刺して厚紙を吊し、下げた厚紙がほぼバランスがとれて水平になるまで、針の位置を移動する。厚紙が水平になった時の針の中心が宅心である、建物の中心となる。

〈宅心エリアの求め方〉

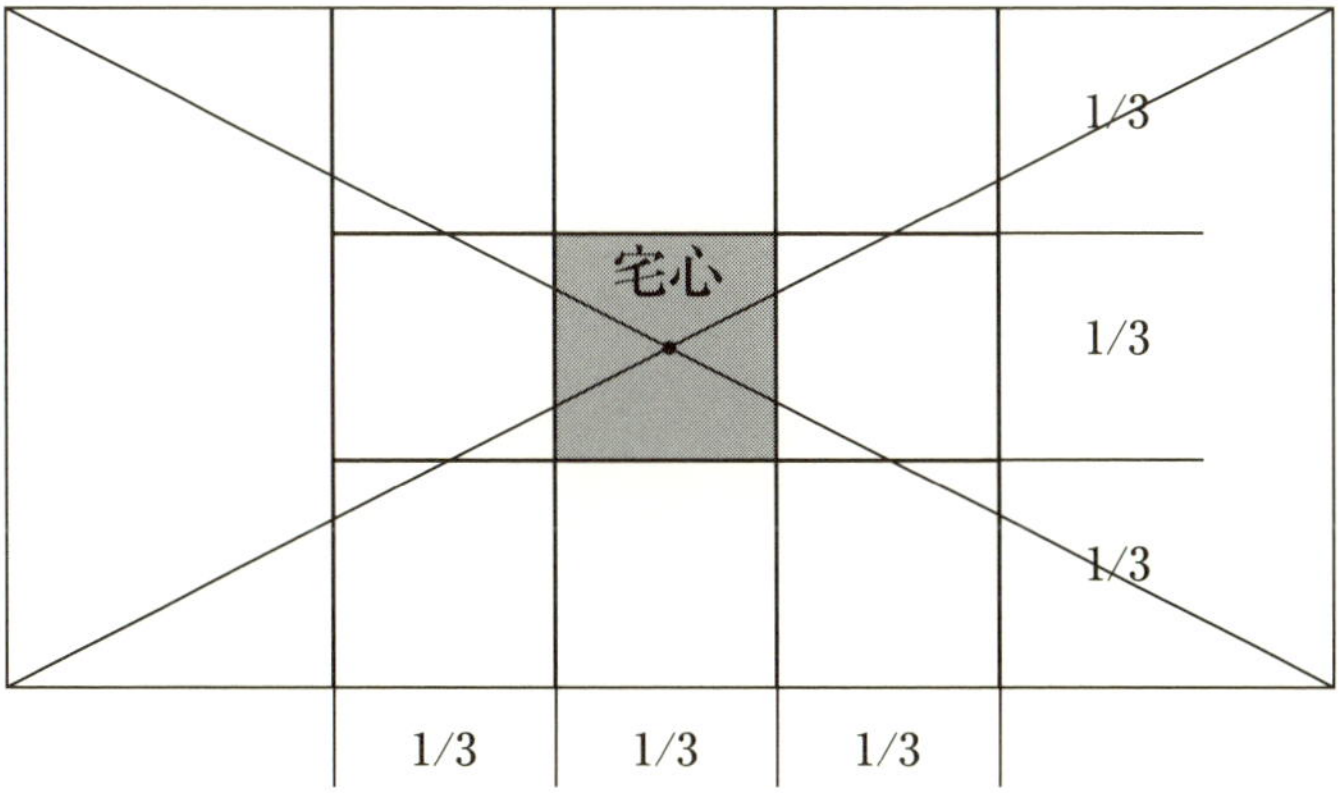

長方形の家の場合、短い辺を基準の長さとして、これを三等分する。次に宅心を中心として、三等分した長さを一辺とする正方形を描く。その正方形の領域が、宅心エリアとなる。

〈方位線の引き方〉

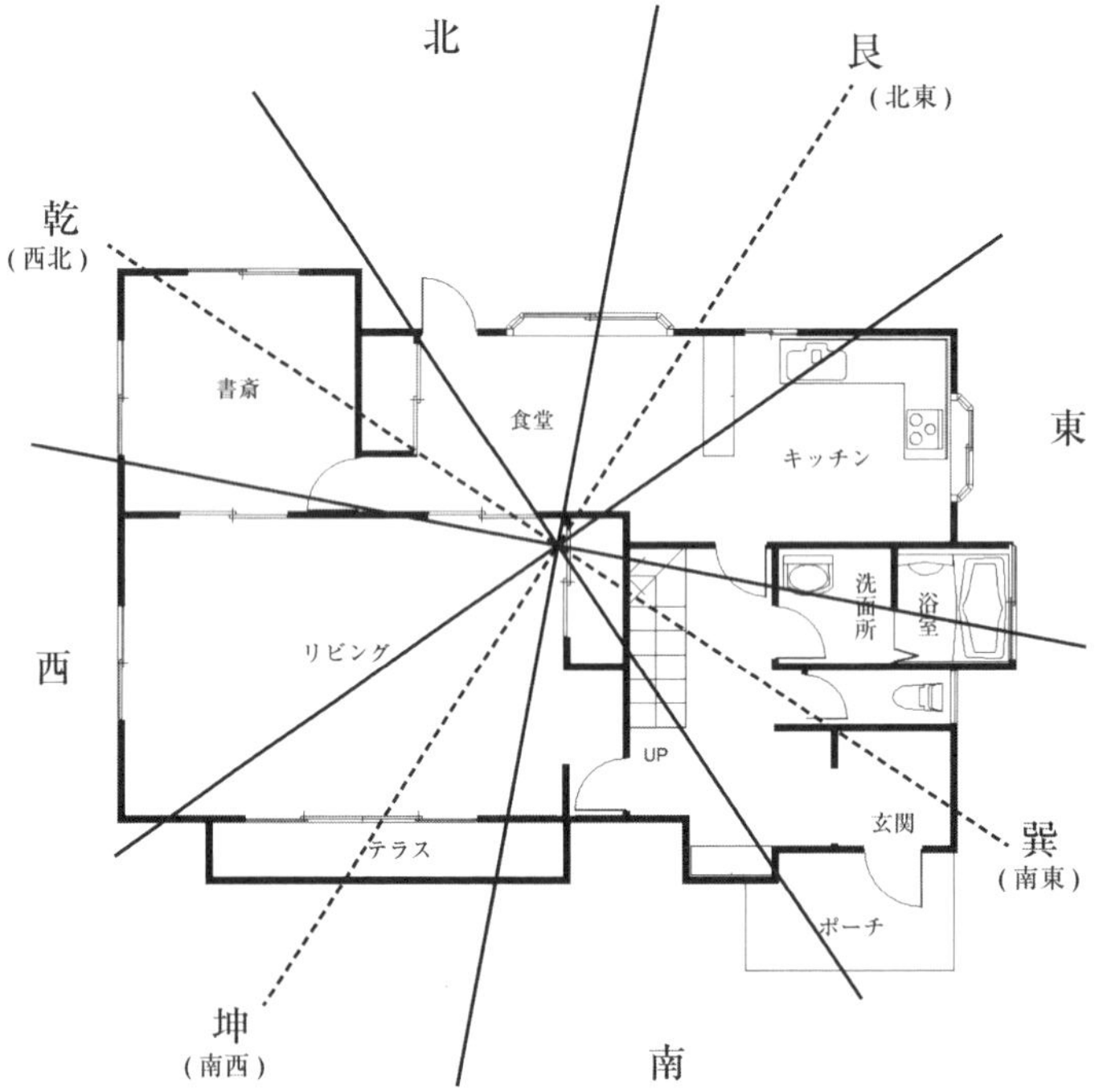

家の宅心を求めた後、設計図に記載の北が真北か磁北かを確認する。磁北が家相を観る際の基準となるので、必ず確認する。真北から磁北の導き方は【磁北　じほく】の項参照。次に、家相盤を磁北に合わせて、八方位の線を引く。図のように八方位の分界線は実線で引き、四隅の正中線は点線（または赤線）で引くと分かりやすい。

3〔水気と火気〕

三備（トイレ、浴室、台所）は人が生活していくために、必須の間取りである。いずれも雑排水・汚水を出す場所であり、台所は火気（熱）が強く、生々の気が損なわれやすい場所である。特に、艮方位（鬼門）四五度の領域、宅心エリアへの設置は避けたい。

4〔そのほかの留意点〕

次の間取り、設置は住宅がもつ生々の気を損なうため、いずれも凶相となる。

（ア）中廊下の間取り【中廊下　なかろうか】参照

（イ）エレベーターの設置

二世帯、三世帯住宅や高齢者の住宅ではエレベーターを設置するケースがあるが、一階、二階、三階それぞれの階の生々の気を抜いてしまうので、設置場所には注意が必要である。現在の住まいの中に設置することは「欠け」となるので凶となる。設置する場合は、エレベーター部分を家の外に張らせることで家相としては張り欠けなしの状態が保てることになる。

（ウ）吹き抜け　エレベーターと同様で凶相となる

5〔張りと欠け　はりとかけ〕

外郭の凹凸形状が住居内の生々の気（元気）の強弱を左右する。このことから、家相において「張り」と「欠け」は家相の吉凶の重要な要因となる。「張り」とは外部の凸部が外郭縦長辺の三分の一以内、外郭横長辺の三分の一以内の形状を張りといい吉相となる。「欠け」とは縦あるいは横の凹部がそれぞれの全長の三分の一以上である場合を、欠けといい凶相となる。

以下の図は八方位の張り欠けのイメージ

〈張りのイメージ①〉

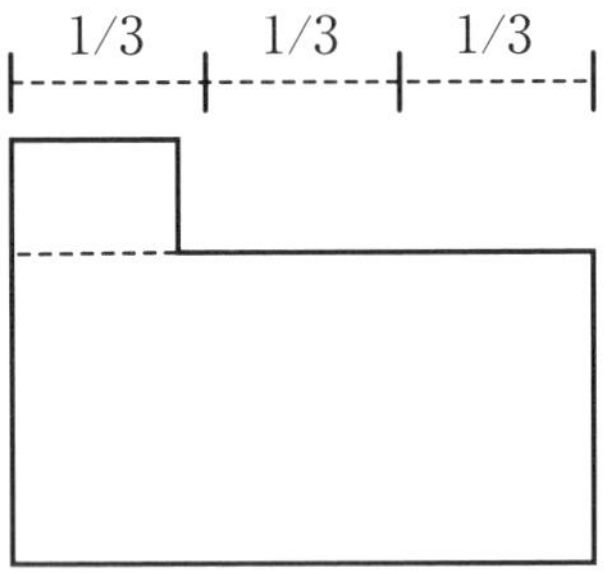

〈張りのイメージ②〉

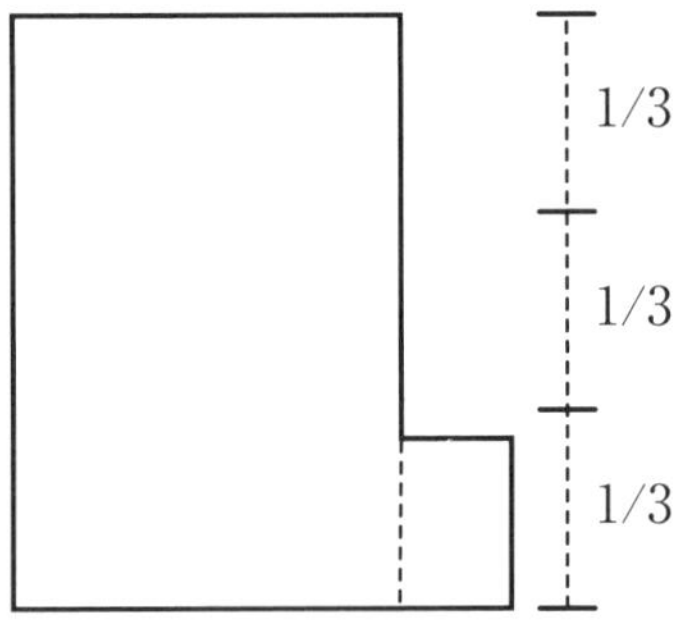

〈欠のイメージ①〉

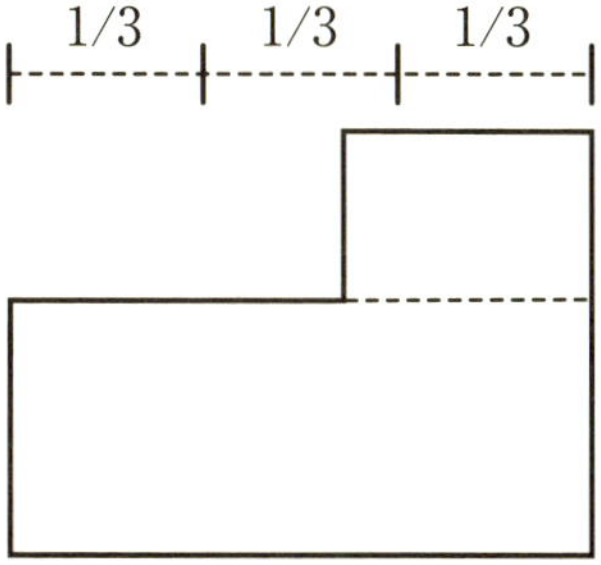

〈欠のイメージ②〉

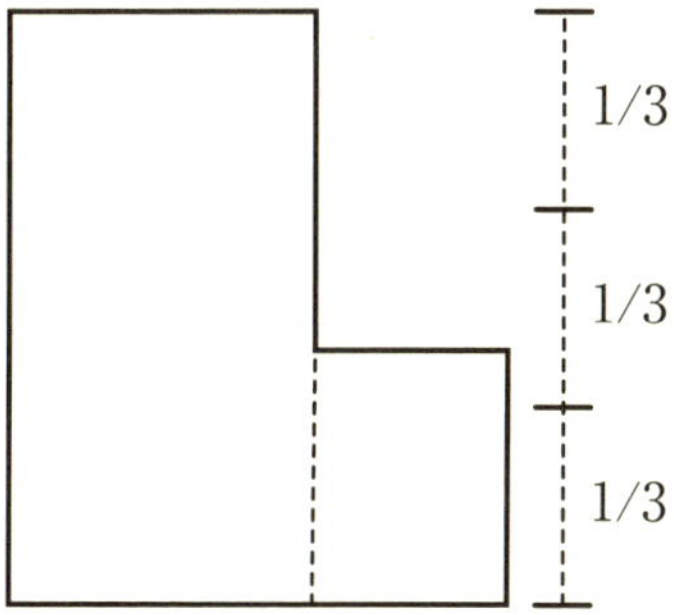

〈欠け込み〉外郭ではなくとも、土足で入る玄関やエレベーターがある場合を「欠け込み」といい、厳密には凶相の間取りとなる。

〈欠け込みのイメージ①〉

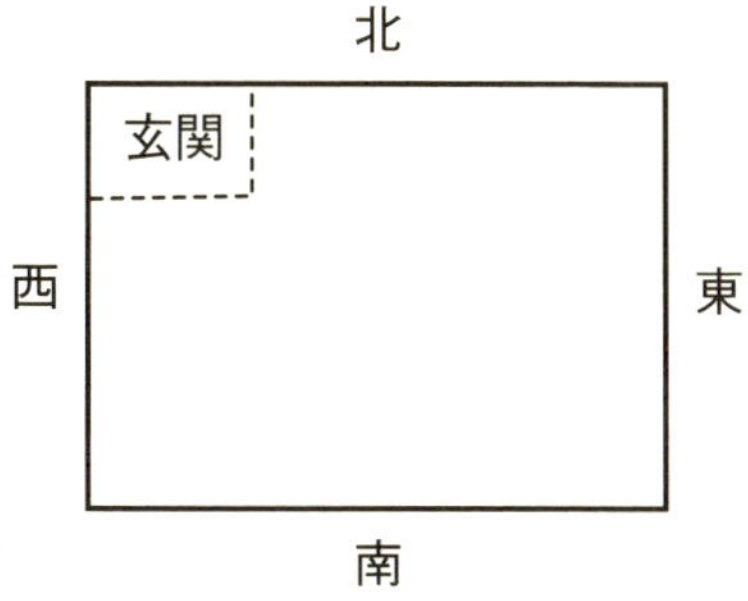

〈欠け込みのイメージ②〉

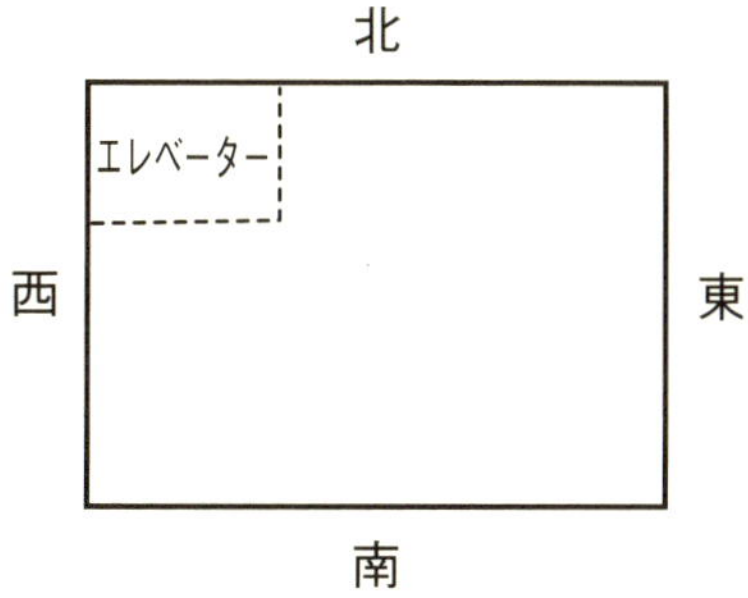

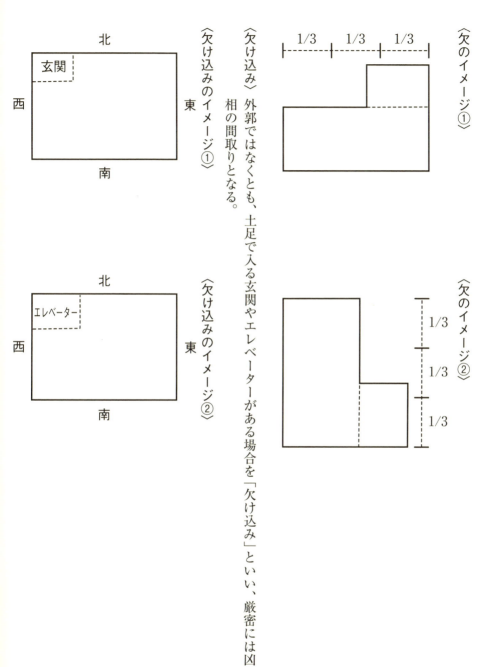

〈欠け込み修正のイメージ①〉

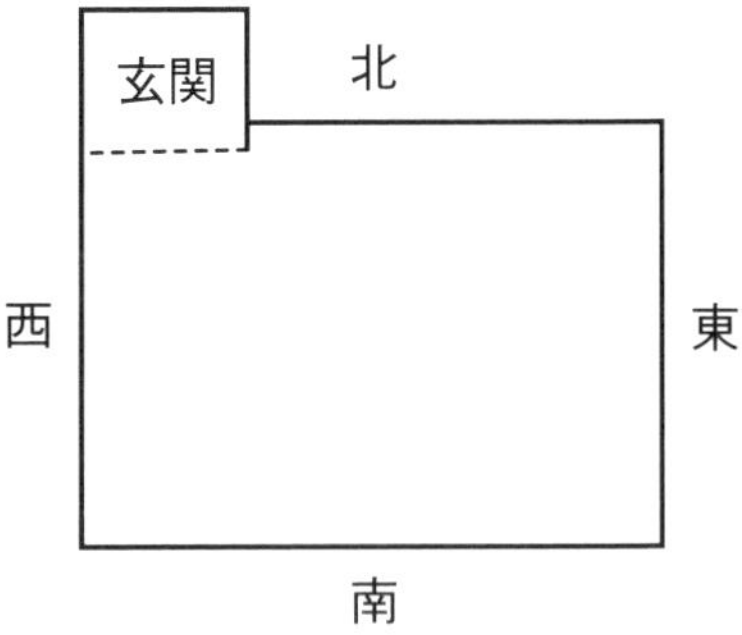

〈丑寅張りのイメージ①〉

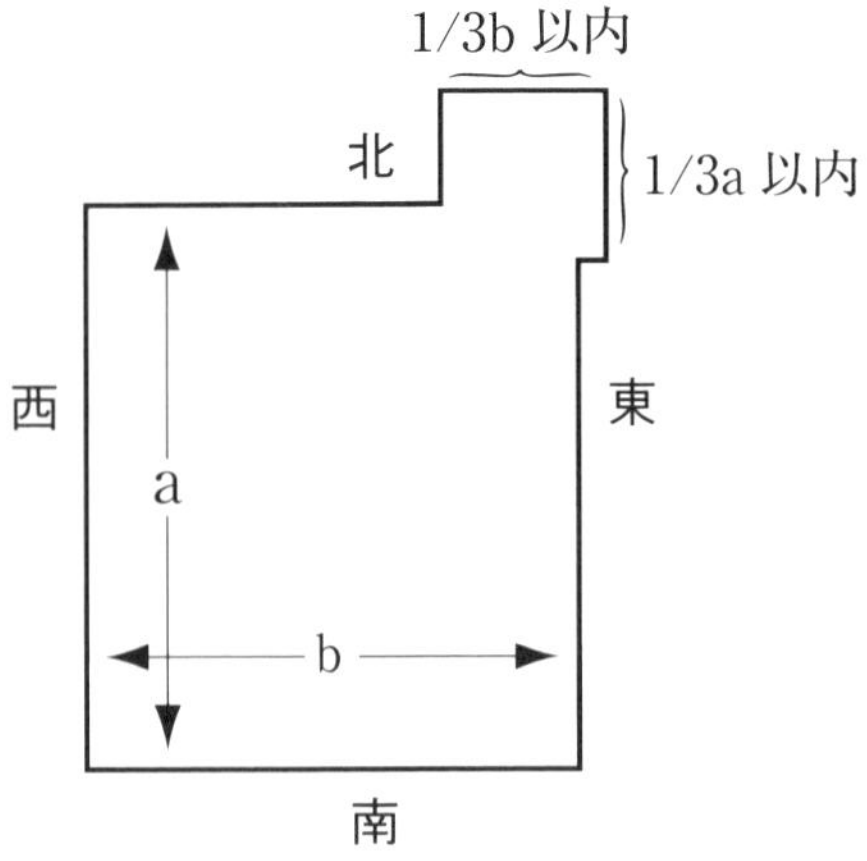

〈欠け込み修正のイメージ②〉

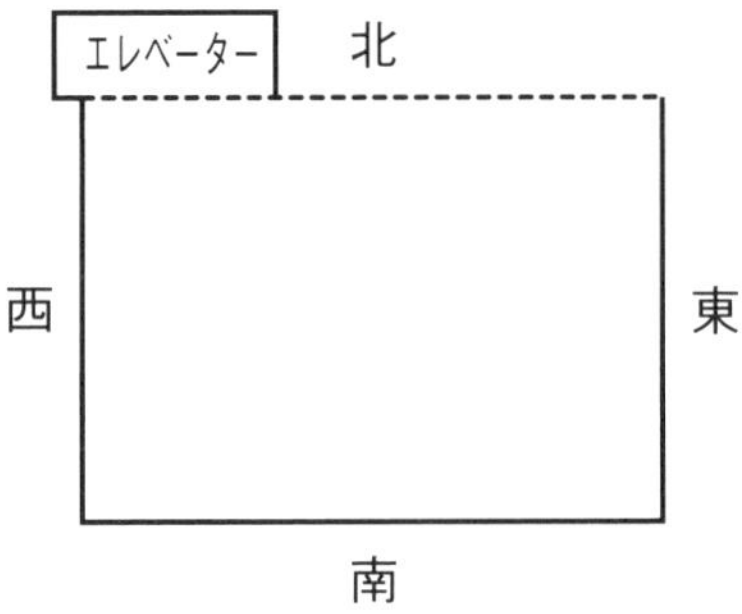

〈東張りのイメージ②〉

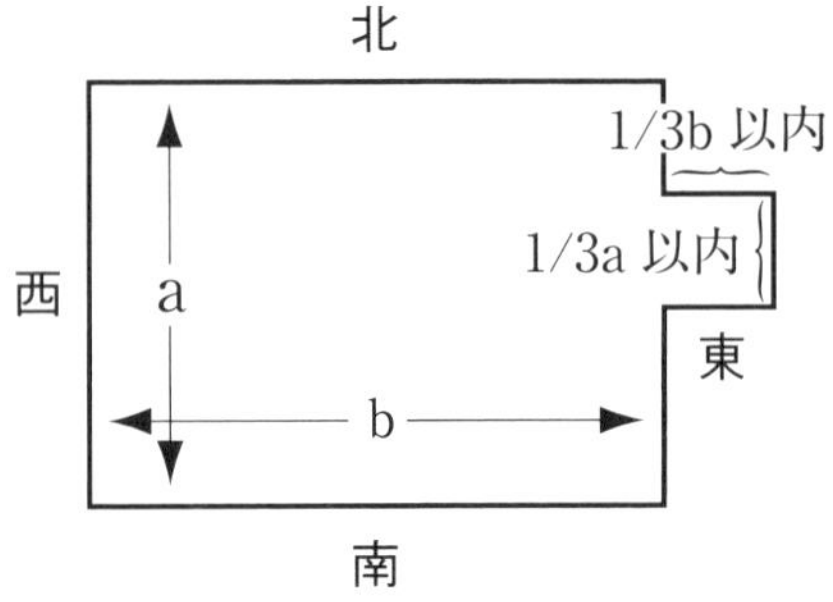

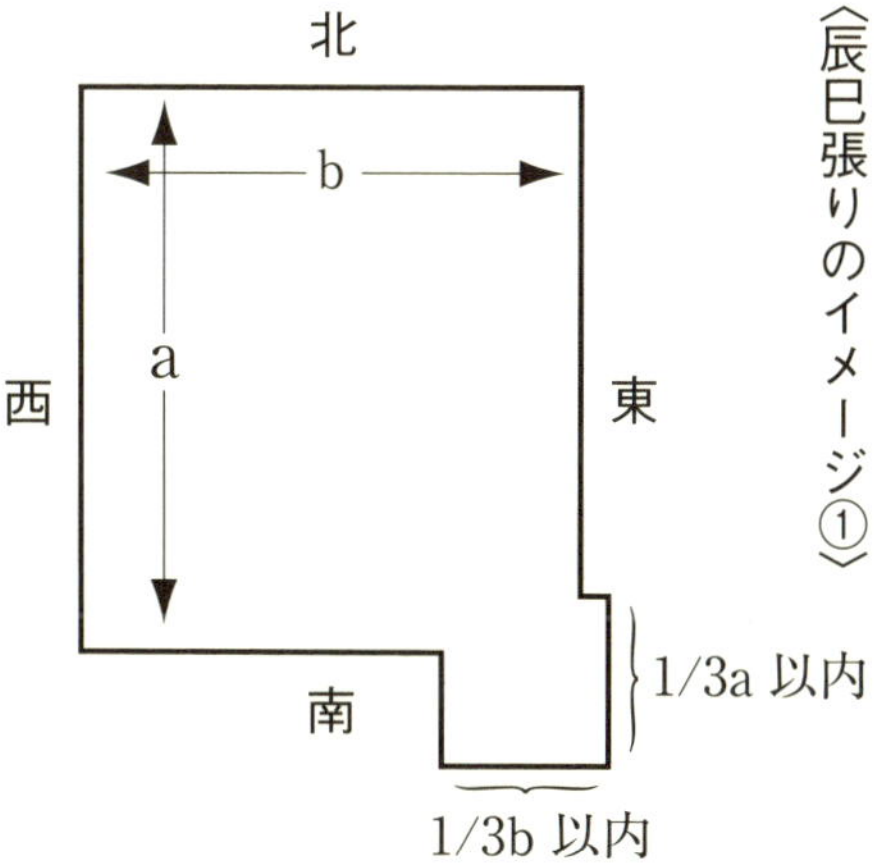

〈辰巳張りのイメージ①〉

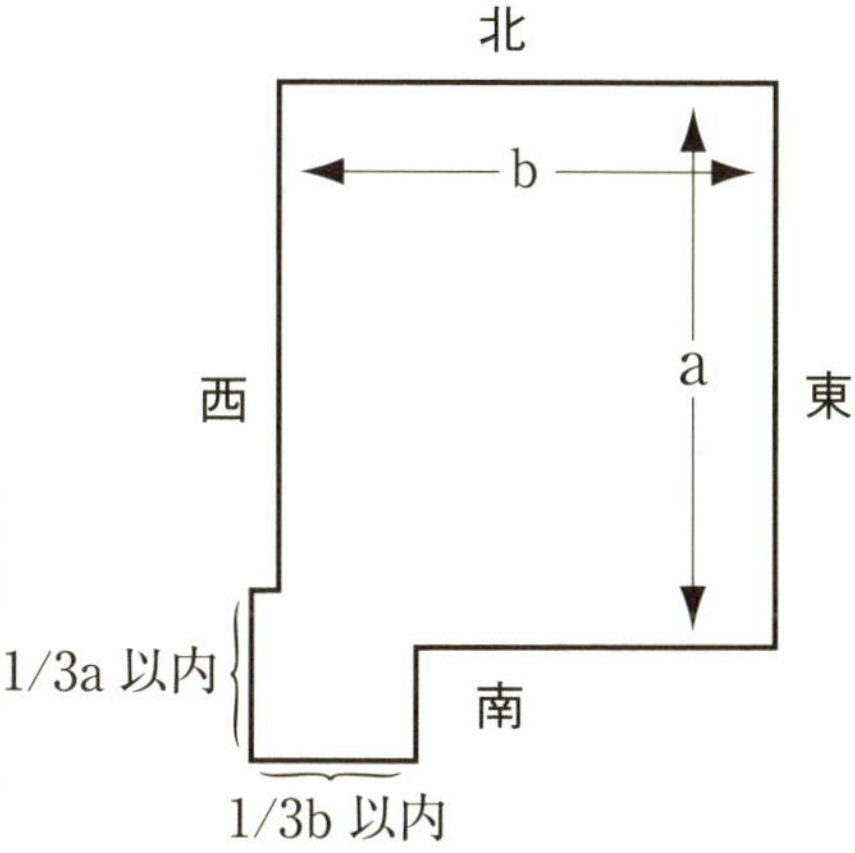

〈未申張りのイメージ①〉

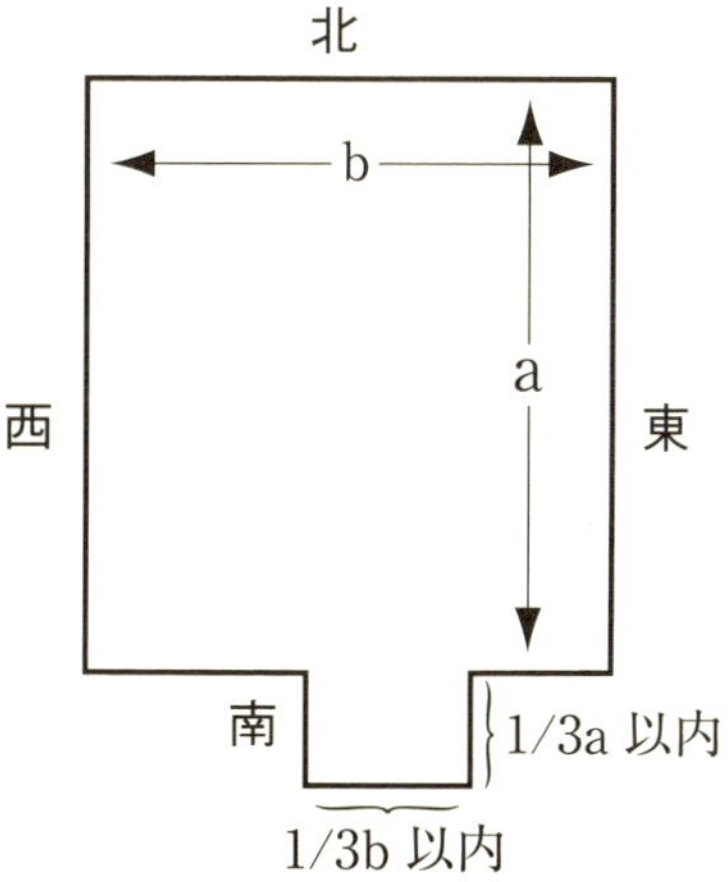

〈南張りのイメージ②〉

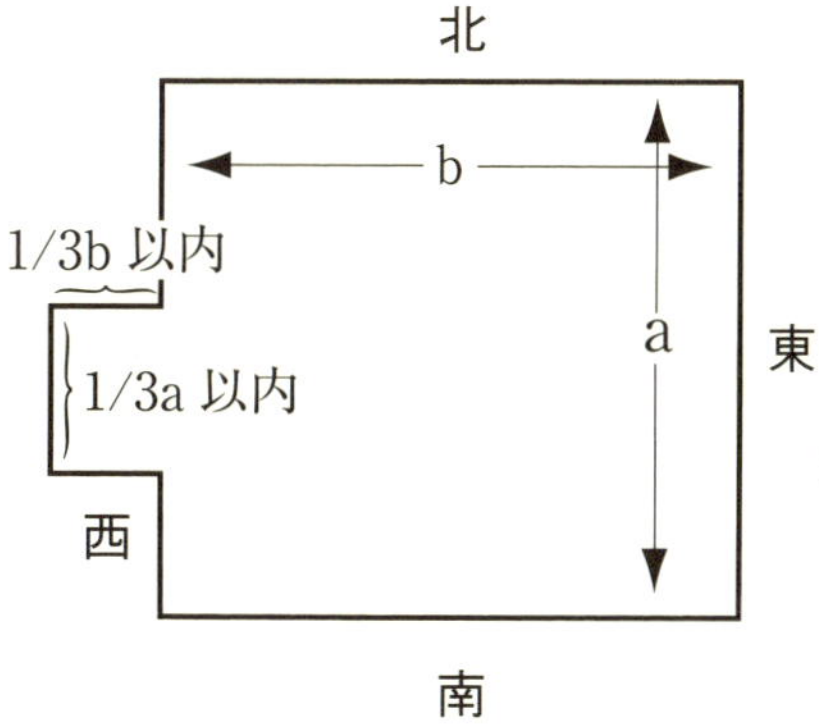

〈西張りのイメージ②〉

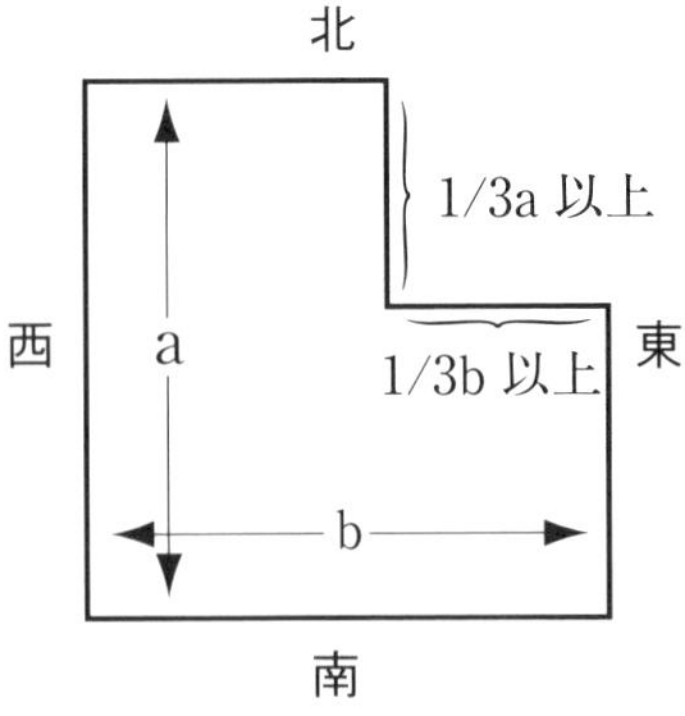

〈丑寅欠けのイメージ①〉

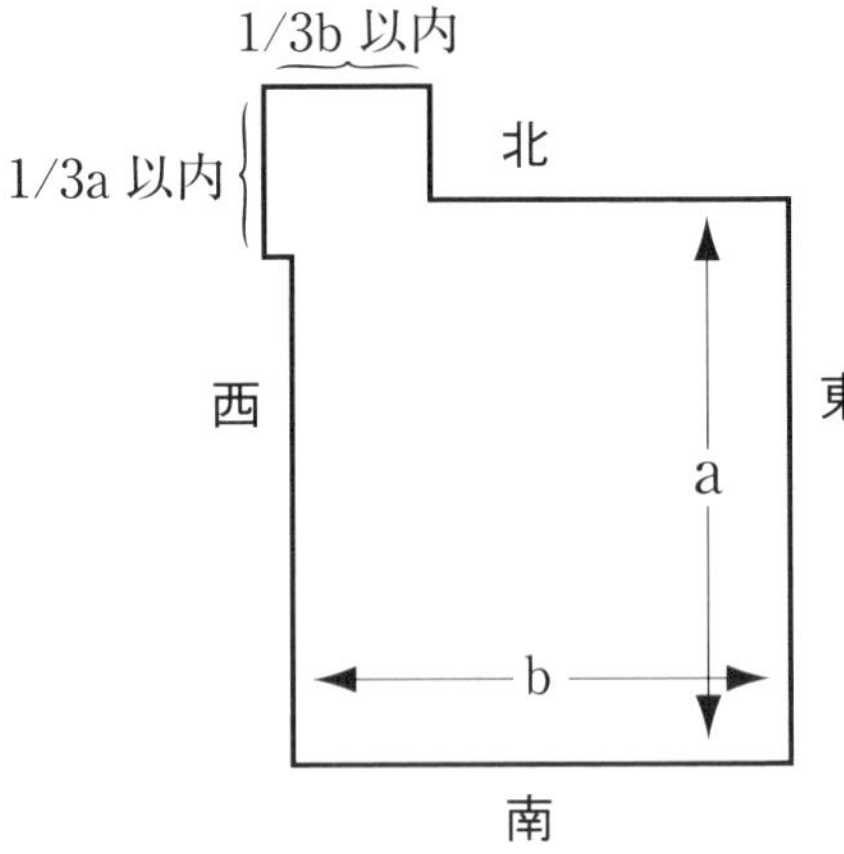

〈戌亥張りのイメージ①〉

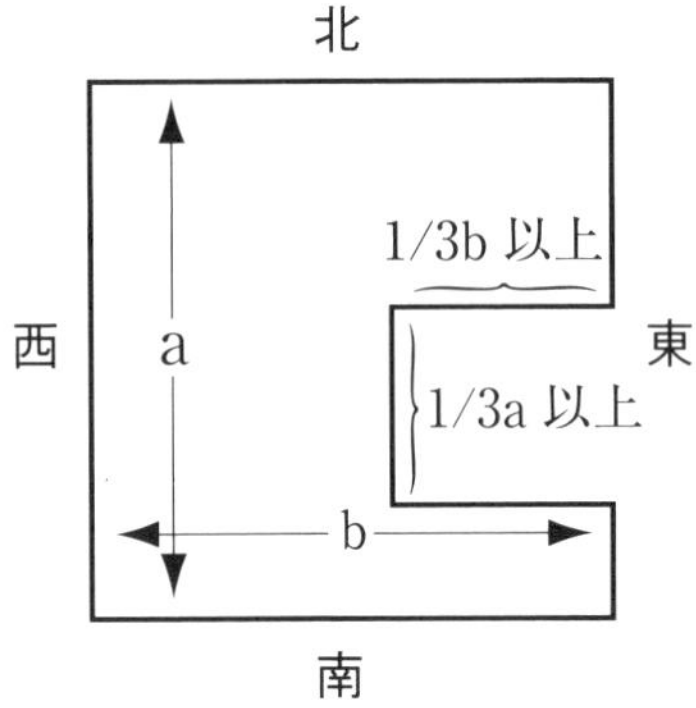

〈東欠けのイメージ②〉

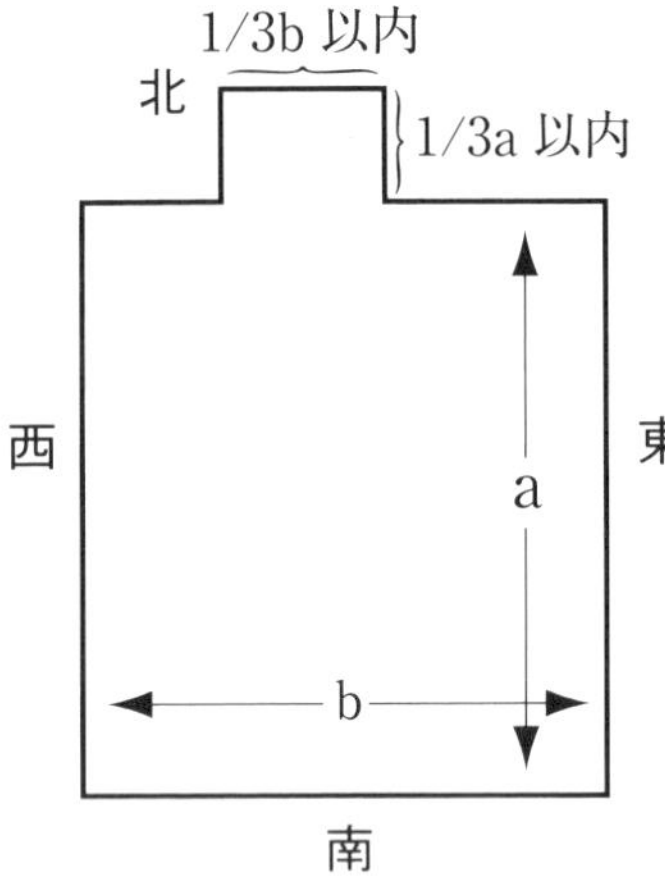

〈北張りのイメージ②〉

〈辰巳欠けのイメージ①〉

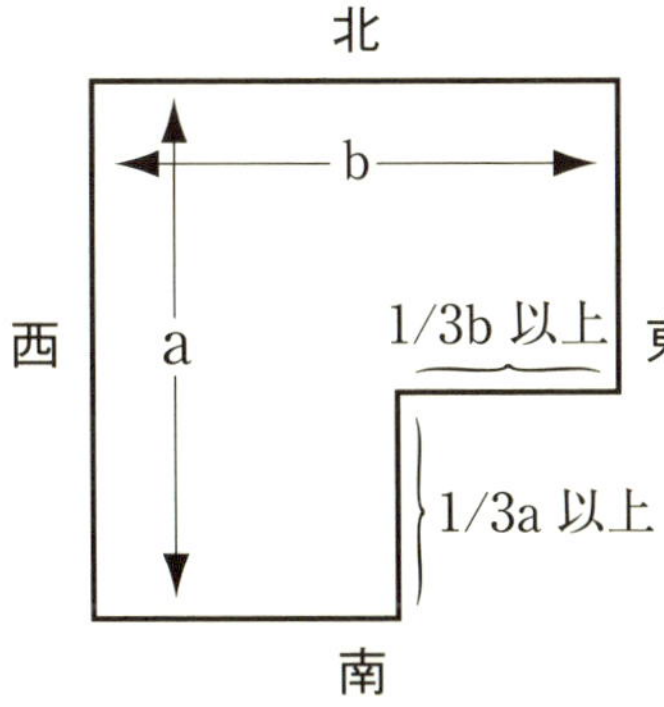

〈未申欠けのイメージ①〉

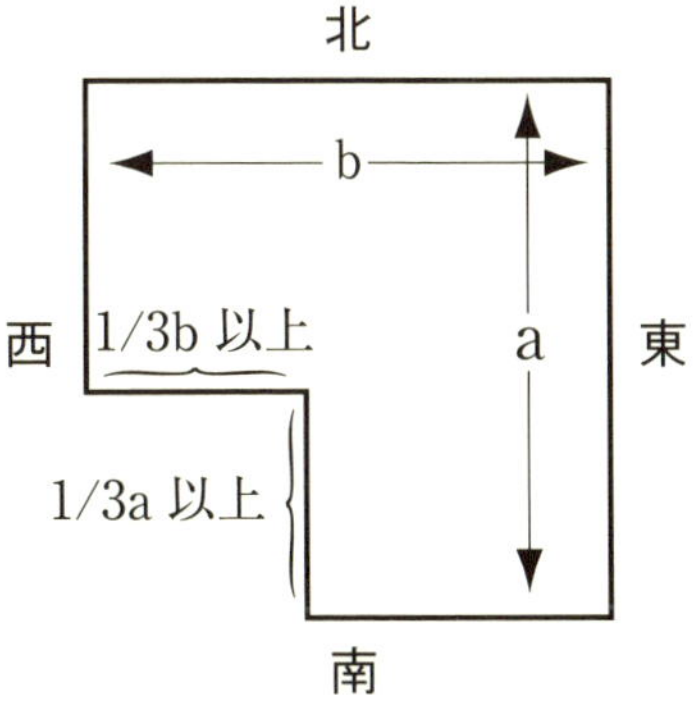

〈南欠けのイメージ②〉

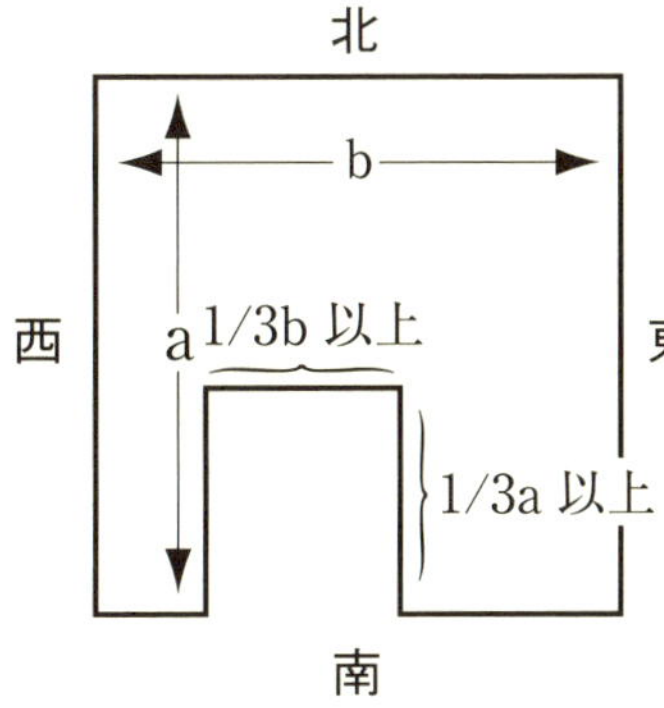

〈西欠けのイメージ②〉

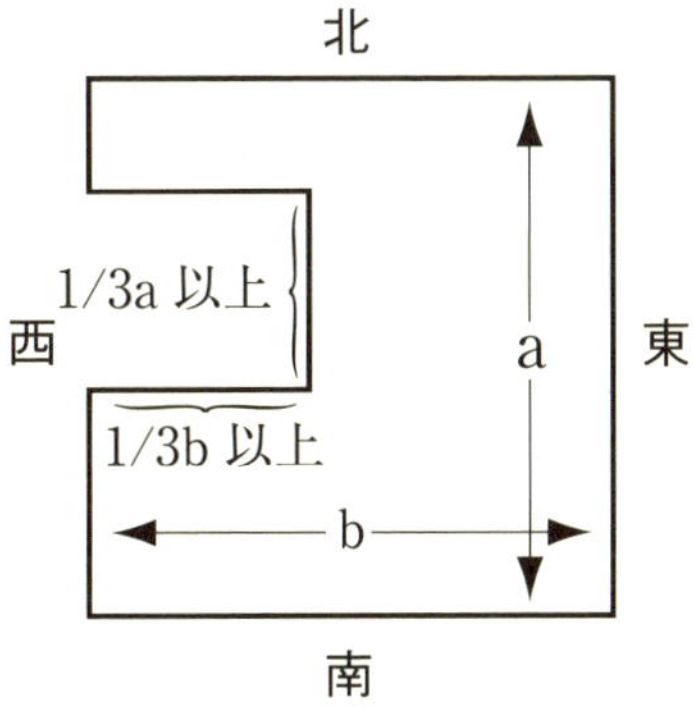

〈戌亥欠けのイメージ①〉

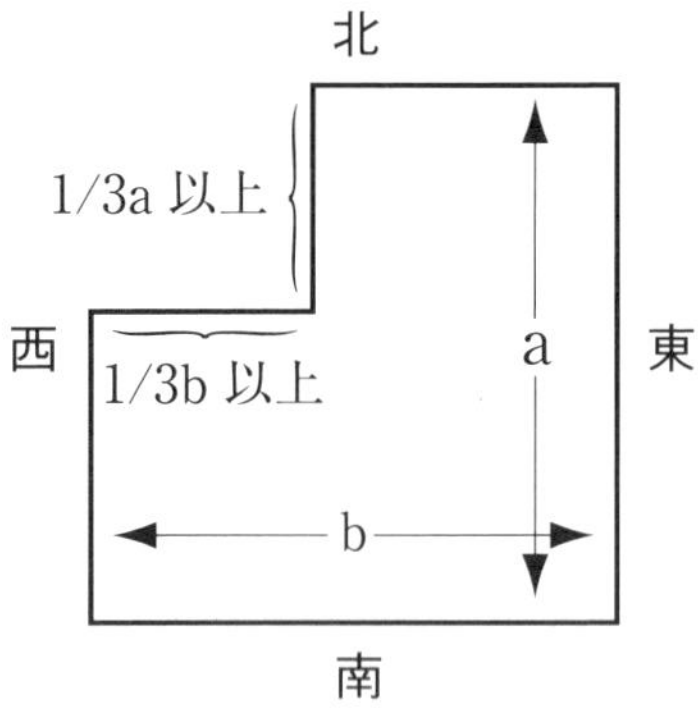

〈北欠けのイメージ②〉

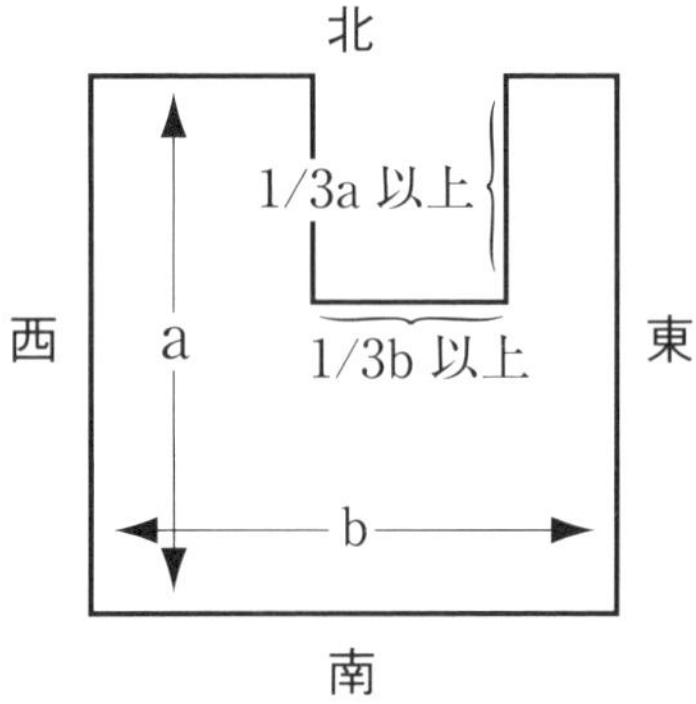

〈増改築とみなす範囲〉

凶とならない増改築の範囲

①家屋の構造を変更しない修理（例、畳、ふすま、障子の張り替えや交換）。

②機械、器具だけ（冷暖房機、インターフォンなど）の交換で、同じ場所であるため、周辺の壁を拡大することがない場合。新しい機械の取り替えの場合など。

③台にキャリアがついていて、転がして移動できる器具の設置や移動（冷蔵庫、ピアノ、ソファ）は、増改築の対象にはならない。

＊家の外壁、塀の塗装や修理は五黄土星と家族の人の本命星が中宮の年月と、地面に接している部分も修理する場合は、土用も避ける。

〔庭木の伐採　にわきのばっさい〕

直径二〇㎝以上の庭木、あるいは二〇年以上を経た庭木の伐採は注意を要する。伐採にあたっては、先ず敷地内での樹木の方位を確認する。方位盤は、家相盤を用いて定める。対象となる樹木の伐採時期に、その樹木の方位が、年盤、月盤で、五黄殺、暗剣殺、歳破、月破ではないこと。少なくとも、年盤での三大凶殺である方位、同居人の本命星が回座する方位にあたらないことが伐採の条件である。土用期間は避けなければならない。伐採の前後に樹木の周囲に方災切りの御神砂（九紫火星、あるいは六白金星、三碧木星）をまくこと。もし上記以上の古木であれば、近隣の神社の神職による「お祓い」をすること。このような処置をせずに、むやみに伐採すると、家運の衰退、自滅、あるいは家族いずれかが病に倒れる、などの凶現象に見舞われる。本来、中国においても、古来より大樹には神（シン、気の精妙な作用）が宿るとされる。

【方違え　かたたがえ】

陰陽道で、自分の行く目的地の方位に金神が回座している場合、その方位は大凶となる。従って、この方位を使うことは禁忌となる。この禁忌を避ける便法として、吉方に一泊してから、目的地へ向かうことをいう。気学における「方替え」と似ているが、陰陽道の「方違え」は、気の論による検証ができていないので、「方替え」とは根本的に異なる。【陰陽道　おんみょうどう】参照

＊「金神」とは陰陽道における方位神ひとつ。その方位はあらゆることに凶とされた。

【河図　かと／洛書　らくしょ】

河図、洛書は漢代から伝わる絵図。中国古代に黄河と洛水から出現したといわれる。易繋辞伝上に「河、図を出し、洛、書を出し、聖人之に則る」とあり、河図は生数と成数の成り立ち、洛書は九星の後天定位盤上の配置を暗示している。『易緯乾鑿度（えきいけんさくど）』に由来するといわれる。宋代の朱子が『周易本義』に取り入れてから、この図の思想的な権威を確立させた（左図参照）。とくに、洛書は気学における後天定位盤の根拠であり、気学による運命論、方位論の基本になっている。

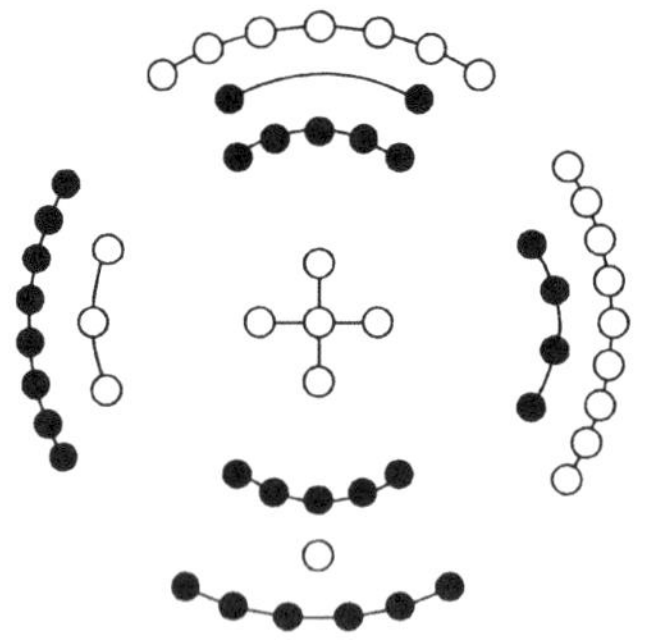

〈河図（十数図ともいう）〉

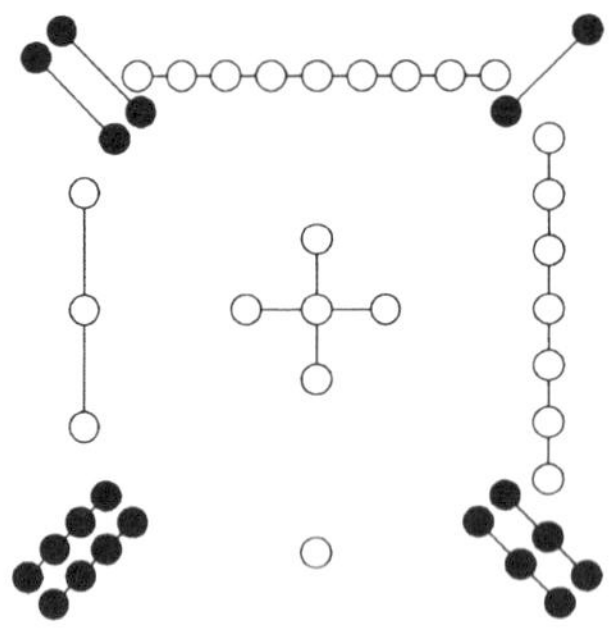

〈洛書（九数図ともいう）〉

【卦徳　かとく】

易の用語。八卦にあらわされている気の基本的な作用、象意のこと。

〔説卦伝による卦徳〕

乾（気学では六白金星）の卦徳☰は「健やかなり」天のように息むことのない活気のある作用、働き

兌（気学では七赤金星）の卦徳☱は「兌は悦なり」「喜悦」悦（よろこ）ぶこと

離（気学では九紫火星）の卦徳☲は「離は麗（つく）なり」麗（つく）こと

震（気学では三碧木星）の卦徳☳は「動くなり」動くこと

巽（気学では四緑木星）の卦徳☴は「入るなり」風のように入り込むこと

坎（気学では一白水星）の卦徳☵は「陥るなり」陥ること

艮（気学では八白土星）の卦徳☶は「止まるなり」止まること

坤（気学では二黒土星）の卦徳☷は「順なり」地は天の働きを素直に受け止めるところから、順うこと

【神棚　かみだな】

家や会社の中で主に神道の神を祀るための祭壇。一般の家庭や会社にあるのは、小型の神社を模した「宮形（みやがた）」に、中央に神宮大麻の御札、向かって右手に地元の氏神の御札、左手にその他の崇敬神社の御札を入れる形態をとる。扉が一枚の一社造りと扉が三枚の三社造りがある。一社造りの場合は一番手前に神宮大麻、その後ろに氏神様、その他の崇敬神社の御札を置く。設置場所はできるだけ清浄な場所の天井に近い最上部に置く。上の階に部屋や家がある場合（マンション、アパートを含む）は神棚の設置場所の天井に板や紙などで作った「雲板」

または「雲文字」を天井に取り付ける。人の出入りのある扉の上や不浄なトイレなどが背にならないようにする。神棚の向きは南向きまたは東向きが良いとされる。なお、神職関係の家には祖先の御霊を祀る「御霊舎」と呼ばれる神棚がある。

神棚の設置場所については、間取りの方位はこだわらない。従来の家相では、神棚の理想的な配置は、乾（戌亥）方位に位置する主人の間に、東、あるいは巽（辰巳）方位に向けて設置するのが吉とされている。しかし、現在のいわゆる「家相」では、乾方位に書斎などを置く余裕や必要性がうすれており、居間やリビングルームなど、家人がいつも集まる間取りに設置することが薦められている。本来、神棚、主人の座という、火気、水気に関わらない間取りや設置する方位という事柄は「気の流れ」とは関係がないので、気学の家相論からすれば、主人は乾方位の部屋、神棚は東向きという条件には、こだわらない。

【仮移転　かりいてん】

移転の際、現在の家から希望移転先の方位が年盤で凶方位①となるときの対処法。仮移転とも言って、希望移転先（A地点）の方位が入居時に吉方位②となり、同時に自宅からも吉方位になる位置（B地点）を地図上でとめる。そして、まず、吉方となるB地点の方位へ仮に移転し、最低四十五日仮移転先で寝泊まりし、太極（自分の本命星の場）を、仮移転先（B地点）に定めたあと、その仮移転先（B）地点から吉方位となる最終の移転先北の領域内（A地点）にもう一度移転することをいう。しばしば、平安時代の「方違え」と混同されるが、向かう方位を問題にするという点を除いては、その理論、趣旨など、すべて異なっている。

〈イメージ図〉

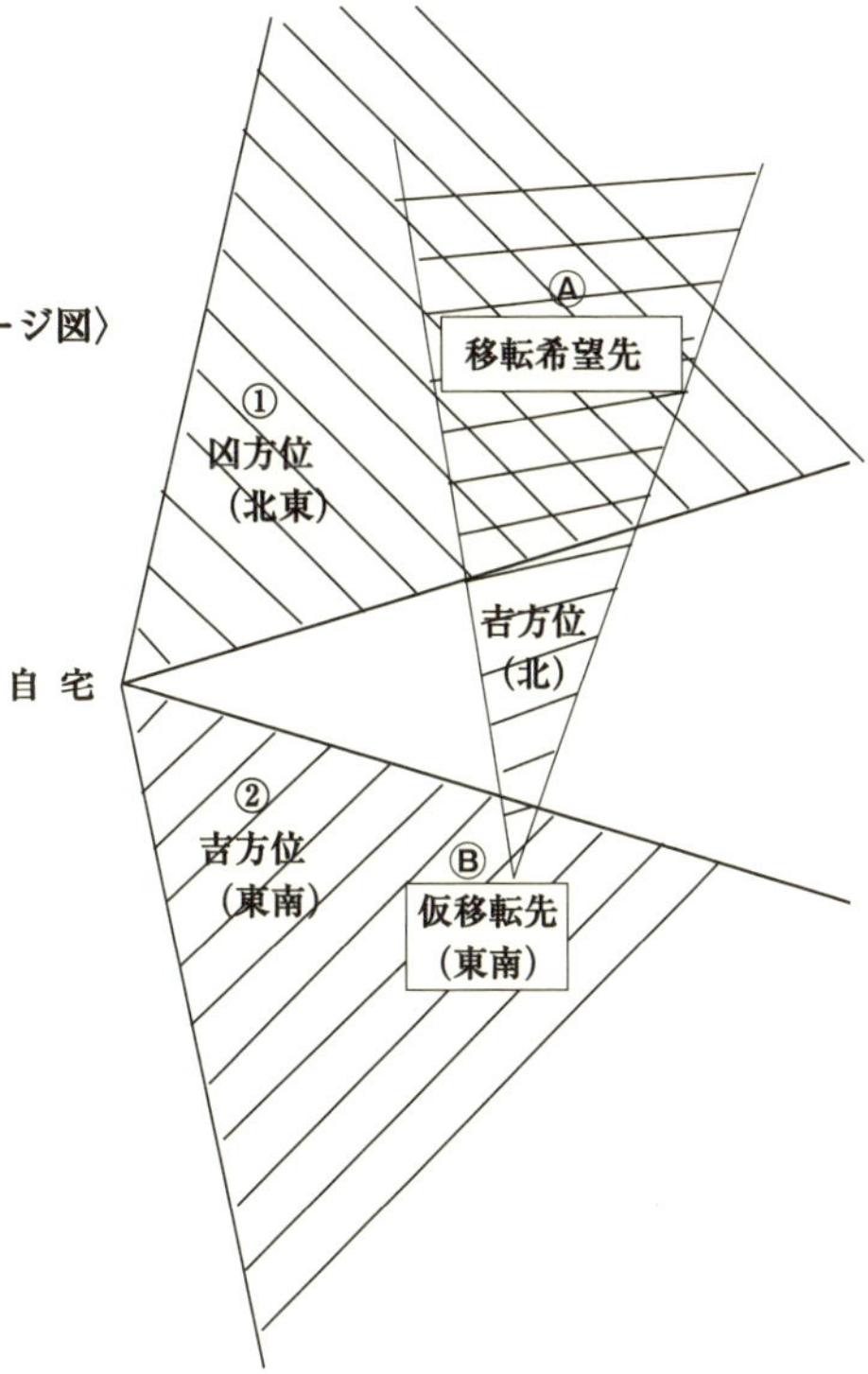

【坎宮傾斜　かんぐうけいしゃ】

月命盤において本命星が坎宮に在位すること。【傾斜　けいしゃ】参照

【干合　かんごう】

特定の二つの十干の組み合わせをいい、新しい五行の十干となる。また、干合は男女の相性を判断する場合にも使う。組み合わせの原則は、

①相剋の関係であること。②剋する側が陽の十干、剋される側が陰の十干であること。

〈干合表〉

干　合	干合の名称	相剋の関係 上が剋す側 下が剋される側
甲—己	こうき干合（土性変化）	木と土（木剋土）
丙—辛	へいしん干合（水性変化）	火と金（火剋金）
戊—癸	ぼき干合（火性変化）	土と水（土剋水）
庚—乙	こういつ干合（金性変化）	金と木（金剋木）
壬—丁	じんてい干合（木性変化）	水と火（水剋火）

〈例〉A、B、二人の命式の日干が干合しているケース（天象学会編『萬年暦』に依る）

A（男性）生日　生月　生年
　　戊 寅　癸巳　丙戌

B（女性）生日　生月　生年
　　癸 卯　乙酉　庚子

＊結論　AさんとBさんは、生日の日干が「戊」と「癸」なので「ぼき干合」となり、宿命的に相性がよい、とされる。

【冠帯　かんたい】

四柱推命の用語。十二運のひとつ。【十二運】参照

【還暦　かんれき】

干支（十干と十二支）が一回りして誕生した年に還ること。数えで六十一歳のこと。本卦還りともいう。干支の組み合わせは六十あるので数えで六十年ということになるが近年、満年齢で還暦を祝うことが一般的となっている。西洋ではダイヤモンドを六十周年の象徴として、結婚祝いなどに贈る風習がある。

〈六十干支表〉

1 甲子《カッシ》《きのえね》	11 甲戌《コウジュツ》《きのえいぬ》	21 甲申《コウシン》《きのえさる》	31 甲午《コウゴ》《きのえうま》	41 甲辰《コウシン》《きのえたつ》	51 甲寅《コウイン》《きのえとら》
2 乙丑《イッチュウ》《きのとうし》	12 乙亥《イツガイ》《きのとい》	22 乙酉《イツユウ》《きのととり》	32 乙未《イツビ》《きのとひつじ》	42 乙巳《イッシ》《きのとみ》	52 乙卯《イツボウ》《きのとう》
3 丙寅《ヘイイン》《ひのえとら》	13 丙子《ヘイシ》《ひのえね》	23 丙戌《ヘイジュツ》《ひのえいぬ》	33 丙申《ヘイシン》《ひのえさる》	43 丙午《ヘイゴ》《ひのえうま》	53 丙辰《ヘイシン》《ひのえたつ》
4 丁卯《テイボウ》《ひのとう》	14 丁丑《テイチュウ》《ひのとうし》	24 丁亥《テイガイ》《ひのとい》	34 丁酉《テイユウ》《ひのととり》	44 丁未《テイビ》《ひのとひつじ》	54 丁巳《テイシ》《ひのとみ》
5 戊辰《ボシン》《つちのえたつ》	15 戊寅《ボイン》《つちのえとら》	25 戊子《ボシ》《つちのえね》	35 戊戌《ボジュツ》《つちのえいぬ》	45 戊申《ボシン》《つちのえさる》	55 戊午《ボゴ》《つちのえうま》
6 己巳《キシ》《つちのとみ》	16 己卯《キボウ》《つちのとう》	26 己丑《キチュウ》《つちのとうし》	36 己亥《キガイ》《つちのとい》	46 己酉《キユウ》《つちのととり》	56 己未《キビ》《つちのとひつじ》
7 庚午《コウゴ》《かのえうま》	17 庚辰《コウシン》《かのえたつ》	27 庚寅《コウイン》《かのえとら》	37 庚子《コウシ》《かのえね》	47 庚戌《コウジュツ》《かのえいぬ》	57 庚申《コウシン》《かのえさる》
8 辛未《シンビ》《かのとひつじ》	18 辛巳《シンシ》《かのとみ》	28 辛卯《シンボウ》《かのとう》	38 辛丑《シンチュウ》《かのとうし》	48 辛亥《シンガイ》《かのとい》	58 辛酉《シンユウ》《かのととり》
9 壬申《ジンシン》《みずのえさる》	19 壬午《ジンゴ》《みずのえうま》	29 壬辰《ジンシン》《みずのえたつ》	39 壬寅《ジンイン》《みずのえとら》	49 壬子《ジンシ》《みずのえね》	59 壬戌《ジンジュツ》《みずのえいぬ》
10 癸酉《キユウ》《みずのととり》	20 癸未《キビ》《みずのとひつじ》	30 癸巳《キシ》《みずのとみ》	40 癸卯《キボウ》《みずのとう》	50 癸丑《キチュウ》《みずのとうし》	60 癸亥《キガイ》《みずのとい》

【気　き】

中国の古書『説文解字』（許慎撰　ＢＣ五八年頃～ＢＣ一四七年頃）には、「气」とは「雲気なり」とある。ここから、気は大気や大気の息吹を表すシンプルな意味の言葉であった。自然界での陽炎のような意味から、その後、戦国期の『孟子』の文献には「浩然の気」という言葉が表れ、人間の心の中の気と森羅万象にエネルギーを与えている気という両者が、一体となったひとつの気エネルギー的なものとして、人間と自然界を結ぶ確かな役割を担うものとして考えられるようになって来ていることがわかる。その他の文献、例えば『荘子』には、「天地の気」「陰陽の気」などの言葉がみえる。さらに『呂氏春秋』（作者は呂不葦　生年不詳～ＢＣ二三五年）では、すべてのものが気から生成される、という立場に立っている。

この「気」の考え方が、陰陽説と結びつき陰陽二気となり、その具体的な展開を五行説が担い、陰陽五行思想となった。この意味で気は中国思想の根幹をなす用語である。気学の視点からすれば、気は作用であって、現象を起こすエネルギーのことであるが、エネルギーは「動き」「作用」であるから目には見えない。現在では、日常生活で接する「電気」「磁気」「蒸気」などの現象によって、気の作用や状態が説明されている。これらの言葉にすべて「気」という字がついているのも、「気」とはどういうものか、を伺うのに示唆深いといえる。すでに触れたように、当初は森羅万象の根源という程度で漠然とした意味であったことが、「気」の字の成り立ちや『孟子』の「浩然の気」という表現から伺うことができる。このような素朴で原初的な意味をもっているのが、人の場合であれば「元気」「気力」「気持ち」「気分」「人気」「気合い」「気質」「活気」などの言葉である。後に、「元気」「浩然の気」など、森羅万象の存在の仕組みをなすものであるとされた。中国最古の思想である易も「気の発見」の予感を感じさせるのであり、気学は、このような気の思想、易にその根拠をおいて、方位、家相の吉凶、運気の強弱、人の気質を推断する。なお、「気」を最も的確、明確に論じたのは、中国宋代の張横渠という人物である。その後、程明道、程伊川を経て、朱子によって確立された理気二元論において、気は理と不即不離として位置づけられている。朱子がいう気は、生々のエネルギーとしての気とはほど遠く、抽象化されてしまっている。あくまでも生々のエネルギーである「気（元気）」を、朱子のように形骸化してしまうと、例えば、五黄土星の生々のエネルギーとしての特徴を見逃し、腐敗（物）、惨殺（体）等のみを五黄土星の気として取り上げて、矛盾した一面的な解釈になる。ここからも気学において「気」のとらえ方が如何に重要であるかがわかる。

【機　き】

機の意味は大きく二つに分けられる。ひとつは「からくり」「しかけ」などで、熟語「機械」の「機」。もうひとつは「ものごとの起こるきっかけ」「きざし」「はずみ」。気学では、後者の意味で使われる。（例）気学は気の作用の「機」を論じる学問、など。

【気学　きがく】

中国漢代（漢の建国はBC二〇六年）以前に生まれた易と漢代の時代頃から「神緯書」として伝えられてきた河図、洛書、九星に根拠をおき、方位、運気、家相などの吉凶を観る「気」の運命学をいう。主に我が国において発達した。その論の基本は生々の気を軸とし、九星の位置が定まっている後天定位盤と九星が日々刻々と移動する遁行盤を使う。気学が対象とする範囲は、①方位の吉凶、②人の気質、③運気の強弱、④家相の吉凶などがある。日本では、陰陽五行思想とともに、気学の形が伝来し、呪術化し、安倍晴明に代表される魔除け、怨霊払いを中心とする陰陽道として平安時代以降の支配層に盛んになったが、その後、江戸時代に至って松浦琴鶴によって「方盤圖解」、あるいは尾嶋碩聞によって「方鑒大成」「方鑒必携」などの書物が著され、近年、とくに、大正時代に園田真次郎らによって「気学」として総合的に整理され、論理的な整備も試みられた。しかし、戦後は、園田真次郎の孫弟子と称する人々によって、気学は底の浅い占いゲーム的なレベルに堕ち、他方で「風水気学」などと称する者も現れ、混迷してきている。

〔気学の要旨〕

（1）気とは、万物を生む生々のエネルギーを意味し、古代中国では、このエネルギーに「気」という名称をつけた。『孟子』では、これを「浩然の気」と呼び、日本でも古来「元気」と呼ばれて、人間にとどまらず、万物万象の活力とされている。気学は文字通り、この気を根本にしている。

（2）気学は本命の気（エネルギー）によって存在する「その人の運気」を問題にするのであって、地形の気の流れを問題とする風水とは立ち位置が異なる。例えば、五行の色彩をもって気学や家相の方位と結びつけることはできない。易は自然の気の変化の予兆を感知して、人事の判断に用いるのであって、気を主眼とする点については同じであるが、人の生年月日などは、占断に全く関わらない。ひたすら占筮者の感知能力にのみ依拠するので、九星気学とは、手法は全く異なる（俗に「当たるも八卦、当たらぬも八卦」と揶揄されるほど、自然の気の変化の予兆を感知できる占者は希である）。

（3）九星とは、一白水星、二黒土星、三碧木星、四緑木星、五黄土星、六白金星、七赤金星、八白土星、九紫火星をいう。九星の名称は、他書にもみられるが気学以外は発展することなく滅びた。九星の配置は洛書の数に因り、その他、五行の相生相剋論などを九星の構成要素としている。
（4）先天定位盤とは、中国宋代の儒学者である朱子の『周易本義』に掲載されている先天図を、後天定位盤とは後天図を範としている。後天定位盤には、八方位が定められ、五黄土星を中央にして、それぞれの星が方位を定めて配置されている。【先天定位盤　せんてんじょういばん】【後天定位盤　こうてんじょういばん】参照
（5）後天定位盤上の八卦と九星の関係は、洛書が示唆するところにもとづいている。【河図　かと／洛書　らくしょ】参照
（6）人の気質は、本命星（人が生まれた年の年盤の中宮の九星）月命星（生まれた月盤の中宮の九星）その他、傾斜、蔵気から構成される。【九星　きゅうせい】【本命星　ほんめいせい】【月命星　げつめいせい】【傾斜　けいしゃ】【蔵気　ぞうき】参照
（7）運気は、後天定位盤の九宮がもつ気の強弱によって、盛運期と衰運期に分かれ、本命星は年々歳々九宮を遁行することによって、強弱を推断する。【運気　うんき】参照
（8）家相は、敷地内の家屋などの位置、家屋の外郭、間取りの位置などを、家の中心（宅心）からの方位で、家相盤と後天定位盤を範として吉凶を定める。【家相　かそう】参照

［1］九星の種類

一白水星、二黒土星、三碧木星、四緑木星、五黄土星、六白金星、七赤金星、八白土星、九紫火星が後天定位盤の九つの宮に位置する星のこと。その場所により、様々な象意（作用＝気の働きの結果）が現象する。人の九星、本命星は生まれた年の中宮の星により決まる。月命も同じく生まれた月の中宮の星により決まる。先天定位盤では

中宮の位置の五黄土星はない。

巽		南		坤
	4	9	2	
東	3	5	7	西
	8	1	6	
艮		北		乾

後天定位盤　九星の位置

本書では九星遁行盤等は、
1は一白水星、2は二黒土星、
3は三碧木星、4は四緑木星、
5は五黄土星、6は六白金星、
7は七赤金星、8は八白土星、
9は九紫火星と表記する

〔一白水星　いっぱくすいせい〕

九星のひとつで易の坎☵に由来する。後天定位盤の北に配置される。正象は「水」。その気の作用は、連続する苦悩、水を代表とする。坎は「土が欠ける」と書き、その欠けた穴に落ち地上に出ようともがいている様を表している。苦悩という象意から「悩み星」とも言われる。方位は北三〇度。季節は仲冬。月は子の十二月。時間は亥の刻、二十三時から一時。二十四節気は大雪、冬至。五行は水。十干は壬の一部と癸の一部。十二支は子。数は一、六。色は白色。味は塩辛味。臓器は腎臓。五行の相生は六白金星、七赤金星、三碧木星、四緑木星。五行の相剋は九紫火星、二黒土星、五黄土星、八白土星。比和の星はない。

＊十干、五行、季節との関係は巻末「資料2」参照。

巽		南		坤
	4	9	2	
東	3	5	7	西
	8	1	6	
艮		北		乾

後天定位盤　一白水星の位置

主要事項

（一）一白水星の気の基本的な特徴と現象

①水②穴に落ち込む　③新しいものを生む

（二）一白水星の気の主な象意

苦悩、交わり、生む、柔和、策略、孤独、穴、裏

（三）その他の象意

中男、冷静、流れる、放浪、失物、苦労、困難、障害、始まり、密通、部下、妊娠、柔和、考える、再生、秘密、寝室、トイレ、浴室、下水

その他の象意

人物　学者、研究員、部下、知者、病人

職業　学者、政治家、酒店、クリーニング店

場所　地下室、温泉場、河、消防署、台所、風呂場、トイレ、寝室、本籍地

事物　水、精神、飲料水、酒、塗料、石油、ガソリン

人体　下半身、鼻孔、耳、汗、涙、腎臓（病気…性病、痔、水虫、腎臓系の病気、生理不順、湿疹）

（四）一白水星の気を本命とする人の気質

柔和、冷静、物知り（研究者タイプ）、苦労性、偏屈、策略家（隠し事をもつ）、駆け引き上手、ストレスタイプ、まじめ、深く考える（熟慮）、芯が強い、計画、順応性があり、人に好かれる。与えられたことは確実にこなし信頼性がある。冷静で頭がよい。生真面目すぎる面がある。

（五）一白水星の祐気どりができる月と方位

①子・卯・午・酉の年　三月（艮）、四月（南）、十一月（西）

②丑・辰・未・戌の年　二月（北）、三月（坤）、九月（艮）、十月（南）

③寅・巳・申・亥の年　五月（北）、八月（北）、九月（坤）

＊いずれも年盤、月盤の五黄殺、暗剣殺、破と重なる場合はできない。

◇一白水星の祐気どりの効果

新しい考えが生まれる。新しい人間関係が生まれる。子宝に恵まれる。よい部下、使用人に恵まれる。

◇一白水星の凶方位を犯した時に出る誘引現象

苦労が続く、断ち切れない。異性とのトラブルに巻き込まれる。部下や従業員の問題に悩まされる。

◇一白水星の人が身につけることができる御神砂は、六白金星、七赤金星、三碧木星、四緑木星。

〔二黒土星　じこくどせい〕

九星のひとつで易の坤☷に由来する。後天定位盤の坤に配置される。正象は「地」。その気の作用は、地、致役、正欲を代表とする。方位は坤、南西六〇度。季節は晩夏、初秋。月は未の七月、申の八月。時間は未の刻、申の刻、十三時から十七時。二十四節気は七月は小暑、大暑、八月は立秋、処暑。五行は土。十干は丁の一部と庚の一部。十二支は未と申。数は五、十。色は黒色。味は甘味。臓器は脾臓。七月に夏の土用がある。五行の相生は九紫火星、六白金星、七赤金星。五行の相剋は一白水星、三碧木星、四緑木星。比和の星は五黄土星、八白土星。

＊十干、五行、季節との関係は巻末「資料2」参照。

巽	南	坤
4	9	2
3	5	7
8	1	6
艮	北	乾

（東：左列、西：右列）

後天定位盤　二黒土星の位置

主要事項

（一）二黒土星の気の基本的な特徴と現象

①平地　②致役（ちえき　他の為に尽くすこと）　③正欲（生存欲）

＊土星がもつ欲は、それぞれの特徴ある象意から、五黄土星は暴欲、八白土星は強欲、二黒土星は正欲とされる。

（二）二黒土星の気の主な象意

母、妻、養う、温厚、忠実、誠実、柔順、努力、次席、地道、無、下級、生産、古い物、消火器

（三）その他の象意

人物　庶民、サラリーマン、助役、貧困者
職業　教師、保育士、秘書、不動産業、骨董商、生活評論家
場所　宅地、田畑、空き地、埋立地
事物　瀬戸物など土製のもの、大衆的、庶民的、古い家
人体　右手、消化器（病気・・・右手の障害、消化器の障害）

（四）二黒土星の気を本命とする人の気質
庶民的、奉仕の精神が旺盛、手堅く地味、働き者、受け身、営業、柔順、補佐役、次席、正欲（生存欲）、面倒見がよい、倹約家、働き者で実業家に向く、
外見は柔和に見えても、内面的には芯が強い、粘り強くコツコツと実行する、手先が器用で実務的、ユーモアのセンスに乏しい、行動が習慣的になりやすい、受け身の方が心地よく感じる。

（五）二黒土星の祐気どりができる月と方位
①子・卯・午・酉の年　四月（北）
②丑・辰・未・戌の年　六月（乾）、七月（西）、十月（北）
③寅・巳・申・亥の年　十二月（乾）、一月（西）
＊いずれも年盤・月盤の五黄殺、暗剣殺、破と重なる場合はできない。

◇二黒土星の祐気どりによる効果
解熱を促進する。浮かれた気持ちを静める。相手の意図を無にする。もみ消す。不動産を安く購入できる。

◇二黒土星の凶方位を犯した時の現象
怠け癖がつく。妻が家庭で役割を果たさなくなる。不動産の処分に手こずる。

◇二黒土星の御神砂は通常は身につけることはしない。解熱や気持ちを冷静にするなど、特別な場合に使用するからである。

〔三碧木星　さんぺきもくせい〕
九星のひとつで易の震☳に由来する。後天定位盤の東に配置される。正象は「雷」。その気作用は、奮い立つ、進展する、勢い、を代表とする。方位は東三〇度。季節は春、月は卯の三月。時間は卯の刻、五時から七時。二十四節気は啓蟄、春分。五行は木。十干は甲の一部と乙の一部。十二支は卯。数は三、八。色は青緑。味は酸味。臓器は肝臓。
五行の相生は一白水星、九紫火星。五行の相剋は六白金星、七赤金星、二黒土星、五黄土星、八白土星。比和は四緑木星。
＊同じ木星の三碧木星と四緑木星は、三碧木星は純粋な木「生木」といわれ、四緑木星は人間生活に役立つ加工された「調木」とされる。

＊十干、五行、季節との関係は巻末「資料2」参照。

巽		南		坤
	4	9	2	
東	3	5	7	西
	8	1	6	
艮		北		乾

後天定位盤　三碧木星の位置

主要事項

（一）三碧木星の気の基本的な特徴と現象

①雷　②振動　③現れる　④進む

（二）三碧木星の気の主な象意

雷、長男、振動、音、驚き、発展、進む、顕現、活発、機転、多弁、口論、短気

（三）その他の象意

人物　知識人、歌手、詐欺師
職業　企画、創造的な才能を必要とする仕事、電気関係の仕事、花店、楽器店
場所　カラオケ店、ＣＤショップ、楽器店、小学校
事物　ＣＤ、オーディオ機器、携帯電話、ラジオ、楽器、補聴器、電波、雷鳴、花火、新製品全般
人体　足、肝臓、咽頭など（病気・・肝臓病、脚気など足のケガ）

（四）三碧木星の気を本命とする人の気質
明朗で行動的、無邪気、好奇心旺盛、感情の起伏が激しい、競争心が強い、短気でせっかち、性急に結果を求める、多弁、雄弁、明るく活動的で行動が早い。一本気で正直ゆえに言葉による誤解を受けやすい。感情で行動する面がある。情にもろく好き嫌いが激しい。

（五）三碧木星の祐気どりができる月と方位
①子・卯・午・酉の年　二月（南）、五月（東）
②丑・辰・未・戌の年　八月（南）、十一月（東）
③寅・巳・申・亥の年　なし
＊いずれも年盤・月盤の五黄殺、暗剣殺、破と重なる場合はできない。

◇三碧木星の方位の祐気どりの効果

物事が良い方向に急速に進展する。活発になる。機転が利く。長男の自覚ができる。方災を切る。

◇三碧木星の方災いを犯した時の現象

物事が急速に悪化する。言葉の災いで失敗する。事を急いて失敗する。

◇三碧木星の人が身につけることができる御神砂　一白水星、四緑木星、九紫火星

〔四緑木星　しろくもくせい〕

九星のひとつで、易の巽☴に由来し、後天定位盤の巽に配置される。正象は「風」。その気の作用は、調える、とする。方位は巽、東南六〇度。季節は晩春、初夏。月は四月、五月。時間は辰の刻、巳の刻、七時から十一時。二十四節気は四月が清明、穀雨、五月が立夏と小満。五行は木。十干は乙の一部と丙の一部。十二支は辰と巳。数は三、八。色は緑。味は酸味。臓器は肝臓。四月に春の土用がある。五行の相生は一白水星、九紫火星。五行の相剋は六白金星、七赤金星、二黒土星、五黄土星、八白土星。比和の星は三碧木星。

三碧木星が純粋な木「生木」と言われる一方、四緑木星は生活に役立つ加工された木「調木」と言われる。

＊十干、五行、季節との関係は巻末「資料2」参照。

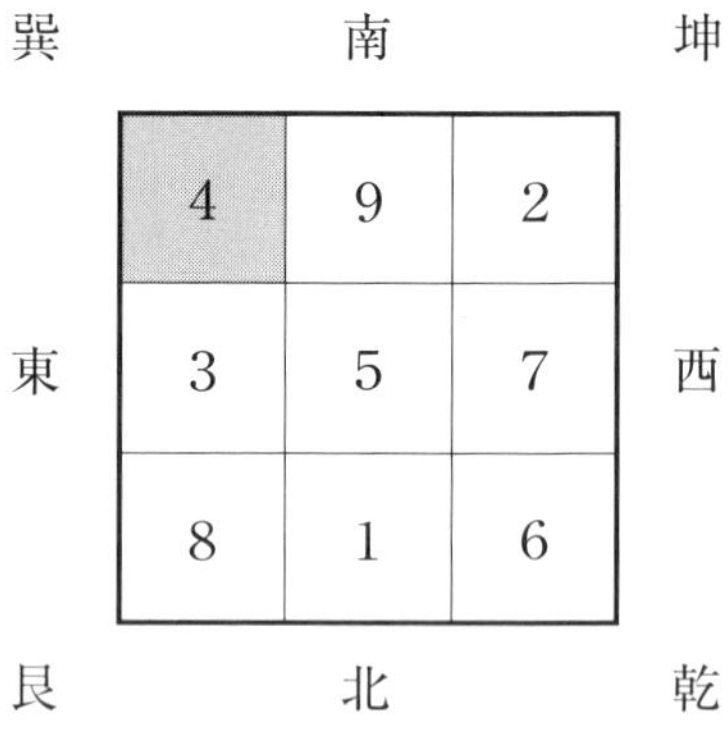

後天定位盤　四緑木星の位置

主要事項

（一）四緑木星の気の基本的な特徴と現象

①風　②調う　③信用

（二）四緑木星の主な象意

信用、調う、交際、旅行、長女など。

（三）その他の象意

人物　仲人

場所　道路、郵便局、通信関係施設
職業　カウンセラー、事務作業、通信販売業、宅配業、商社員、添乗員
事物　木製の家具類、材木、糸、紙、麺類、繊維質の野菜
人体　腸、気管支、食道、神経（病気・・・風邪、腸）

（四）四緑木星の人の気質
人あたりがよい。順応性があり、人に好かれるタイプ。自分の世界を築いてその中に閉じこもろうとする人と、逆に他人の気持ちを共有する能力に優れている人の両極に分かれる。所有欲や出世欲はあまり強くないため、組織のリーダー役は不得手。集中力があり、細かい情報を集めて確認作業をする手堅さ、緻密さがある。男性であればソフトで女性的な雰囲気の人が多い。「風」という象意をもっていることから、「迷い星」と呼ばれる。

（五）四緑木星の祐気どりができる月と方位
①子・卯・午・酉の年　二月（北）、三月（坤）、九月（艮）、一月（東）
②丑・辰・未・戌の年　五月（西）、八月（北）、九月（坤）
③寅・巳・申・亥の年　三月（艮）、七月（東）、十一月（西）
＊いずれも年盤・月盤の五黄殺、暗剣殺、破と重なる場合はできない。
◇四緑木星の人が身につけることができる御神砂　一白水星、三碧木星、九紫火星

◇四緑木星の祐気どりの効果
交渉事や縁談がまとまる。信用力が増す。遠方からの吉報がある。長女の自覚ができる。

◇四緑木星の方災いを犯した時の現象
交渉事や縁談が破談になる。営業がジリ貧になる。信用問題に巻き込まれる。

◇四緑木星の人が身につけることができる御神砂　一白水星、三碧木星、九紫火星

〔五黄土星　ごおうどせい〕
後天定位盤の中央に位置する。易卦なし。易象なし。従って、正象もない。季節はなし（五黄土星の働きは四季の土用に表れる）。月はない（但し季節の丑月一月、辰月四月、未月七月、戌月十月の「土用」に表れる）。時刻もない。五行は土。十干は戊と己。数は五、十。色は黄色。味は甘味。臓器は脾臓。
五行の相生は六白金星、七赤金星、九紫火星。五行の相剋は一白水星、三碧木星、四緑木星。比和の星は二黒土星、八白土星。
＊土星がもつ欲は「暴欲」、二黒土星は「正欲」、八白土星は「強欲」と言われる。
＊十干、五行、季節との関係は巻末「資料２」参照

巽		南		坤
	4	9	2	
東	3	5	7	西
	8	1	6	
艮		北		乾

後天定位盤　五黄土星の位置

主要事項

(一) 五黄土星の気の基本的な特徴と現象

①生滅　②激変

(二) 五黄土星の気の主な象意

生滅、激しい変化、中央、帝王、支える、強引、自滅、廃品、犯罪、死、古い問題の再発

(三) その他の象意

人物　首相、宰相、会長、社長、マネージャー、リーダー、悪人、古物商

職業　カウンセラー、リサイクルショップ、金融業、不動産業、葬儀社、解体業
場所　中央部、埋立地、ゴミ処理場、火葬場、墓場
事物　キズ物、不要品、廃物、売れ残り品、腐敗物
人体　消化器（病気・・・消化器関係）

（四）五黄土星の気を本命とする人の気質
信念、意志や執念が強い。目的を達成するための苦労はいとわない。相手に忠誠心を求める。人の世話や面倒をよくみる。敵味方を識別する。自分の立場を守ることに力を尽くすため、傲慢、自己中心的とみられる。金銭にこだわる。

（五）五黄土星の祐気どり
五黄土星の祐気どりはない。理由は五黄土星の気は消滅する、自滅する（犯罪、リストラ、家庭内不和、一家離散、家庭内暴力、自殺、食中毒）という作用もあるため。
＊五黄土星の人が身につけることができる御神砂　六白金星、七赤金星、二黒土星、八白土星、九紫火星。

〈五黄土星の解説〉

気学における九星のひとつ。後天定位盤の中宮に配置され、その作用や本質において他の星とは確然とした違いをもつ。以下、主な特徴を列挙する。

（一）五黄土星は後天定位盤の中宮、先天定位盤では存在しない。

（二）気学において、先天定位盤は現実世界の理論的意味を九星であらわした盤、これに対して後天定位盤は気エネルギーによる現実世界の仕組みを九星であらわした盤。その後天定位盤の中宮に位置するということは、現実世界の森羅万象（万物）のすべてを生成する生々の気。

（三）五黄土星は易卦がないということ、この意味は五黄土星は生成の「作用」のみで、「形象」がないことを明らかにしている。

（四）五黄土星は中宮に配されているため、季節、月、時刻はない。但し四季の土用の作用として、五黄土星の作用を知ることが出来る。

（五）五黄土星とは、万物の生成と消滅を司る気である。

（六）生まれた時に体内に吸い込んだ生々の活気（人間の中の五黄土星の気）は、八方位に配置されている、それぞれの方位の特徴をもった気の基盤となり、その上に一白水星から九紫火星まで、九星の気ができるのである。従って、五黄土星を本命に持つ人、即ち、年盤で五黄土星が中宮の年に生まれた人は、その人の本命の気の基盤から、その上に成り立つ個別の気質まですべて五黄土星の気（生々の活気）で成り立っている。

（七）生々の活気が自然に衰えて、生命活動を停止するのが、自然死（そこには、活気の衰えによる病死もふくまれる）が、寿命ということである。あたかも、植物が四季によって、その命を使い果たし、枯れて、大地にもどるようなものである。五黄土星の生々の活気の減衰とともに、万物は枯死する。その意味で、五黄土星は生成と消滅を司るともいえる。

（八）人はすでに生々の活気である五黄土星を本命の気の根底にもちつつ、生まれた年を支配する中宮の気を本命の気として生まれてくるので、人が五黄土星の回座している方位へ向かうということは、本命殺という凶方を犯すのと同じである。しかも、五黄土星は、すべての人の本命の気の根底にあるからである。すべての本命星にとって、五黄土星の方位へ向かうことは凶方になるために、五大凶方の筆頭にあげられるのである。この五黄殺を犯すと、凶意の激変を被り、事故死、中毒死、自殺、殺害などに遭遇して、命をおとすのである（五黄殺を犯した場合の病死は「天寿」自然死ではない）。

（九）五黄土星と五黄殺とが異なることを、最も明確にしているのが、五黄土星の回座方位へ向かうことの結果と、五黄土星に同会することの現象の違いである。五黄土星の回座方位へ向かうことが、大凶であることの理由はすでに述べたが、後天定位盤の五黄土星に同会していることというのは遁甲盤の中宮に回座していることであり、五黄土星の生々の活気の激変作用をうけ、運気に大きな変化が起きることになる。中宮に回座するまでに問題となる行動をしていると、中宮に入った年にその行為がもとで、周囲の注目や世間の批判を浴び、辞職、転職、失職、一家離散などに見舞われる。逆に、努力を重ねてきた人は、中宮に回座して、業績がのびたり、脚光を浴びたり、出世したり、良い変化を経験する。このように、五黄土星に同会すると、運気は生成の作用をうけて、良くも悪くも波乱の年になる。また、月盤上で本命星が年盤上の五黄土星に同会したとき、月盤の中宮に回座したときも同様であるが、受ける変化作用は小さい。なお、家で寝食を繰り返すことによって、その人の本命の気には、生々とした太極の気（五黄土星の気）が漲ってくるのであり、このような理由から移転することによって「太極が移る」という言い方がされるのである。

（十）五黄土星を、腐敗、極悪、罪悪人、強欲、など、人が忌み嫌うもの、とするのは、五黄土星の一面的解釈である。もし、そうであるなら、五黄土星の気を本命星としてもつ人は、生まれつき、極悪、強欲、罪悪を起こしやすい気質となってしまい、現実を説明することができない。また、従来の気学では、人象を、悪である犯罪人、極悪人などと並べて、皇帝、長老、まとめ役などを並記しているが、これについての説明も解説もないので、相互の整合性がみつからない。この原因は、五黄土星と五黄殺とを混同しているところにある。五黄殺は大凶だが、五黄土星自体は大凶ではない。むしろ、万物万象を成り立たせてくれる生々の気である。だからこそ、五黄土星を本命星として持つ人は、タフで体力があり、すべてを受け入れるだけの器量をもち、集団のまとめ役に適切なのである。犯罪人、極悪人、腐敗物などの象は、五黄殺を犯した場合の現象なのである。五黄土星は気学の核心であるのに、ここを正しく捉えられないのが、気学の発展と学問的認知を遅らせている原因なのである。

このように気学の核心は五黄土星にあり、五黄土星が正しく理解できなければ、気学の実践、正しい鑑定はできない。

〔六白金星　ろっぱくきんせい〕

九星のひとつで、易の乾☰に由来する。後天定位盤の乾に配置される。乾の正象は「天」。その気の作用は、尊い、動いてやまず、を代表とする。方位は乾、西北六〇度。季節は晩秋、初冬。月は戌の十月、亥の十一月。時間は戌の刻、亥の刻十九時から二十一時、亥の刻二十一時から二十三時。二十四節気は十月が寒露、霜降、十一月は立冬、小雪。五行は金。十干は辛の一部と壬の一部。十月には秋の土用がある。十二支は戌と亥。数は四、九。色は白。味は辛味。臓器は心臓、肺蔵。六白金星は未加工の鉱物とされ、七赤金星は加工された金属、彫金とされる。五行の相生は二黒土星、五黄土星、八白土星、一白水星。相剋は三碧木星、四緑木星、九紫火星。比和は七赤金星。

＊十干、五行、季節との関係は巻末「資料2」参照

巽		南		坤
	4	9	2	
東	3	5	7	西
	8	1	6	
艮		北		乾

後天定位盤　六白金星の位置

主要事項

（一）六白金星の気の基本的な特徴と現象

①天　②高位　③活動　④闘う

（二）六白金星の気の主な象意

父、夫、大人、指導者、威厳、寛大、向上、高貴、投機、高慢、横柄、多忙、動く、機械

（三）その他の象意

人物　社長、官僚、金属商、僧侶、神職、貴族、富豪

職業　政治家、実業家、オーナー、医者、カーディーラー、警察官、コンサルタント

場所　官庁、神社、仏閣、税務署、役場、運動場、競技場

事物　自動車、オートバイ、貴金属、債券、手形、高級品、資本

人体　頭、左肺、動脈（病気・・・脳溢血、心臓病）

（四）六白金星の気質

正義感が強い。親分肌。面倒見がよい。リーダーとしての素質を持っている。威圧的雰囲気がある。子供の頃から大人びた落ち着きがある。禁欲的で精神的な面に傾く人が多い。よく動き、よく働く。メンツやプライドにこだわるため、状況に即応した変わり身がうまくない。横柄、人に頭を下げたがらない。

（五）六白金星の祐気どりができる月と方位
①子・卯・午・酉の年　八月（南）、十一月（東）、十二月（巽）
②丑・辰・未・戌の年　なし
③寅・巳・申・亥の年　二月（南）、五月（東）、六月（巽）
＊いずれも年盤・月盤の五黄殺、暗剣殺、破と重なる場合はできない。

◇祐気どりによる効果
方災を切る。駆け引きがうまくいく。大きな取引ができる。多忙になる。

◇凶方位を犯した時に出る象意
上司の引立てを失う。交通事故に遭う。投機、賭け事で大損する。

◇六白金星の人が身につけることができる御神砂　一白水星、二黒土星、七赤金星、八白土星

〔七赤金星　しちせききんせい〕
九星のひとつで、易の兌☱に由来する。後天定位盤の兌に配置される。正象は「沢」。その気の作用は、悦びを代表とする。方位は西三〇度。季節は仲秋。月は酉の九月。時間は酉の刻、十七時から十九時。二十四節気は白

露節、秋分節。五行は金。十干は庚の一部と辛の一部。十二支は酉。数は四、九。色は赤。味は辛味。臓器は肺蔵。七赤金星は加工された金属、彫金とされ、六白金星は未加工の鉱物とされる。五行の相生は一白水星、二黒土星、五黄土星、八白土星。相剋は三碧木星、四緑木星、九紫火星。比和は六白金星。

＊十干、五行、季節との関係は巻末「資料２」参照。

巽		南		坤
	4	9	2	
東	3	5	7	西
	8	1	6	
艮		北		乾

後天定位盤　七赤金星の位置

主要事項

（一）七赤金星の気の基本的な特徴と現象

①沢　②悦び　③不足

（二）七赤金星の気の主な象意

少女、愛嬌、如才ない、金銭、口、飲食、色情、誘惑、弁舌、散財、贅沢、道楽、気力不足

（三）その他の象意

人物　末の女の子、ホステス、銀行員、調理人
職業　水商売、弁護士、調理師、金融業、歯科医、質屋、喫茶店
場所　低地、料理屋、飲食店、パチスロ店、結婚式場
事物　現金、刃物、金物、紙幣、財宝、借金、ご馳走
人体　口、歯、右肺（病気・・・歯痛、性病、肺病）

（四）七赤金星の気を本命とする人の気質

社交的で楽天的。サービス精神が旺盛で器用。相手と明るい関係をもつ。いろいろな趣味を追及するタイプ。感情的な関わりよりも、軽い関係を好む。とげのある言葉を使い、相手に切り込む鋭さがある。男女とも異性にもてる。高慢で負け惜しみの強いところがある。困難にぶつかると逃げ道を見つけがちになる。押しが弱い。

（五）七赤金星の祐気どりができる月と方位

①子・卯・午・酉の年　五月（西）、八月（北）、九月（坤）
②丑・辰・未・戌の年　三月（艮）、四月（南）、七月（東）、十一月（西）

③寅・巳・申・亥の年　二月（北）、三月（坤）、九月（艮）、十月（南）、一月（東）
＊いずれも年盤・月盤の五黄殺、暗剣殺、破と重なる場合はできない。

◇祐気どりの効果
現金収入に恵まれる。商売が繁盛する。恋愛のチャンスに出逢う。酒食に恵まれる。癒しを得る。

◇凶方位を犯した時に出る現象
商売が暇になる。道楽に溺れる。異性関係のトラブルに巻き込まれる。

◇七赤金星の人が身につけることができる御神砂　一白水星、二黒土星、六白金星、八白土星

〔八白土星　はっぱくどせい〕
九星のひとつで、易の艮（ごん）☶に由来する。後天定位盤の艮に配置される。正象は「山」。その気の作用は、止まる、を代表とする。方位は艮、北東六〇度。季節は晩冬、初春。月は丑の一月、寅の二月。時間は丑の刻、一時から三時、寅の刻、三時から五時。二十四節気は一月が小寒節、大寒節、二月が立春節、雨水節。五行は土。十干は癸の一部と甲の一部。一月には冬の土用がある。数は五、十。色は白。味は甘味。臓器は脾臓。五行の相生は六白金星、七赤金星、九紫火星。比和は二黒土星、五黄土星。相剋は一白水星、三碧木星、四緑木星。
＊十干、五行、季節との関係は巻末「資料２」参照。

巽		南		坤
	4	9	2	
東	3	5	7	西
	8	1	6	
艮		北		乾

後天定位盤　八白土星の位置

主要事項

（一）八白土星の気の基本的な特徴と現象

①山　②急変　③継ぎ目　④強欲

＊土星がもつ欲は、二黒土星は「正欲」、五黄土星は「暴欲」、八白土星は「強欲」とされる。

（二）八白土星の気の主な象意

少男、急変、止まる、相続、親戚、境界、引き継ぎ、貯蓄、執着心

（三）八白土星の気のその他の象意
人物　末の男の子、管理人、相続人、養子
職業　ホテル業、倉庫業、不動産仲介業、接骨医、マッサージ師
場所　山、高台の土、駐車場
事物　マンション、アパート、不動産、貯金、家具
人体　関節、腰、鼻（病気・・・関節痛、腰痛、蓄膿症など鼻の病気）

（四）八白土星の人の気質
堅実な努力家で、素朴。一見すると穏やかな雰囲気を持つが、実は頑張り屋で粘り強い。倹約家で無駄を嫌う。内面は我が強く、欲が強い。男女ともへそを曲げると強情。表情が固く無愛想。ユーモアのセンスに乏しい。家庭を大事にし、安定した家庭を築く。

（五）八白土星の祐気どりができる月と方位
①子・卯・午・酉の年　十二月（乾）、一月（西）
②丑・辰・未・戌の年　四月（北）
③寅・巳・申・亥の年　六月（乾）、七月（西）、十月（北）
＊いずれも年盤・月盤の五黄殺、暗剣殺、破と重なる場合はできない。

◇祐気どりの効果

よい方向へ急変する。お金が貯まる。相続、親戚問題をスムーズに処理できる。不動産を高値で売却できる。

◇凶方位を犯した時に出る現象

悪い方向へ急変する。お金が貯まらない。相続、親戚関係がごたつく。不動産を高値で売却できない。

◇八白土星の人が身につけることができる御神砂　二黒土星、六白金星、七赤金星、九紫火星

〔九紫火星　きゅうしかせい〕

九星のひとつで、易の離☲に由来する。後天定位盤の離に配置される。正象は「火」。その気の作用は、麗（つく）こと、を代表とする。方位は南三〇度。季節は仲夏。月は午の六月。時間は午の刻、十一時から十三時。二十四節気は芒種節、夏至節。五行は火。十干は丙の一部と丁の一部。十二支は午。数は二、七。色は紫。味は苦味。臓器は心臓。五行の相生は、三碧木星、四緑木星、二黒土星、五黄土星、八白土星。相剋は一白水星。相剋は六白金星、七赤金星。比和はなし。

＊十干、五行、季節との関係は巻末「資料2」参照。

巽		南		坤
	4	9	2	
東	3	5	7	西
	8	1	6	
艮		北		乾

後天定位盤　九紫火星の位置

主要事項

（一）九紫火星の気の基本的な特徴と現象

①火　②離合集散

（二）九紫火星の気の主な象意

離合集散、再度、公文書、争い、離れる、見る、暴露、裁判、印鑑

（三）九紫火星の気のその他の象意

人物　中年女、デザイナー、美容師、モデル

職業　ジャーナリスト、芸術家、運命鑑定家、タレント業、薬剤師、写真家

事物　炎、太陽、光、アクセサリー、メガネ、公文書、文房具

人体　目、頭、神経、心臓（病気…眼病、頭痛、心臓病、不眠症、神経症）

（四）九紫火星の人の気質

カリスマ性があり押し出しがよい。人の上に立つ。弁舌が鮮やかで表現力が豊か。何事も中庸を保つことが苦手。外見は明るいが内面は暗い激しさをもっている。プライドが高くエリート意識が強い。競争心が強く協調性が乏しい。感受性が高い。美的センスが高い。神経質でありながら、わきの甘いところがある。自分の容姿やスタイルを必要以上に気に掛ける。

（五）九紫火星の祐気どりができる月と方位

①子・卯・午・酉の年　なし

②丑・辰・未・戌の年　二月（南）、五月（東）、六月（巽）

③寅・巳・申・亥の年　八月（南）、十一月（東）、十二月（巽）

＊いずれも年盤・月盤の五黄殺、暗剣殺、破と重なる場合はできない。

◇祐気どりの効果
方災を切る。悪い関係や縁を絶つ。名誉を得て出世するきっかけができる。
◇凶方位を犯した時に出る現象
名誉を失う。離職、離別する。裁判沙汰に巻き込まれる。精神を病む。
◇九紫火星の人が身につけることができる御神砂　二黒土星、三碧木星、四緑木星、八白土星
［2］後天定位盤と先天定位盤【後天定位盤　こうてんじょういばん】【先天定位盤　せんてんじょういばん】参照
［3］九星の比和、相生と相剋【相生　そうじょう／相剋　そうこく】【比和　ひわ】参照
［4］五大凶殺【五大凶殺　ごだいきょうさつ】参照

【祈願　きがん】
目的や願望を達成するために神仏に祈ること、願うこと。神社などでは特別な願い事を神職の御祈祷により「特別祈願」を神前にて神職が執り行う。心願成就、八方除け、身体健全、家内安全、商売繁盛、厄払い、良縁成就な

どがある。

【気質　きしつ】

気質とは、その人が生来備えている刺激に対する反応の仕方をいう。この意味で、気質とは、躾、教育など、外から後天的に形作られた「性格」の核心にある。人は生まれた時に最初に肺臓に吸い込んだ気の種類によって、気質の特徴は決定される。生まれた時の肺内に取り込んだ気とは、その年の年盤の中宮の気が「本命星」として、その月の月盤の中宮の気が「月命星」として、それぞれの気の作用の特徴が、その人の気質の大半を構成する。さらに傾斜法、月命盤鑑定、蔵気などで、その人の気質の本体に近づくことができる。

〔本命星からみる特徴のポイント〕

本命星が一白水星の人→沈思黙考タイプ
本命星が二黒土星の人→几帳面で着実タイプ
本命星が三碧木星の人→活発で機転がきくタイプ
本命星が四緑木星の人→柔和、調整タイプ
本命星が五黄土星の人→唯我独尊タイプ
本命星が六白金星の人→理屈家、気位が高いタイプ
本命星が七赤金星の人→社交センスが豊富なタイプ
本命星が八白土星の人→地味、慎重、努力タイプ
本命星が九紫火星の人→鋭敏、芸術的センスがあるタイプ

【喜寿　きじゅ】

七十七歳のこと。喜の草書体が七を三つ重ねた形となり七十七と読めることに由来している。紫が長寿を祝う色とされる。長寿のお祝いは中国から伝わったものであるが、喜寿以降の傘寿、米寿、卒寿、白寿、百寿、皇寿などは日本独自のもの。

【吉　きち】

何事に関してもよいこと。縁起がよいこと。めでたいこと。何を行うのにもよい日を「吉日」という。よく使われるのは六曜の「大安」で「大安吉日」として知られている。

【吉方位　きっぽうい】

何をするにもよい方位を「吉方位」あるいは「吉方」という。気学では年盤の場合、五大凶殺（五黄殺、暗剣殺、歳破、本命殺、本命的殺）、小児殺、相剋にあたらない方位を吉方位という。月盤では三大凶殺に当たらず、年盤で五黄殺、暗剣殺、歳破に当たらない方位で月盤において「天道」「生気」の吉神がついている方位を大吉方位という。年盤では移転、結婚、改装の方位の吉凶をみる。月盤では旅行、新規の病院、雇用の方位をみる。

〈例〉本命星が一白水星の人にとっての吉方位は、

一白水星は五行で木と相生（水生木）であるから、

三碧木星、四緑木星の方位が吉方

五行で金と相生（金生水）であるから、

六白金星、七赤金星の星が回座している方位が吉方位

【相生　そうじょう／相剋　そうこく】、「天道」「生気」は【三合　さんごう】参照

【気抜き　きぬき】

敷地内にある井戸に対する処置の方法のこと。敷地内の水は、気学の立場からは、非常に重要なテーマとなってきた。長期間にわたって水気を敷地内に発散させ、その水を使ってきた井戸を埋めることは、水気を土砂で封ずることであり、封じられる水気の処置を間違えると、気の乱れによって、敷地内に居住する人は禍福に強い影響を被る。井戸封じには、地域、土地柄によって、その手法は異なるが、「気抜き」という配慮は一般的に行われている。井戸の中の水を抜き、底に九紫火星の御神砂を敷き詰め、両端が開口している管をたてて、清土で埋める。その際、管の先が地表からわずかに出ていることが大切で、こうすることによって、それに続いて、以前と同様に敷地内の気を通じ合わせ、敷地内の気の乱れを避ける。これを気抜きといい、水気、土気が問題となるため、気学の家相の分野では、重要な項目になっている。

＊気抜きの作業をする場合は、宅心からの家相方位を確認して、井戸の方面が凶方ではない時、家族の本命星が回座していない時、土用の期間ではない時に行う。

【鬼門　きもん】

艮（北東）方位の俗称。俗説では、「中国の北東方面に侵入を繰り返す異民族を鬼のように恐れて、北東方位が鬼門と呼ばれるようになった」とよくいわれている。しかし、この言葉の由来は中国漢代の『論衡』と言う書物

の「山海経」のなかに「青い海原の中に度朔山と云う山があり、その上に大きな桃の木があって、三千里もある枝が、うねっている。その枝の東北のすき間を鬼門と云いあらゆる鬼の出入りする所になっている。」と書かれている。ここに「鬼門」という言葉があり、鬼門とは「鬼が往来する東北にある出入り口」であることが書かれている。「鬼」とは中国ではこの世に様々な恐ろしい影響を得ている与える死者の魂の事で、ここから、「北東＝鬼門＝恐ろしい方位」という考え方が生まれてきた。従来の気学では、「鬼門＝大凶方」と扱ってきたが、それは正しくない。艮方位を注意する方位とするのは、家相上であって、方位の吉凶には関係はない。もし、後天定位盤の艮宮を汚せば（即ち、家相で艮方位にトイレ、風呂場、台所の三備をはじめ、水気、火気に関わる間取りを設けることは）、後天定位盤に象徴されている生々の気エネルギーを損なうことになり、そのような家相に居住する人の気力、活力などが低下し、社会的に大きなダメージを受けることになるからである。しかし、これはあくまでも家相の問題であって、方位上の凶は、五大凶殺であって、艮方位＝大凶方ではない。この点では、他の方位と同様であって、方位上特別な意味はない。この点を十分に理解することが肝要である。鬼門は「凶」方位ではなく、家相上「慎重にあつかう方位」「重要な方位」とする。

【奇門遁甲　きもんとんこう】

本来、中国で生まれた占術だが、日本に伝わり、我が国でも占術として定着している。通説では、移動することによって、変化する運気を推断する方位術とされ、元来の目的は、戦いの際に使われ、軍などの集団の移動方位や時期を知る占術とされている。また、三国志に登場する諸葛孔明（しょかつこうめい）が駆使したことで広く知られた、ともされている。しかし、諸流派が存在し、その論理は枝葉末節にいたって複雑を極め、占術として名が知られているわりには、難解とされている。奇門遁甲の原書として、宋代の「煙波釣叟歌（えんぱちょうそうか）」明代の「奇門遁甲秘笈全書（きもんとんこうひゆうぜんしょ）」などがある。

【逆運　ぎゃくうん】

不運、不幸のこと。九星は遁行し、九年の間に盛運期四年、衰運期五年を経験することになる。盛運期にあっても逆運を感じたり、衰運期にあってもよい運気を感じることがある。自身の運気の流れを、年、月の単位で知り、祐気どり、御神砂とりを行うことは本命の気を維持、活性化することに役立つ。

【逆数　ぎゃくすう】

干支の運行順を表す言葉。十干十二支の逆数は次の通り。

十干の順運　甲↓乙↓丙↓丁↓戊↓己↓庚↓辛↓壬↓癸

十干の逆運　癸↓壬↓辛↓庚↓己↓戊↓丁↓丙↓乙↓甲

十二支の順運　子↓丑↓寅↓卯↓辰↓巳↓午↓未↓申↓酉↓戌↓亥

十二支の逆運　亥↓戌↓酉↓申↓未↓午↓巳↓辰↓卯↓寅↓丑↓子

【九星置潤法　きゅうせいちじゅんほう】

気学の暦において、陰遁期と陽遁期が各百八十日、計三百六十日とされている。この結果、平年では三百六十五日、一年とされている（現在使用している）グレゴリオ暦との日数差が、夏至と陰遁開始日、冬至と陽遁開始日と大きくずれる。このため、定期的に陰遁、陽遁の開始日を調整することになっており、この方法を九星置潤法という。冬至の日の前後、即ち「陽遁の始め」で調整する場合と、夏至の日の前後、即ち「陰遁の始め」で調整する場合があり、原則として、十二年に一回ずつ、陽遁開始日と陰遁開始日が交互に調整される。調整の方法も定まっていて、例えば、以下のようになる。まず、九星置潤法による陰遁開始日の調整は、平成九年の六月に行われた。この時は、六月二十日、癸巳三碧木星の日で陽遁は終了し、翌二十一日は甲午三碧木星として陰遁の開始日となり、翌々日は二黒土星となっていく。また、陽遁開始日の調整は平成二十年の「陽遁開始日は冬至に最も近い甲子七赤金星の日」とされ、平成二十年の十二月に行われた。このときは、十二月の十九日、癸巳七赤金星で、この日で陰遁は終了し、翌二十日は甲子七赤金星として陽遁の開始日となり、翌々日は八白土星となって陽遁になっていく。

【旧暦　きゅうれき】

新暦採用以前の暦（太陰太陽暦）をいう。太陰太陽暦は日本独自の暦（和暦）としては貞享暦からはじまり、天保暦まで続いた。一般的には和暦最後の天保暦を旧暦という場合もある。

【共時性　きょうじせい】

英語のシンクロニシティ（Synchronicity）のことで、「意味のある同調性」のこと。「同時性」とも訳されている。その意味は、様々な現象は、単に偶発的で無意味、無関係なものではなく、全体的な視点からは、いずれも意味がある関連的現象である、ということ。スイスの精神科医で哲学者であるユングには「布置（Constellation）」という言葉を用いて、存在論として独自の意味を展開するようになった。近年では、このような流れをうけて、メタ・

サイエンス（超科学）の世界で、共時性の根底に「気」の存在とその作用が関わっていることが示唆されている。近年、米国の学会の心理学、生理学的分野で、一方の人が精神を集中して或るイメージをすると、瞬時に他方の人も同じイメージを抱く現象を実験的に確認し、時空間の枠を超えた共時性という現象が実証されつつある。このような気の作用による共時性の現象は、私たちの先達の鋭い感性と自然観察によって、古くからすでに感知されていたものであって、易の世界、気学の論理は、本来、ここに成立している。漢代の天人相関説は、この考えが逸脱し呪術的迷信に堕落したもので、現在、巷で流布している風水気学やスピリッチュアルと称するものは、この類である。

【兄弟星　きょうだいぼし】

比和星の通称。比和とは同じ五行をもつ星のことである。気学では、二黒土星、五黄土星、八白土星は、いずれも五行は土で比和、三碧木星、四緑木星いずれも五行は木で比和、六白金星、七赤金星はいずれも五行は金であるから比和である。但し、五行は同じで兄弟星といっても、九星の内容はそれぞれ微妙に異なる。

【凶方　きょうほう／凶殺　きょうさつ】

九星自体に凶星というものはないが、年盤、月盤などの巡りによって、災禍を及ぼす作用もつことになる九星をいう。つまり、人に災禍を及ぼす原因となる九星を凶殺、その凶星が回座している方位を凶方といい、原則は「凶殺は災禍を及ぼす九星、凶方はその九星が回座する方位」ということになる。

凶殺とは、通常、五大凶殺をいう。

凶方とは、通常、五大凶方をいう。【気学　きがく】参照

【義理易　ぎりえき】

易の種類。易の解釈には、義理易と象数易とがある。象数易は三国時代には卦の図形的な特徴に解釈の基本をもち、義理易は卦の形にこだわらず、卦の意味の解釈を重視する流れで、三国時代の王弼がその代表。宋代にいたって、朱子が登場し『周易本義』を著して、両派の考え方を統合した。

【宮　ぐう】

後天定位盤、先天定位盤を構成する四五度の角度で方位の分界線を引かれた領域、あるいは区分された九つの領域をそれぞれ宮という。気学では宮に名称をつけ、それぞれの宮がもつ気の象意や作用を易の八卦から導き出している。但し、方位盤では、東、西、南、北を三〇度、その間を四五度とするのが主流である。一白水星の宮は坎宮（かんぐう）、二黒土星の宮は坤宮（こんぐう）、三碧木星の宮は震宮（しんぐう）、四緑木星の宮は巽宮（そんぐう）、中央の五黄土星のある宮は中宮（ちゅうぐう）、六白金星の宮は乾宮（けんぐう）、七赤金星の宮は兌宮（だぐう）、八白土星の宮は艮宮（ごんぐう）、九紫火星の宮は離宮（りぐう）という。其々の宮に回座した時はその宮の気の作用を強く享ける。

〈九宮の図〉

巽宮	離宮	坤宮
震宮	中宮	兌宮
艮宮	坎宮	乾宮

〔坎宮　かんぐう〕

後天定位盤の一白水星の位置。易の卦は坎、正象は水。方位は北。坎宮に回座した時は一白水星の気の作用を享ける。水、穴、始まり、考える、熟慮、苦労、部下、交際、情事、生む、策略、奸計など。坎宮に回座した時の運気は衰運の第五期とされる。月命盤上で、本命星が坎宮の位置にあることを坎宮傾斜といい、一白水星の気質をもつとみる。

〔艮宮　ごんぐう〕

後天定位盤の八白土星の位置。易の卦は艮、正象は山。方位は北東。艮宮に回座した時は八白土星の気の作用をうける。象意は急変、止まる、粘り、頑固、無愛想、質素倹約、蓄財、変化、親族関係、相続など。艮宮に回座した時の運気は衰運の第三期とされる。月命盤上で本命星が艮宮にあることを艮宮傾斜といい、八白土星の気質をもつとみる。

〔震宮　しんぐう〕

後天定位盤の三碧木星の位置。易の卦は震、正象は雷。方位は東。震宮に回座した時は三碧木星の気の作用をうける。象意は発展、新規、機転、顕現、能弁、多弁、詐欺、無邪気、音楽、長男など。震宮に回座した時の運気は盛運の第二期とされる。月命盤上、本命星が震宮にあることを震宮傾斜といい、三碧木星の気質をもつとみる。

〔巽宮　そんぐう〕

後天定位盤の四緑木星の位置。易の卦は巽、正象は風。方位は東南。巽宮に回座した時は四緑木星の気の作用をうける。象意は調う、信用、縁、交際、取引、営業、旅行、長女など。運気の盛衰は盛運の第三期とされる。巽宮に回座した時の運気は盛運の第三期とされる。月命盤上で本命星が巽宮にあることを巽宮傾斜といい、四緑木星の気質をもつとされる。

〔離宮　りぐう〕

後天定位盤の九紫火星の位置。易の卦は離、正象は火。方位は南。離宮に回座した時は九紫火星の気の作用をうける。象意は火、名誉、暴露、離合集散、頭脳、知恵、鋭敏、官公庁、公務員など。離宮に回座した時の運気は衰運の第四期とされる。月命盤上で、本命星が離宮にあることを離宮傾斜といい、九紫火星の気質をもつとみる。

〔坤宮　こんぐう〕

後天定位盤の二黒土星の位置。易の卦は坤、正象は地。方位は南西。坤宮に回座した時は二黒土星の気の作用をうける。象意は平地、致役、堅実、地味、実直、家庭、勤労、妻、母など。坤宮に回座した時の運気は盛運の第一期とされる。月命盤上で、本命星が坤宮にあることを坤宮傾斜といい、二黒土星の気質をもつとみる。

〔兌宮　だぐう〕

後天定位盤の七赤金星の位置。易の卦は兌、正象は沢。方位は西。兌宮に回座した時は七赤金星の気の作用をうける。象意は癒し、悦び、遊興、酒食、恋愛、色事、金銭、愛嬌、少女など。兌宮に回座した時の運気は衰運の第二期とされる。月命盤上で、本命星が兌宮にあることを兌宮傾斜といい、七赤金星の気質をもつとみる。

〔乾宮　けんぐう〕

後天定位盤の六白金星の位置。易の卦は乾、正象は天。方位は西北。乾宮に回座した時は六白金星の気の作用をうける。象意は天、高位、権威、活動、闘う、資本、横柄、援助者、上司、社長、頭脳、父など。乾宮に回座した時の運気は衰運の第一期とされる。月命盤上で、本命星が乾宮にあることを乾宮傾斜といい、六白金星の気質をもつとみる。

〔中宮　ちゅうぐう〕

後天定位盤の中央、五黄土星の位置。変化の座である。易卦はない。中宮に回座した時は五黄土星の気の作用をうける。よく出れば力を得られるが、悪く出る場合は思わぬ障害を招く。人間関係では周囲を従えるような強引な面が出る一方で、他を支援する振る舞いを起こす。運気の盛衰は盛運の第四期とされる。月命盤上で、本命星が中宮の位置にあること（月命星と本命星が同じ）を特殊傾斜という。

【宮司　ぐうじ】

神社の代表者、責任者。神職や巫女などをまとめる。神社本庁により権宮司（ごんぐうじ）は宮司の代理であり神社の副代表、禰宜（ねぎ）は宮司を補佐する、権禰宜（ごんねぎ）は神社の業務に従事する、という職位が規定されている。

【空亡　くうぼう】

〈六十干支　空亡一覧表〉

空亡	干支									
戌亥	癸酉	壬申	辛未	庚午	己巳	戊辰	丁卯	丙寅	乙丑	甲子
申酉	癸未	壬午	辛巳	庚辰	己卯	戊寅	丁丑	丙子	乙亥	甲戌
午未	癸巳	壬辰	辛卯	庚寅	己丑	戊子	丁亥	丙戌	乙酉	甲申
辰巳	癸卯	壬寅	辛丑	庚子	己亥	戊戌	丁酉	丙申	乙未	甲午
寅卯	癸丑	壬子	辛亥	庚戌	己酉	戊申	丁未	丙午	乙巳	甲辰
子丑	癸亥	壬戌	辛酉	庚申	己未	戊午	丁巳	丙辰	乙卯	甲寅

十干と十二支を組み合わせたとき出来る「余り」の十二支のこと。戌亥、申酉、午未、辰巳、寅卯、子丑の六種類をいう。四柱推命では空亡を重視しないが、流派によって異なる。空亡とは、文字通り「空しく亡ぶ」ということで、それに該当する人のエネルギーを空しくする（消耗する）と解釈され、自分の空亡の年月がまわってくると、凶作用が及ぶとされている。例えば、その人の空亡が辰巳だとすると、辰年、巳年、辰月（4月）、巳月（5月）が空亡の月となり、企画、計画が思うようにならない、思わぬトラブルに巻き込まれやすくなるとされる。算命では空亡を天中殺と称して重視し、一時、天冲殺ブームを起こして話題になったが、的中しないことが多く、以前に比べると下火になっている。気学では空亡を問題にすることはない。

【グレゴリオ暦　ぐれごりおれき】
ローマ教皇グレゴリウス十三世が一五八二年、それまでの太陽暦であるユリウス暦を修正して実施した暦。現在我が国ではもちろん、世界でも広く使用されている。

【卦　け・か】
易の用語。易で占筮（せんぜい）する際、算木（さんぎ）で現した形象のこと。組み合わせは八卦（これを「小成卦」（しょうせいか）を更に重ねて六十四卦とした大成卦（たいせいか）を実際の占筮には使う。乾（けん）は陽爻三本☰、兌（だ）は陽爻二本と陰爻一本☱、離（り）は陽爻二本と陰爻一本☲、震（しん）は陽爻一本と陰爻二本☳、巽（そん）は陰爻一本と陽爻二本☴、坎（かん）は陰爻二本と陽爻一本☵、艮（ごん）は陰爻二本と陽爻一本☶、坤（こん）は陰爻三本☷。易ではこの八卦を二つ重ねて（八×八）六十四卦として占筮となる。六十四卦は「易経」にそれぞれの特徴的な意味が説明されている。様々な事象に対する吉凶判断のよりどころとされた。この解説文を卦辞（かじ）または爻辞（こうじ）という。

【刑　けい】

四柱推命の用語。命式上における十二支の組み合わせによって先天的にうける四種類の障害。基本的に刑は「争い」とみる。命式内に刑があり、流年運（行運）でも刑があれば、影響は大きくなるとされる。勢いを恃む刑、恩なき刑、礼無き刑、自刑などがある。

【形而下　けいじか】

形象（形、姿）を備えているもの。形あるもの。感性によって経験できるものを意味する。朱子学では、易繋辞伝で意味を深く解釈して、形而上と対句とされ、形而下は気、器と規定されている。気学では、園田真次郎が形而上、形而下の考え方から、易の太極と気学の五黄土星との関係を論じている。気学を論理的に解釈しようとする意図と五黄土星と太極との関係という彼の着眼点は良かったが、太極の解釈が不十分であったため、矛盾した解釈になってしまった。

【形而上　けいじじょう】

形象（形、姿）を超える、という意味。見たり触れたりできる経験を超えたもの。森羅万象を成り立たせている朱子学における理。「形而下」の対句。易繋辞伝上の「形而上者謂之道、形而下者謂之器」に由来する。

【繋辞伝　けいじでん】

『易経』の十翼（十種の注釈書）のひとつ。上下二巻からなり、易を哲学的に解釈している点で、高い評価を得ている。

【傾斜　けいしゃ】

気学の用語。【傾斜法　けいしゃほう】参照。

【傾斜法　けいしゃほう】

気学の気質判断のひとつ。人の気質を観る際、気学では本命星、月命星の象意を、まず手掛かりとするが、それに続く占技のひとつ。その人の月命星を中宮に置いて月命盤を作成し、盤上で本命星が回座する宮と中宮とを結ぶ線を傾斜線といい、この線からも象意を見いだす。具体的には、本命星が回座している宮の象意から引き出される象意を、その人の気質を判断する際に参考にすること。月命盤には、天道、生気という吉神、月破と暗剣殺という凶神、そして五黄土星という星があるので、これを充分に考慮する。なお、本命星と月命星が同じ場合は、本命星が中宮に回座してしまうので、特殊傾斜（中宮傾斜）といって、特別の判断を行う。すでに、園田真次郎の弟子達の間で傾斜法の占技がつかわれていた記録があるが、主要な占技として、定着することはなかった。これを日本に永住して、気学などの運命学に傾倒したフランス人レオン・ロベール・フーク（日本名：富久純光）が、傾斜法として大きく取り上げ、著者が外国人であったことなどで注目され、主要な占技としてもてはやされ、

〈傾斜早見表〉

本命星＼月命星	一白水星	二黒土星	三碧木星	四緑木星	五黄土星	六白金星	七赤金星	八白土星	九紫火星
一白水星	傾斜なし	巽宮傾斜	震宮傾斜	坤宮傾斜	坎宮傾斜	離宮傾斜	艮宮傾斜	兌宮傾斜	乾宮傾斜
二黒土星	乾宮傾斜	傾斜なし	巽宮傾斜	震宮傾斜	坤宮傾斜	坎宮傾斜	離宮傾斜	艮宮傾斜	兌宮傾斜
三碧木星	兌宮傾斜	乾宮傾斜	傾斜なし	巽宮傾斜	震宮傾斜	坤宮傾斜	坎宮傾斜	離宮傾斜	艮宮傾斜
四緑木星	艮宮傾斜	兌宮傾斜	乾宮傾斜	傾斜なし	巽宮傾斜	震宮傾斜	坤宮傾斜	坎宮傾斜	離宮傾斜
五黄土星	離宮傾斜	艮宮傾斜	兌宮傾斜	乾宮傾斜	傾斜なし	巽宮傾斜	震宮傾斜	坤宮傾斜	坎宮傾斜
六白金星	坎宮傾斜	離宮傾斜	艮宮傾斜	兌宮傾斜	乾宮傾斜	傾斜なし	巽宮傾斜	震宮傾斜	坤宮傾斜
七赤金星	坤宮傾斜	坎宮傾斜	離宮傾斜	艮宮傾斜	兌宮傾斜	乾宮傾斜	傾斜なし	巽宮傾斜	震宮傾斜
八白土星	震宮傾斜	坤宮傾斜	坎宮傾斜	離宮傾斜	艮宮傾斜	兌宮傾斜	乾宮傾斜	傾斜なし	巽宮傾斜
九紫火星	巽宮傾斜	震宮傾斜	坤宮傾斜	坎宮傾斜	離宮傾斜	艮宮傾斜	兌宮傾斜	乾宮傾斜	傾斜なし

＊1 傾斜とはその人の月命盤を作成したとき、その盤上に回座している本命星の宮をいい、その宮がもつ気質の20%を支配するとみる。

＊2 本命・月命が同じ場合、傾斜はない。但し、気質への支配が別表のようになる。

ブームとなった。その結果、人の相性から宿命運まで傾斜法で鑑定するなどということになってしまった。結局は、本命星、月命星だけでは飽き足らない気学鑑定家が高等鑑定法などと持ち上げただけで、実際には的確度は評判ほど高くない。

〈特殊中宮傾斜一覧表〉

本命星	月命星	特殊傾斜
気質の70%		気質の30%
一白水星	一白水星	九紫火星
二黒土星	二黒土星	六白金星
三碧木星	三碧木星	四緑木星
四緑木星	四緑木星	三碧木星
五黄土星	五黄土星	男性 七赤金星 女性 六白金星
六白金星	六白金星	二黒土星
七赤金星	七赤金星	八白土星
八白土星	八白土星	七赤金星
九紫火星	九紫火星	一白水星

本命星と月命星が同じ九星の場合、特殊傾斜または中宮傾斜という。
気質の70%は本命星・月命星であり、残りを30%（上記表の通り）とみる。
五黄土星の場合は、男性は七赤金星、女性は六白金星とみる。

【卦象　けしょう】

易において陰爻⚋と陽爻⚊によって、八種の組み合わせを作りこれを八卦というが、その一つ一つに意味が与えられおり、これを卦象という。これをさらに組み合わせを重ねて、六十四卦とし、卦象の意味するところも細分化されていく。八卦と九星の関係は次のとおり。

【例】	一白水星　☵（坎）水	二黒土星　☷（坤）地
	三碧木星　☳（震）雷	四緑木星　☴（巽）風
	六白金星　☰（乾）天	七赤金星　☱（兌）沢
	八白土星　☶（艮）山	九紫火星　☲（離）火

【月家　げっか】

月に配される九星を月家九星という。年に配される九星を年家九星、日家九星は日盤の九星のこと。

【結界　けっかい】

本来は仏教用語。密教で修行を行う場所に世俗の気が入らないように、区域を区切った気エネルギーの高い場所。気学での重要行事「祐気どり」「御神砂とり」の際に、神社境内にて行う根拠となる高いエネルギーの気を得られる場。聖法氣學會で行う「御神砂とり」は、必ず結界の内側である神社の敷地内にて行われる。

【月柱　げっちゅう】

四柱推命の用語。運命を推命するための四つの柱のうちのひとつ。その人の気質、気質にもとづくライフスタイルを暗示する。生月の干支、蔵干、通変星などから構成される。四柱推命では、気質、ライフスタイルを四つの柱、「年柱」「月柱」「日柱」「時柱」で見立てる。

【月徳　げっとく】

暦注のひとつ。万事に支障のない吉日される。

【月徳合　げっとくごう】

暦注ひとつ。月の吉方位のひとつ。月徳合の方位は万事に良いとされ、悪いもの（凶）が解消され、良いもの（吉）が集まる。その月の十干から導かれる。一月、五月、九月は辛、二月、六月、十月は己、三月、七月、十一月は丁、四月、八月、十二月は乙の方位。聖法氣學會では月の吉神は天道と生気としており、月徳合は使用しない。

【月破　げっぱ】

月の凶神。三大凶殺のひとつ。【破　ハ】参照

【月盤　げつばん】

月の九星を中宮において作成した遁行盤。暗剣殺、月破、天道、生気などの吉凶神がつく。

【月命星　げつめいせい】

人の生月の中宮の星をいう。本命星と同じく、運気、気質をみる時の重要な要素となる。また、未成年の場合の方位の吉凶、運気の強弱をみる。人の気質の構成要素のひとつ。それぞれの構成要素の支配率は、本命星の気質は五〇%、月命星の気質は三〇%、傾斜星の気質は二〇%を目安とする。例えば、平成三十年十二月十日に生まれた人は、本命星は戊九紫火星、十二月の月盤は子四緑木星が中宮にあるため、月命星は子四緑木星となる。（次の表を参照）

〈年月生れ早見表〉

生れ月＼生れ年九星	一白水星 四緑木星 七赤金星の年生れ	二黒土星 五黄土星 八白土星の年生れ	三碧木星 六白金星 九紫火星の年生れ
寅 二月	八白土星	二黒土星	五黄土星
卯 三月	七赤金星	一白水星	四緑木星
辰 四月	六白金星	九紫火星	三碧木星
巳 五月	五黄土星	八白土星	二黒土星
午 六月	四緑木星	七赤金星	一白水星
未 七月	三碧木星	六白金星	九紫火星
申 八月	二黒土星	五黄土星	八白土星
酉 九月	一白水星	四緑木星	七赤金星
戌 十月	九紫火星	三碧木星	六白金星
亥 十一月	八白土星	二黒土星	五黄土星
子 十二月	七赤金星	一白水星	四緑木星
丑 一月	六白金星	九紫火星	三碧木星

【月命盤　げつめいばん】

月命星を中宮においた盤を月命盤という。天道、生気の吉神、暗剣殺、月破の凶神がつく。月命盤はその人の気質・潜在運をみるために使用する。この鑑定法を「月命盤鑑定」という。【月命盤鑑定　げつめいばんかんてい】参照

【月命盤鑑定　げつめいばんかんてい】

生まれ月の九星を中宮において作成した月盤。人の気質の一部と生まれ月のライフスタイルをみる。月の吉神である天道と生気、三大凶殺の五黄殺、暗剣殺、月の凶神である破れ（ハ）の場所を注視しながら八宮それぞれの象意を観て鑑定を行う。

〔運気にたいする八宮の象意・作用〕

①坎宮：部下運、子供運
②艮宮：相続運、不動産運
③震宮：才能運
④巽宮：営業運、信用運
⑤離宮：出世運
⑥坤宮：家庭運、職業運
⑦兌宮：金銭運

⑧乾宮：上司運、援助運

〈後天定位盤　八宮の象意〉

巽宮 営業運 信用運	離宮 出世運	坤宮 家庭運 職業運
震宮 才能運		兌宮 金銭運
艮宮 相続運 不動産運	坎宮 部下運 子供運	乾宮 上司運 援助運

〈月命盤鑑定〉

平成二年（一九九〇）年十二月十五日生れ（男性）

本命星：午一白水星　月命星：子七赤金星

子七赤金星　月命盤

南

東				西
	6道	2ハ	4	
東	5	7	9ア	西
	1	3	8生	

北

①坎宮には三碧木星が回座しているので、部下運、子供運は動きが活発だが堅調。
②艮宮には一白水星が回座しているので、運気はやや弱く、不動産運や相続運に恵まれる、あるいは親からの経済的恩恵をうけるという機会は少ない。
③震宮には五黄土星が入っているので、一般の人とは異質な見方や対応の早い鋭さを持っている。
④巽宮には六白金星が回座し、吉神の天道を帯同しているので、堅実な信用運、営業運を持っている。
⑤離宮には二黒土星が回座し、凶神の月破を帯同しているので、出世運は遅く、障害にみまわれることが多い。
⑥坤宮には四緑木星が回座しているので、家庭運、職業運とも地味で穏やかなライフスタイルをもっている。妻は穏やかだが、優柔不断なタイプが多い。
⑦兌宮には九紫火星が回座し、暗剣殺を帯同しているので、
（ア）暗剣殺という凶神を帯同していること
（イ）そのため、九紫火星という星のネガテイブな特徴（派手、浪費、異性関係）が出やすい
（ウ）兌宮が遊び、趣味、酒食、異性関係、おしゃれという気の作用の場であることを考慮すると、九紫火星がネガテイブな作用になれば、その他の運気を破壊するだけのキーポイントの星であり、運気の分岐点になってしまうことを充分注意する必要がある。
⑧乾宮には八白土星が回座し、吉神の生気を帯同しているので、しっかりとした援助者、上司に出会う運気をもっている。
〈まとめ〉
本命星が一白水星、月命星が七赤金星であることを踏まえると、この人はやや内向的だが、個性的で頑固で、い

ざという時、周囲の人のアドバイスに耳を傾けない傾向が強い。兌宮のネガテイブな運気をまともに背負うかどうかによって、一生が変わってくる。さらに、天道・生気の線が巽宮と乾宮についているところから、信用に好材料を暗示しており、また、五黄土星と暗剣殺が震宮と兌宮についているところから、個性と欲望もまた凶意、波乱含みとなることを付け加えておかなければならない。ここまでは、月命盤鑑定として、月命盤から得られる情報に限定して、例題を解析してきたが、運気の主体であり、従って運気の上下に深い影響を与える本人の気質についても、本命星、月命星だけではなく、傾斜法、蔵気などの視点からみれば、一層詳細になる。

【月令　げつれい】

四柱推命の用語。季節を五行でみた場合、その季節に該当する月が司る最も強い気のエネルギーのこと。

【元気　げんき】

人間の活動の源になる気エネルギー。また、天地に満ち、万物成立のもとになる生々の気のこと。人間を含め、気エネルギーが満ちている状態をいい、森羅万象が生々化育していくありさまに体験することができる。『孟子』のいう浩然の気のこと。「元気」という言葉は、現在の健康という意味ではなく、広く「気宇壮大」の意味で、勝海舟など古来多くの著名人の書に好んで書かれている。

【建禄　けんろく】

四柱推命の用語。【十二運　じゅうにうん】参照

【爻　こう】

易の卦を構成する基本の棒状の符号。⚊を陽爻といい、⚋を陰爻という。この組み合わせで八卦が成立する。爻は下から上に初爻、二爻、三爻のようによばれ、卦を構成する。これを爻位（こうい）という。卦に付せられている言葉を卦辞（卦全体を解説する）。爻に付せられている言葉を爻辞という。さらに卦辞の解説を彖伝（たんでん）といい、爻辞の解説を象伝という。【易経　えききょう】参照

【劫財星　ごうざいせい】

四柱推命の用語。通変星のひとつ。【通変星　つうへんせい】参照

【孔子　こうし】

春秋時代の中国の思想家、儒教の始祖、名は仲尼。（BC五五一頃〜BC四七九年）。『周易』の注釈「十翼」の作者とされている。但し、孔子が十翼を作成したという記録はない。易と孔子に関しては、孔子と弟子達の問答を記録した『論語』「述而篇」のなかに「易を学べば、以て大過なかるべし」という孔子の言葉がみられる。徳治主義を基本として、周王朝の礼楽制による周王朝の復古を説いた。

【皇寿　こうじゅ】

百十一歳のこと。皇の字を分解すると、白は九十九、王は一、十、一となり、数字を足すと百十一となる。

【庚申　こうしん】
甲子から始まる十干十二支の組み合わせの第五十七番目。訓の読み方は「かのえさる」。庚は金の陽、申も金星であることから、金の気が重なり冷たい気が満ちる時とされる。そのため人の気持ちが冷たくなりやすく注意すべき日とされた。庚申は中国の道教の言い伝えからきた禁忌である。人間の身体の中に三尸（さんし）という虫がいて常に人の悪行を監視している。三尸は六十日ごとに天の神様に人間の悪行を報告しに行き人を裁く。人々はこれを防ぐために庚申の日に三尸が（身体から出て）天に行かないように夜通し酒盛りなどをしたという。村の長が人々を集め祭祀を行い酒食をした。これを庚申待（こうしんまち）と言った。江戸時代に入り各地で盛んに行われるようになった。各地に残されている庚申塔（塚）は庚申待する講の人々が供養のために建てたものである。

【浩然の気　こうぜんのき】
『孟子（公孫丑上）』に「我善く吾が浩然の気を養う」とある。天地間にみなぎり充満し、万物万象の生命力や活力の源となる生々の気。易（繋辞伝）でいう気の根源を意味する太極は、程伊川や朱子によって理と定義され、「性即理」と説かれたため、気の生命力が見落とされ、森羅万象の実体から離れてしまい、抽象的な空理空論、リゴリスム（道徳的厳格主義）に陥ってしまった。孟子の「浩然の気」を引き継ぎ、気の流れに沿って生きることを説くのが気学である。

【黄帝　こうてい】
「三皇五帝」と言われる古代中国の伝説上の皇帝のうちの一人。ＢＣ二五〇〇年代に生まれたとされる。三皇帝の後を継いだ「五帝」の初めの皇帝。司馬遷の歴史書「史記」に登場する。春秋戦国時代に中国を統一する一方で、中国医学の始祖として名高い。中国最古の医学書「黄帝内経素問」「黄帝内経霊枢」は黄帝の作とされ、今日でも東洋医学の古典される。

【後天定位盤　こうてんじょういばん】【気学　きがく】【先天定位盤　せんてんじょういばん】参照。

【五黄殺　ごおうさつ】
九星遁行盤で、五黄土星が回座している方位をつかうことによって受ける凶意のこと。特に、移転、増改築でこの方位を犯すと自滅、破産などの大きな災いなどに遭う。【五大凶方　ごだいきょうほう】参照

【古希　こき】
七十歳のこと。還暦（六十一歳）は数えだが、古希は数えの七十歳（満年齢は六十九歳）のこと。「古希」は「七十年生きることは古くから稀である」（杜甫の詩）に由来する。古希、喜寿、卒寿のお祝いには紫のものを贈る習慣がある。

【五行　ごぎょう】
古代中国の自然観。木、火、土、金、水の五大要素。それぞれが季節に配当され、木は春、火は夏、土は土用、金は秋、水は冬を表わす。気学や四柱推命、算命では五行は吉凶を観る時の基本的な要素となる。相生、相剋、比

和に基づいて、吉方位、凶方位を決めている。木気、火気、水気、金気、土気と表すこともある。【相生　そうじょう／相剋　そうこく】【比和　ひわ】参照

【五行易　ごぎょうえき】
五行易は日本での名称。正式には「断易（だんえき）」あるいは「鬼谷易（きこくえき）」と呼ばれている。易の六十四卦に十二支を配していき、十二支の相生、相剋の関係から物事の吉凶を占う手法。

【五行数　ごぎょうすう】
河図に基づき、五行に数をあてはめたもの。水は生数が一、成数が六。火は生数が二、成数が七。木は生数が三、成数が八。金は生数は四、成数は九。土は生数が五、成数が一〇となる。【生数　せいすう】【成数　せいすう】参照

【五術　ごじゅつ】
古代中国で培われた運命をみる方法の総称。「命」「卜」「相」「医」「山」の五分野に分かれる。台湾の医師、五術家の張明澄（日本名は児島聖一）が日本に伝えた。
「命」は生年月日時等によって運命をみる　気学、四柱推命、算命など
「卜」は易、おみくじなど
「相」は家相、地相、人相、手相、墓相など

「医」は漢方、鍼、灸をはじめとする中国医学など

「山」は心身の鍛錬など

【御神砂とり　ごしんさとり】

お砂とりの別称。現在は御神砂とりという。吉方位、時間を選んで、神社内の御神砂（土砂）をとることによって、強い吉方の気を採取する。それを自宅の周囲にまくことによって、強い気の作用を使って、祈願の現象が出るような環境を整える。

〔御神砂とり日時の決め方〕

いま（例えば、平成三十年）、七赤金星の御神砂とりをする必要ができたとする。この御神砂とりができる月日を求める設定で、手順を解説していくこととする。

三月（卯四緑木星）

南

	3ア	8	1道	
東	2	4	6ハ	西
	7生	9	5	

北

七月（未九紫火星）

南

	8	4ア	6	
東	7道	9	2生	西
	3ハ	5	1	

北

十一月（亥五黄土星）

南

	4ハ	9	2	
東	3道	5	7生	西
	8	1	6	

北

（1）月盤をみて、七赤金星に道（天道方位）、生（生気方位）がついている月を見つける。

☆平成三十年は三月、七月、十一月の三回あることがわかる。

（2）その方位に月盤、あるいは年盤で、①②③をチェックする。

①五黄土星が回座している、

②ア（暗剣殺）がついている、

③ハ（破れ）がついている、

場合は、御神砂とりはできない（但し、自分の本命星が回座していても問題はない）。

①②③で問題がなければ、御神砂とりができる。

☆いずれの月も問題がないことがわかる。そこで、ここでは、七月に、東方天道の七赤金星の御神砂とりを行うこととする。

七月（未九紫火星）

		南		
	8	4ア	6	
東	7道	9	2生	西
	3ハ	5	1	
		北		

（3）その月盤の中宮の九星と同じ九星の日を求める。九星は九日周期であるから、一ヶ月のうち、3～4回該当する日がある。

七月は九紫火星中宮の月であるから、九紫火星中宮の日を選ぶと、七日、十六日、二十五日、八月三日とある。

（4）それぞれの日の十二支が、御神砂とり方位の向かい側にならないかをチェックする。向かい側になるようであれば、その日は「ハ」（日破）という凶神がつくので、御神砂とりはできない。通常は、二日以上は御神砂とりの候補日となるので、自分の都合のよい日を決める。

十六日（酉九紫火星）

	南			
	8	4ア	6	
東	7ハ	9	2	西
	3	5	1	
		北		

七日（子九紫火星）

	南			
	8	ア4ハ	6	
東	7	9	2	西
	3	5	1	
		北		

八月三日（卯九紫火星）

	南			
	8	4ア	6	
東	7	9	2ハ	西
	3	5	1	
		北		

二十五日（午九紫火星）

	南			
	8	4ア	6	
東	7	9	2	西
	3	5ハ	1	
		北		

☆ここでは、午の九紫火星の二十五日を候補日とする。午の日の　ハ（日破）は北であるから、東方は問題がない。

二十五日（午九紫火星）

南

	8	4ア	6	
東	7	9	2	西
	3	5ハ	1	

北

（5）次ぎに、御神砂とりの時間を探す。刻盤（時刻盤）は二時間単位で遁行し、しかも、日盤と同じで刻盤の九星も陰遁期間は中宮の星が逆行、陽遁期間は中宮の星が順行するので、陰遁期間、陽遁期間どちらであるかを九星暦または気学開運手帳（いずれも聖法氣學會発行）でチェックし、さらに十二支から、使う刻盤表を定める。

☆平成三十年は六月一日からが陰遁期であるから、陰遁期の刻盤を使うことになる。さらに、二十五日が午の日であったから、陰遁期の刻盤表のうち、子卯午酉の刻盤表を使うことになる。（刻盤表は、陰遁期、陽遁期で、二つに大別され、さらに、それぞれ、子卯午酉、丑辰未戌、寅巳申亥のグループ別に区分されている）

（6）次に、候補日と同じ九星の刻盤を探す。そのとき、その七赤金星が東に回座する時が、明け方、深夜など、神事に適切な時間ではない場合は、希望の御神砂の九星と相生の星か、あるいは比和の星が、同じ方位に回座している時間帯を御神砂とり時間とする。さらに、その時間帯の十二支をみて、ハ（刻破）がついていないかどうかを確認する。

巳　四緑木星の刻
午前九時〜午前十一時

		南		
	3ア	8	1	
東	2	4	6	西
	7	9	5ハ	
		北		

申　一白水星の刻
午後三時〜午後五時

		南		
	9	5	7	
東	8	1	3	西
	4ハ	6ア	2	
		北		

☆刻盤表をみると、九紫火星中宮の時間帯は、前日深夜の十一時から午前一時、あるいは、午後五時から七時しかない。これでは、時間的に適切ではないので、東方に七赤金星と比和か相生の時間帯を選ぶ。そうすると、東に二黒土星が回座する九時から十一時か、八白土星が回座する三時から五時が相生の星が回座している時間帯ということになる。しかも、酉の刻ではないので、ハ（刻破）の心配もない。

（7）このようにして、時刻まで求めることが出来る。（今回の例では平成三十年七月二十五日、午前九時から十一時、あるいは、午後三時から五時が七赤金星の御神砂とりが出来る日と時間ということになる）【お神砂とり　おすなとり】【御砂祓い　みすなばらい】参照

【御神砂まき　ごしんさまき・おすなまき】

祐気どりのひとつ。神社の境内を含む「結界」に展開する強い気のエネルギーを含んだ御神砂をとり、その気エネルギーを活用すること。マスコミの風水を信じる人が興味本位で行っているパワースポット巡りとは違い、気学では時期と本人の自宅からの方位にあわせて行う。その御神砂を自宅の周囲にまくことによって、御神砂がもつ「気の象意作用」を実現する。吉方移転の原理と同様である。

［1］御神砂まきの目的はふたつに大別できる。

（1）自分の本命の気を活性化させ、気力、判断力、免疫力を向上させる。この場合は、御神砂を身につけ、しかも御神砂の九星が自分の本命星と相生でなければならない。

（2）自分の祈願が現象しやすいように、気の環境を整える（祈願の現象を引き出す）。この場合は、自室の四隅、自宅の敷地の周囲、交渉事の相手の周囲などにまく。このように周囲の環境、大気へ拡散させるのであるから、御神砂の九星と本人の相生相剋は問わない。

＊御神砂とりは神社にて催行するが、強い気を含んだ御神砂を得るめに、生々の気のエネルギーが結集した神社の敷地内（結界）を必須条件とし、その際、あわせて「御砂払い（みすなばらい）」を行うのであるが、あくまでも、気の拝領というところに目的がある。従って、月日と「各人からの」方位に合致する神社であることが必須条件ということになる。

＊なお、御神砂をまく日時に忌み日や時間はない。まく、置くと思ったら、すぐ行うこと。

［2］御神砂の使い方

（1）祈願事の場合：祈願ごとの促進、実現。一戸建てなら屋外、マンション、さらに自分の部屋に置くのもよい。まき方、置き方は［3］御神砂のまき方に従ってまく。

（2）身につける場合：本命星の気の活性化、免疫力の向上。本命星と相生の御神砂に限る。寝室の両肩の位置の布団、ベッドの下。ポケット、ハンドバックの中。御神砂は通気性のある袋などに入れる。

［3］御神砂のまき方

（1）室内に置く場合は、小さいカップに適量をいれ、定められた方位に置く。（目安は小型のコーヒーカップに八割ほど）

（2）屋外にまく場合は、同じく小型のコーヒーカップなどに八割ほどの量を目安に、定められた方位に置く。（地肌が出ていれば直接まいた方がよい）

（3）複数の種類の御神砂をまく場合は、互いに重ならないようにすることに注意する。（カップを置く場合は、並べて置いて良い）

［4］御神砂をまく方位

（1）原則（戸建てで、外郭周囲にスペースがある場合）宅心からみて

①御神砂を拝領した神社の方位（東方が吉方の神社で拝領した御神砂ならば、東）の一ヶ所

②鬼門（丑寅）と裏鬼門（未申）の二ヶ所

③拝領した神社の方位が三合を構成する方位の個所

〈例〉東方（四正）の神社の御神砂の場合

（ア）鬼門、裏鬼門の二方位

（イ）東方↓卯の方位　（卯は木局三合の旺）

（ウ）木局三合は、亥（生）・卯（旺）・未（墓）

従って、乾（戌・亥）方位と坤（未・申）の二方位

〈例〉東方の神社の御神砂のまき方

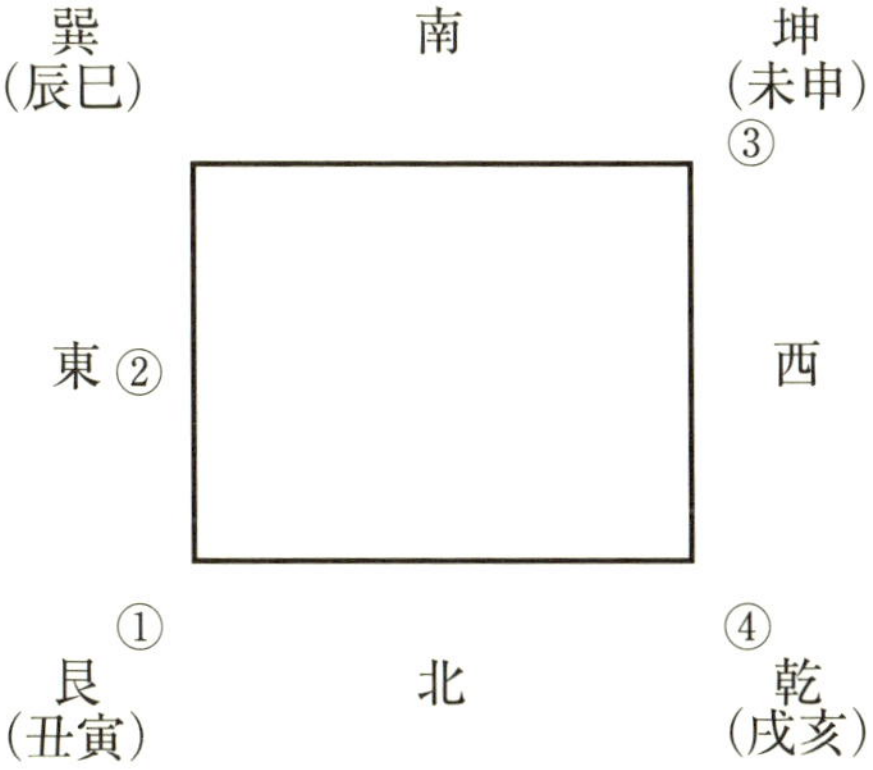

＊艮方位から始め右回りにまく①〜④敷地内の露出している土地に連続して御神砂をまく場合は南か西か北の、いずれか一方位を空ける。

但し、坤方位は裏鬼門と重なるので、重ねてはまく必要はないので、乾（戌・亥）の一方位となる。以上、合計四方位ということになる。

〈例〉坤方の神社の御神砂のまき方

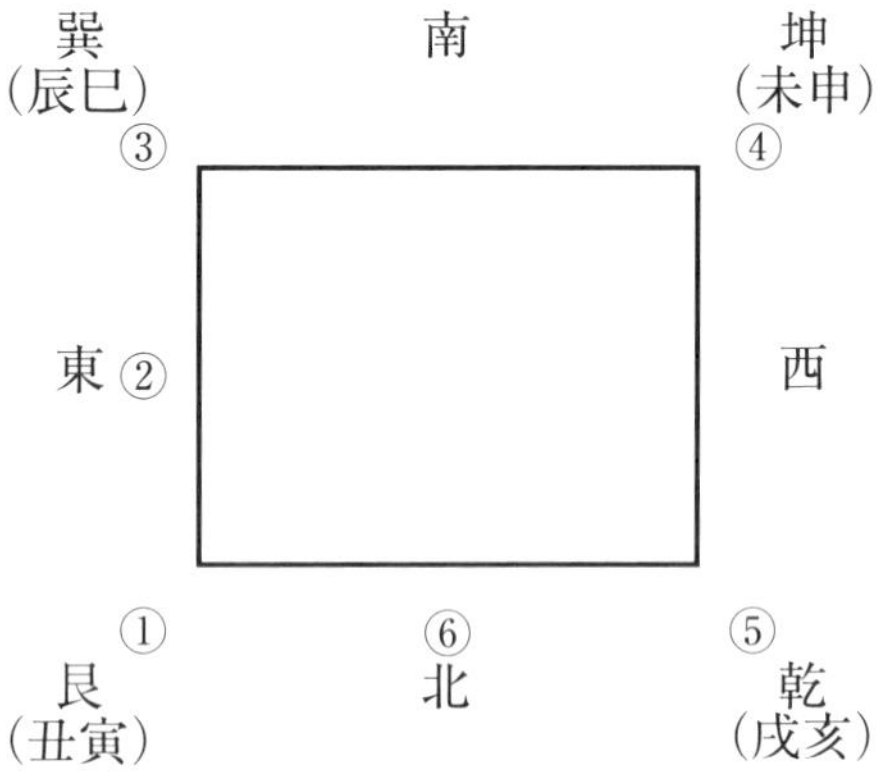

御神砂をまく場所
（1）両鬼門：①と④
（2）木局三合　亥・卯・未　②④⑤
（3）水局三合　申・子・辰　③④⑥
＊艮方位から始め右回りにまく①〜⑥
敷地内の露出している土地に連続して御神砂をまく場合は南か西の、いずれか一方位を空ける。

（2）マンション、あるいは戸建てでも、敷地周囲の事情によって、（1）の原則通りにまけない場合は、

①屋内、あるいは外郭の鬼門、裏鬼門の二方位
②巽（辰巳）、乾（戌亥）の二方位
③玄関（出入り口）
の合計五方位ということになる。

＊敷地内の露出している土地に連続してまく場合は、八方位のうち、いずれか一方位を開けてまく。

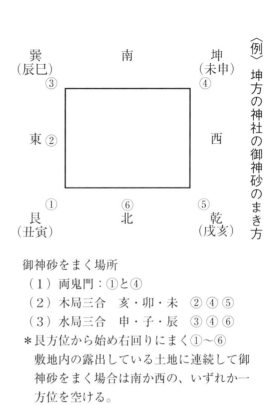

［5］御神砂の効果期限

(1)保管袋から出してまく場合は、その日から四十五日を目安として、新しい御神砂に取り替えること。四十五日というのは、最長のことで、毎月一回と定めてまくことが良い。室内外とも同じ。

但し、まく、置く量は少しでも多いほど好ましい。鮮度は少しでも新しい方が良いというのが原則。

(2)未使用の御神砂は、密封して日光に当たらない場所に保管すれば、拝領日から3年を目安に、有効に使うことが出来る。

［6］使い終わった御神砂の処置法

まく、あるいは置いて最長四十五日を過ぎた御神砂は、御神砂の種類に関係なく、カップなどの容器からポリ袋などに一括して集めて、後日、自宅敷地内に土が露出していない場合やマンション住まいの場合は、近隣の神社の境内の樹木などの周囲にまく。適当な神社がなければ、公園の樹木の下でも可。

［7］御神砂を譲渡する場合

譲る人と譲られる人とが、御神砂とりの神社が同じ方位であれば譲渡はできる。

【戸建て増改築の時期　こだてぞうかいちくのじき】

家屋を増改築する時期については、そこに居住する人の数の多少によって時期の選定幅が異なってくる。避けるべき時期は、原則として以下のようになる。増改築する方位が年盤、月盤で五黄殺、暗剣殺、破、その家屋に居住する人の本命星が回座している場合は不可とする。また、家屋全体に関わる場合は、五黄土星が年盤、月盤で中宮に回座している時は不可とする。

〔1〕増改築とみなさない範囲

凶とならない増改築のケース

（ア）家屋の構造を変更しない修理（例、畳、ふすま、障子の張り替えや交換）

（イ）機械、器具だけ（冷暖房機、インターフォンなど）の交換で、周辺の壁を広げる、塞ぐなどがない場合。新しい機械本体の取り替えだけの場合など

（ウ）台車仕様になっていて、転がして移動できるものの設置や移動（冷蔵庫、ピアノ、ソファ）は家相、増改築の対象にはならない。

（エ）家の外壁、塀の塗装や修理は五黄土星と家族の人の本命星が中宮の年月は避ける。（但し、地面に接している部分も修理する場合は、土用も避ける）

〔2〕アパート、マンションなど集合住宅の工事の対応

アパートやマンションなど集合住宅の場合は、家相の外郭にあたる部分は共有となるので、本体の外郭は、吉凶の対象ではなく、各人が賃貸、あるいは所有している占有エリアの間取りだけが吉凶の問題となる。従って、占有エリアを外郭とみなして対角線をひき、宅心をもとめ、間取りの吉凶を判定する。なお、公的機関や自治会な

どによって決められる外壁工事、漏水防止工事、あるいは敷地内の工事、樹木などは、複数の居住者の共同所有による建物であるため、個人にとっての時期、方位の吉凶は関係しない。このような時は、時期、方位を問わず、工事期間中は方災切りの九紫火星、六白金星、三碧木星のいずれかの御神砂を出入り口と占有エリアの両鬼門方位、ベランダに置くことで対応する。

【五大凶殺　ごだいきょうさつ／五大凶方　ごだいきょうほう】

五大凶殺とは五黄殺、暗剣殺（ア）、破（ハ）、本命殺、本命的殺を指す。五大凶方とはその五方位のこと。五黄土星が回座する方位に向かうと自滅するとされる。暗剣殺は五黄土星が回座する方位の向かい側で、他からの深刻な害を受けるとされる。破はその年（月、日、時刻）の十二支の向かい側の方位のことで意図したことや健康を損なうとされる。五黄殺、暗剣殺、破の三大凶方は万人に共通の凶方であるが、本命殺と本命的殺は自身の本命星よる。本命殺とは自身の本命星が回座する方位に向かうこと、本命的殺は本命星が回座する方位の向かい側の方位を指す。いずれも、この方位に向かうと大過を受ける方位とされる。

2018年（平成30年）
戊戌九紫火星年　年盤

巽	南	坤
8ハ	4ア	6
東 7	9	2 西
3	5	1
艮	北	乾

＊この年の五大凶方
五黄殺は五黄土星が回座する北に、暗剣殺は四緑木星が回座する南に、ハは八白土星が回座する巽にある。
六白金星が本命星の人は、坤（南西）方位が本命殺、艮方位（北東）が本命的殺となる。

【子星　こぼし】

木火土金水の五行の相生の関係を示したもので、九星のそれぞれの星からみて生気（大吉）となる星が親星、退気（吉）となる星が子星となる。一白水星の子星は三碧木星と四緑木星、木は水を得て育つからである。二黒土星、五黄土星、八白土星の子星は六白金星と七赤金星、土の中から金属が出てくるからである。三碧木星と四緑木星の子星は九紫火星、木が燃えて火となるからである。九紫火星の子星は二黒土星、五黄土星、八白土星。火が燃えて灰となり土となるからである。六白金星と七赤金星の子星は一白水星、金属の水滴から水となるからである。

【暦便覧　こよみびんらん】

江戸時代（一七八七年　天明七年）に出版された暦の解説書。著者は大玄斎。暦や季節行事を調べていると「暦便覧には・・・とある」などとよく引用される。日（太陽）、月、七曜、二十八宿、吉凶、二十四節気など。立春は「春の気たつを以て也」と紹介されている。

【歳運　さいうん】
毎年巡ってくる運気のこと。四柱推命では十年毎に巡ってくる気のことを「大運（だいうん）」という。歳運がよくても大運が悪ければ、歳運の良い気は半減する。大運が良くても歳運が悪ければ、その年は大運の吉作用が消されてしまう。

【歳刑神　さいけいじん・さいぎょうじん】
陰陽道の方位神である八将軍のひとつ。水星の精とされ殺罰、刑殺を司る神とされる。歳刑神が在位方位で事業を始めること、移転することは凶とされる。武器や刃物の購入、争いごとは吉とされる。歳刑神は土性であるため在位する方位への造作、種まきなどは凶となる。在位する方位は、子の歳は卯の方位、丑の歳は戌の方位、寅の歳は巳の方位、卯の歳は子の方位、辰の歳は辰の方位、巳の年は申の方位、午の歳は午の方位、未の歳は丑の方位、申の歳は寅の方位、酉の歳は酉の方位、戌の歳は戌の方位、亥の歳は亥の方位。

【歳殺神　さいさつじん・さいせつじん】
陰陽道の方位神である八将軍のひとつ。金星の精とされる。金星は陰の極みであり、殺気を司り、万物を滅ぼすとされる。歳殺神の在位する方位への移転、旅行、結婚、争いごとなどは避けることがよいとされる。仏事は吉とされる。

【歳破　さいは】
三大凶殺のひとつ。年の破（ハ）のこと。【破　ハ】参照

【歳禄神　さいろくじん】
陰陽道の方位神である八将軍のひとつ。その年一年間の福徳を司る。この方位での旅行、縁談、土木・建築、開店、商取引などに吉とされる。

【桜田虎門　さくらだこもん】
江戸時代後期、文政年間に四柱推命の書である『推命書』を著した儒学者。

【殺気（星）　さっき（せい）】
木火土金水の五行の相剋の関係を示したもので、九星のそれぞれの星からみて剋される星が殺気星（大凶）、剋すのが死気星（凶）となる。一白水星にとって剋される殺気星は土性で「土剋水」（土は水を濁す）ため大凶となる。二黒土星、五黄土星、八白土星は一白水星に対して殺気星となる。土の二黒土星、五黄土星、八白土星が剋される星は木星の三碧木星と四緑木星である。「木剋土」（木は土から養分とる）ため大凶となり殺気となる。土性にとって殺気星は木性の星ということになる。六白金星と七赤金星が剋される殺気星は九紫火星で「火剋金」

（火は金を溶かす）ため大凶となり殺気星となる。六白金星、七赤金星にとって九紫火星は殺気星となる。

【殺気方　さっきほう】
主に気学の方位の凶方位として使われる用語。五行の相剋の関係にある二つの五行のうち、「剋される」側の九星が回座する方位をいう。殺気方と死気方があるが、死気方に比べて、殺気方が凶意は強い。二黒土星と三碧木星は相剋（木剋土）の関係であり、二黒土星にとって三碧木星が回座する方位を殺気方という。【相生　そうじょう／相剋　そうこく】参照

【雑節　ざっせつ】
二十四節気の他に季節の移り変わりをよりとらえやすいように設けられた特定の日のこと。節分、彼岸、社日（しゃにち　産土神を祀る日）、八十八夜、入梅、半夏生（はんげしょう）、土用、二百十日、二百二十日など。初午、盂蘭盆、大祓いを加えることもある。雑節は二十四節気や五節供のように中国から伝わったものではなく、日本の気候風土に合わせた日本独自のものである。年中行事として人々の生活の中に溶け込んでいる。

〈雑節一覧表〉

雑節	読み	時期
節分	せつぶん	立春の前日
彼岸	ひがん	春分と秋分を中日とする七日間
社日	しゃにち	春分と秋分に最も近い戊の日
八十八夜	はちじゅうはちや	立春から八十八日目
入梅	にゅうばい	立春から百三十五日目
半夏生	はんげしょう	夏至から十一日目
土用	どよう	立春、立夏、立秋、立冬の前の十八日間
二百十日	にひゃくとおか	立春から二百十日目
二百二十日	にひゃくはつか	立春から二百二十日目

【三元（特定の日）　**さんげん】**

一年の中で特定の日を上元、中元、下元とした三つの日の総称。中国では一月十五日（正月）を上元、七月十五日を中元、十月十五日を下元といい、これを三元とした。三元は一年を三等分ではなく、上元を六か月、中元を三か月、下元を三か月、一対一対一の比率に分けている。十五日はほぼ満月になる日である。中元は中国から伝わった盂蘭盆の行事と混同され、盆の贈答儀礼として受け継がれていった。やがて夏の贈答のことが「お中元」の名称で使われるようになった。

【三元（暦） さんげん】

干支で数える暦に使われる言葉。上元、中元、下元からなる。年月、日時を六十で区切り、六十年、六十ヶ月、六十日、六十時間で次の元に移行する。始めの六十を上元、次の六十を中元、次の六十を下元、そして次は上元に戻る。

【三合 さんごう】

気エネルギーが最大になる十二支の気の「生・旺・墓」の組み合わせのこと。木局三合、火局三合、金局三合、水局三合の四種がある。火局三合では寅（生）・午（旺）・戌（墓）のように十二支の午（火気）が旺である組み合わせをいい、通説では、この組み合せのとき火気がもっとも強くなるとされるが、正しくは、火気に限らず、気エネルギーがもっとも強くなる組み合わせである。月の吉神である、天道、生気は三合の理により導かれる。

〈三合の図〉

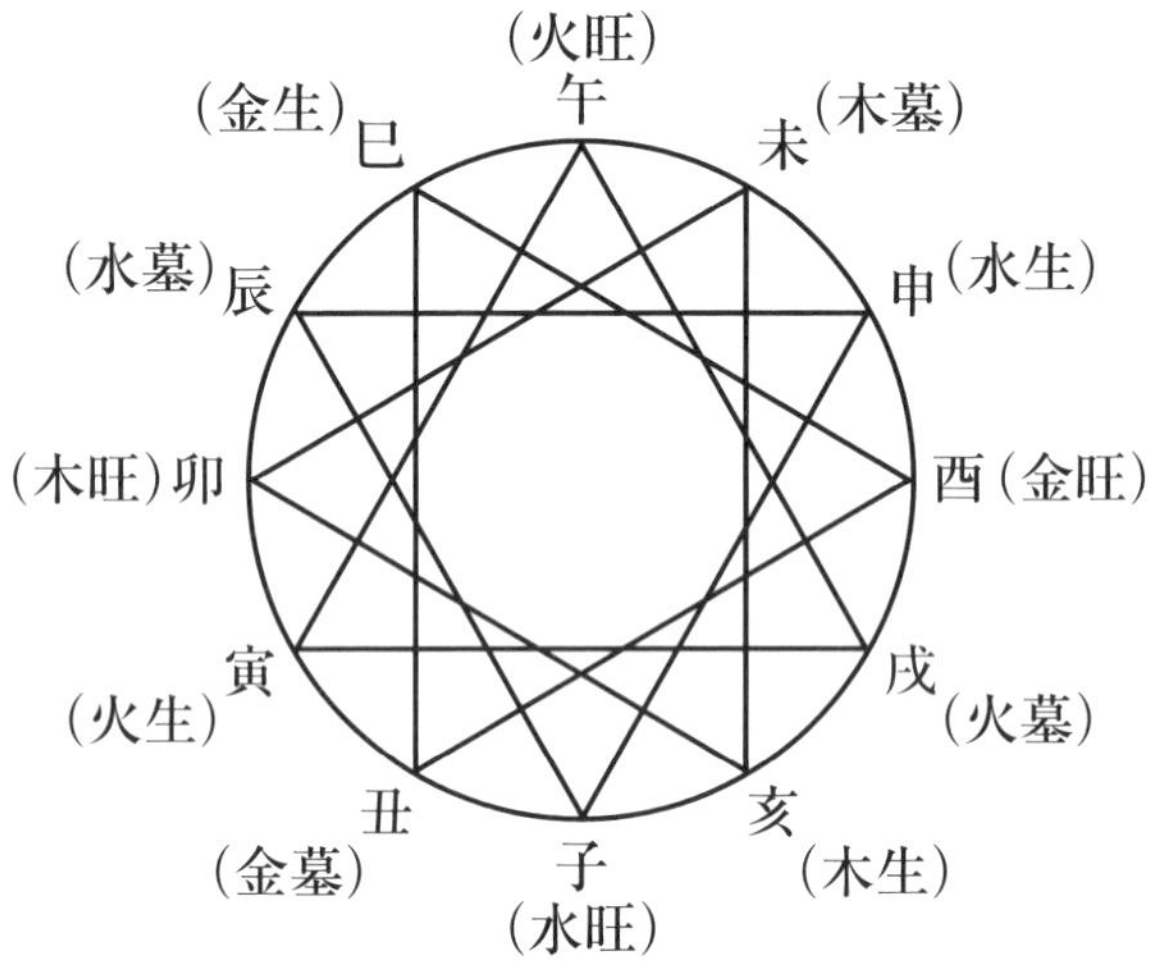

〔木局三合　もくきょくさんごう〕

亥（生）・卯（旺）・未（墓）の組み合わせ。卯（木気）が旺（さかん）となる組み合わせをいう。木局三合は「卯の木は亥の水に生じ、未の土に墓す」のとおり、亥、卯、未で構成され、亥は生、卯は旺、未が墓にあたる。

〈木局三合の図〉

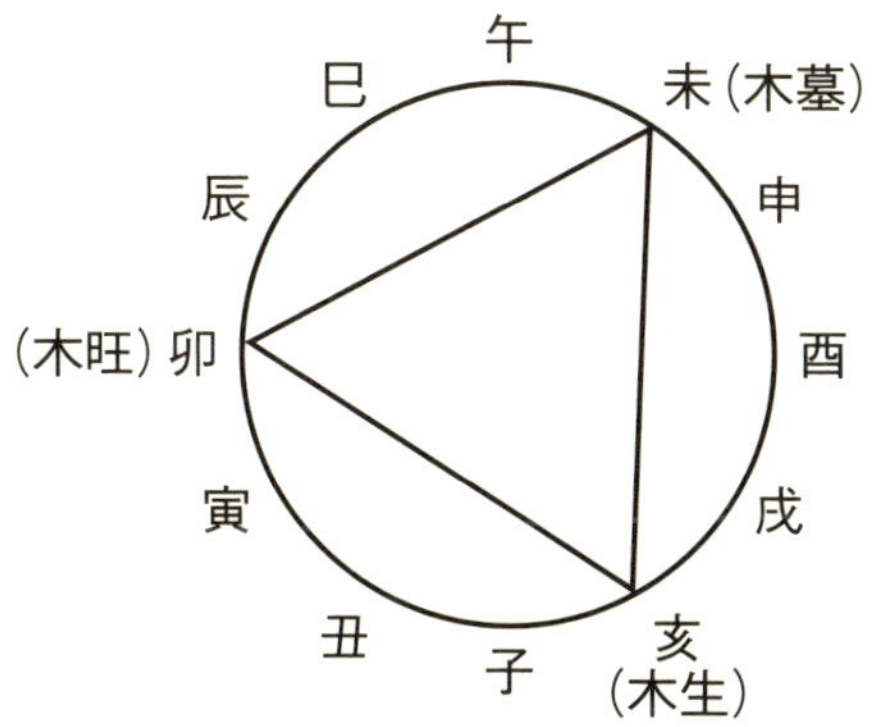

〔火局三合　かきょくさんごう〕

寅（生）・午（旺）・戌（墓）の組み合わせ。午（火気）が旺（さかん）である組み合わせをいう。火局三合は「午の火は寅の木に生じ、戌の土に墓す」寅、午、戌で構成され、丑は生、火は旺、戌は墓にあたる。

〈火局三合の図〉

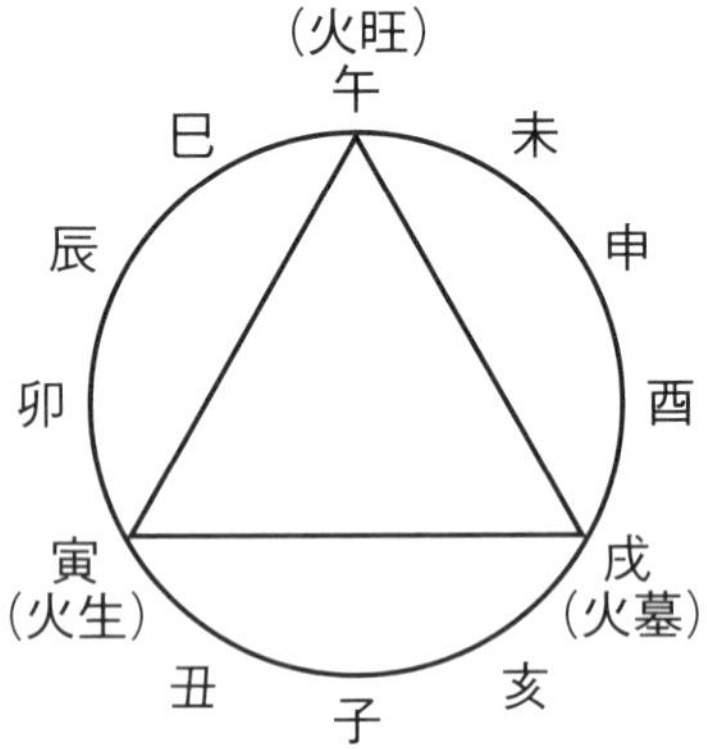

〔金局三合　きんきょくさんごう〕

巳（生）・酉（旺）・丑（墓）の組み合わせ。酉（金気）が旺（さかん）となる組み合わせいう。金局三合は「酉の金は巳の火に生じ、丑の土に墓す」のとおり、巳、酉、丑で構成され、巳は生、卯は旺、未が墓にあたる。

〈金局三合の図〉

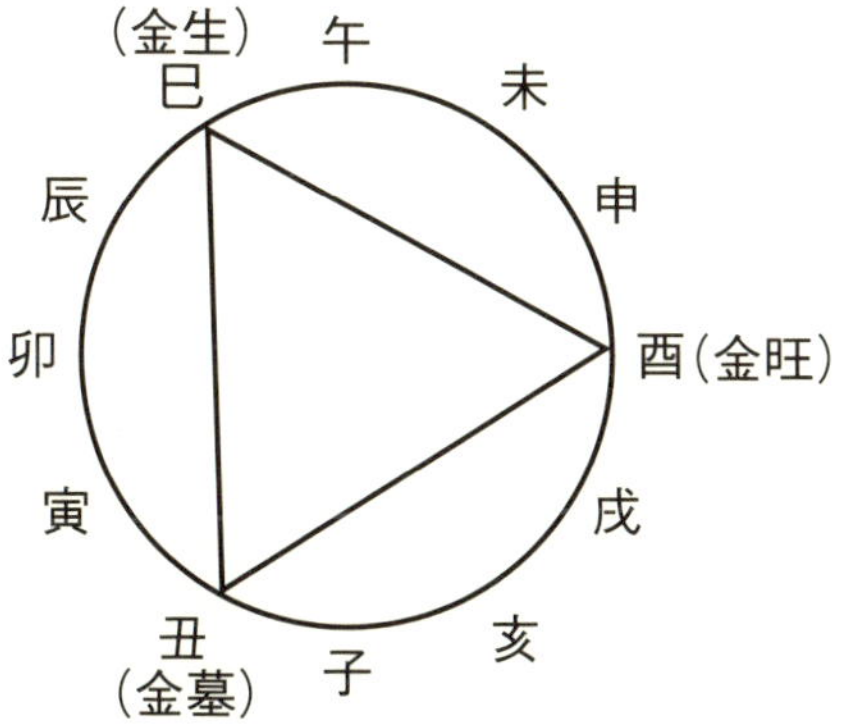

〔水局三合　すいきょくさんごう〕

申（生）・子（旺）・辰（墓）の組み合わせ。子（水気）が旺（さかん）となる組み合わせをいう。水局三合は「子の水は申の金に生じ、辰の土に墓す」のとおり、申、子、辰で構成され、申は生、子は旺、辰が墓にあたる。

【生旺墓　せいおうぼ】参照

〈水局三合の図〉

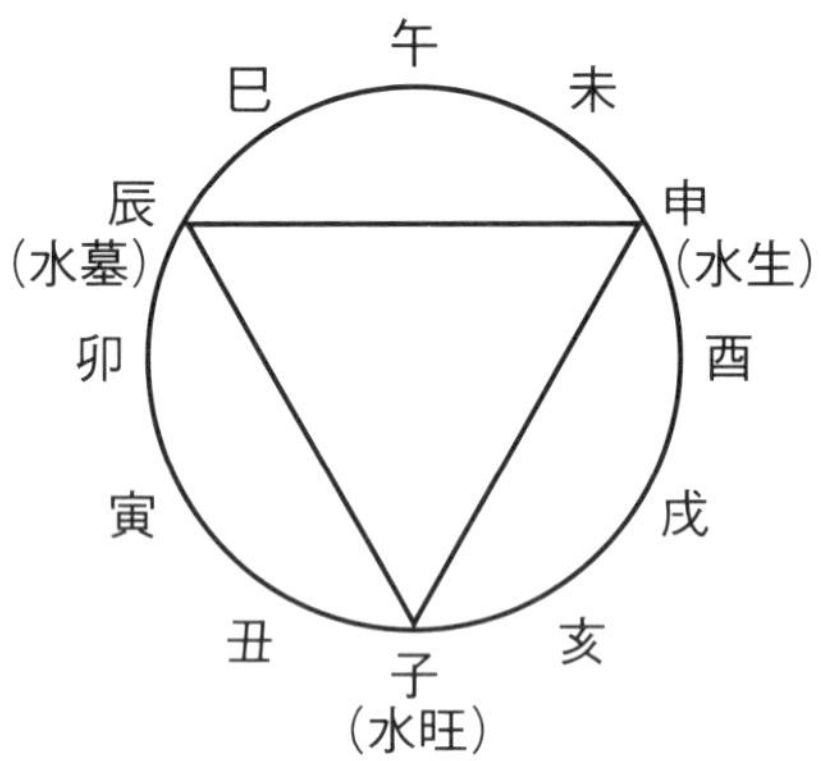

【三皇五帝　さんこうごてい】

古代中国の神話・伝説上の八人の総称。三人の皇帝と五人の帝王であるが、誰が該当するかは諸説ある。三皇は伏羲（狩猟の神）、神農（農耕の神）、すい人（火食の神）。伏羲と神農は「周易　繋辞伝」に卦を使用して文明をもたらしたと表されている。五帝は司馬遷の「史記」によれば、黄帝、顓頊、帝嚳、堯、舜。

【三合参り　さんごうまいり】

三合五行の論に基づいた祐気どりのひとつ。その年の十二支が構成する三合の月、三合の方位に、その方位に該当する神社に参拝すると吉作用があるとされる。

〈例〉平成三十年（戌九紫火星の年）の三合参りの決め方

戌年であるから、寅・午・戌の火局三合の祐気どりが出来る年となる。寅月（二月）、午月（六月）、戌月（十月）のそれぞれ寅、午、戌の日に、寅の方位、午の方位、戌の方位の神社に参拝すること。但し、月と方位は合致させなくともよい。例えば、寅月の寅の日に午の方位、あるいは、戌の方位でも構わない。但し、三回の参拝で寅、午、戌の方位が揃えばいい。この場合、天道、生気という月の大吉方に合わせることが有利であり、逆に、三大凶殺は避けること。

【三才　さんさい】

宇宙は天と地と人が一体となって動くという事実を表す言葉。転じて、世界を形成する三大要素。『孟子』公孫丑上「天の時は地の利に如かず　地の利は人の和に如かず」に由来する。また、三つの才（働き）によって、世の中が成り立っているという思想。三つの気とは天の気、地の気、人の気を指す。天の気は十干（甲、乙、丙、丁、戊、己、庚、辛、壬、癸）、地の気は十二支（子、丑、寅、卯、辰、巳、午、未、申、酉、戌、亥）、人の気は九星（一白水星、二黒土星、三碧木星、四緑木星、五黄土星、六白金星、七赤金星、八白土星、九紫火星）からなる。これらの三つの気が相互に感応し合い成り立っているとされる。

【傘寿　さんじゅ】
八十歳のこと。傘の略字「𠆳」の略字が八十に見えるところに由来する。金または黄色が長寿の祝いの色とされる。

【三大凶殺　さんだいきょうさつ／三大凶方　さんだいきょうほう】
三大凶殺は五大凶殺のうち、本命星に関係なくすべての人にとって凶殺となる星、五黄殺、暗剣殺、破をいう。三大凶方は、五大凶方のうち、本命星に関係なくすべての人にとって凶方となる星、即ち、五黄殺方位、暗剣殺方位、破の方位をいう。【気学】の項参照

【三備　さんび】
家相でいう、トイレ、浴室、台所の三カ所。いずれも屋内で火気、水気を排出する間取り。人間が家屋内で生きていくために、最低限必要な間取りであるため、三備といわれる。火気、水気は家屋内の生々の気を損なうほ

どの強い気なので、火気、水気のエネルギーを減少させる方位を選ぶのが間取りの決め方の原則とされる。従って三備に吉方位はなく、「可不可なし」の方位を選ぶほかはない。例えば、三備が絶対不可とされるのは、家の中心からみて、北東方向とされるが、これは鬼門にあたるからである。【鬼門　きもん】参照

【算命　さんめい】
生年月日の干支をもとにした運命学のひとつ。中国に由来するが、日本では高尾義政氏が理論を完成させたとされている。「算命」という名称は「運命を算出する」というところにもとづく。各人の生年月日から干支を主とする陰占、それに基づいて人体星図をつくり十大主星などを手掛かりとする占技からなる。

【支　し】
十二支のこと。十干を天干というのに対して地支ともいう。

【死気（星）　しき（せい）】
木火土金水の五行の相剋の関係を示したもので、九星のそれぞれの星からみて剋す星が死気星（凶）となる。木性は土性を「木剋土」（木は土から養分をとる）で土を剋す。三碧木星、四緑木星は二黒土星、五黄土星、八白土星を剋すため、木星は土星にとって死気星ということになる。火性は金星を「火剋金」（火は金属を溶かす）ため、九紫火星は六白金星、七赤金星の関係では死気星となる。「土剋水」（土は水を濁す）ため、一白水星は二黒土星、五黄土星、八白土星の関係では死気星となる。「金剋木」（金属＝刃物は木を切り倒す）ため、六白金星、七赤金星

は三碧木星、四緑木星の関係では死気星となる。水性は火性を剋す「水剋火」（水は火を消す）ため、一白水星は九紫火星の関係では死気星となる。【相生　そうじょう／相剋　そうこく】参照

【死気方　しきほう】

主に気学の方位の凶方位として使われる用語。五行の相剋の関係にあるふたつの五行のうち、「剋される」側の九星が回座する方位をいう。殺気方と死気方があるが、殺気方に比べて、死気方が凶意は弱い。（例）三碧木星にとって二黒土星が回座する方位を死気方という。（木剋土）【相生　そうじょう／相剋　そうこく】参照

【十干　じっかん・じゅっかん】

十干は天の気が万物に与える働きを十種に分けたもので、甲（こう）、乙（おつ）、丙（へい）、丁（てい）、戊（ぼ）、己（き）、庚（こう）、辛（しん）、壬（じん）、癸（き）の総称をいう。十二支と同じく植物の消長を表したものだが、本来の意味が薄れ、数の順序を表す数詞や十二支と組み合わせて六十までの順序を表す記号として使用されるようになった。年と日などを表すほか、戦前には小学校の生徒の成績を示した。現代でも危険物や酒類の分類に、甲種、乙種などの表示が使われている。十干は「天の気」、十二支は「地の気」を表すとされる。それぞれに陰陽がある。十干の兄（え）は、甲、丙、戊、庚、壬で陽である。十干の弟（と）は、乙、丁、己、辛、癸で陰である。「干支（えと）」という言葉は十干と十二支のことを指すのだが、十二支のみが「えと」と呼ばれるようになった。本来は十干、十二支ともに植物の消長を表している。年、月、日の十干と十二支の組み合わせは、それぞれの陰と陰、陽と陽との組合せで成り立っている。平成三十年は陽の組み合わせ「戊戌の年」、平成三

十一年は陰の組合せ「己亥の年」、となる。古来、漢字文化圏では干支の組み合わせにより、年、月、日を特定して使用する。平成三十一年二月四日は、己亥八白土星年、丙寅二黒土星月、壬申六白金星日、となる。また、歴史上の出来事を干支で名付けている例もある。乙巳の変、壬申の乱、戊辰戦争、甲子園（甲子の年に甲子園球場が建設された）など。

〈五行と十干〉

	陽	陰
木	甲《コウ》 きのえ	乙《オツ》 きのと
火	丙《ヘイ》 ひのえ	丁《テイ》 ひのと
土	戊《ボ》 つちのえ	己《キ》 つちのと
金	庚《コウ》 かのえ	辛《シン》 かのと
水	壬《ジン》 みずのえ	癸《キ》 みずのと

＊十干、五行、季節との関係は巻末「資料2」参照

〈甲　きのえ・コウ〉

十干の一番目。五行の木性。木の兄（え）は「きのえ」と読み、陰陽の陽。木性の甲、乙は春にあたり、方位は

東となる。甲は甲冑の「甲」のことで、固いものを表す。植物の種を固くしっかりとした殻で守っている状態。陽の十二支と組み合い、「甲子」「甲戌」「甲申」「甲午」「甲辰」「甲寅」の六十干支を構成する。

〔乙　きのと・オツ〕

十干の二番目。五行の木性。木の弟（と）は「きのと」と読み、陰陽の陰。木性の甲、乙は春にあたり、方位は東となる。乙は「軋」（きしむの意味）植物の芽が伸長する前段階で曲がっている状態を表す。陰の十二支と組み合い、「乙丑」「乙亥」「乙酉」「乙未」「乙巳」「乙卯」の六十干支を構成する。

〔丙　ひのえ・ヘイ〕

十干の三番目。五行の「火」の兄（え）は「ひのえ」と読み、陰陽の陽。火性の丙、丁は夏にあたり、方位は南となる。丙は「炳」（あきらかの意味）、植物が成長しその形がはっきりした状態。陽の十二支と組み合い、「丙寅」「丙子」「丙戌」「丙申」「丙午」「丙辰」の六十干支を構成する。

〔丁　ひのと・テイ〕

十干の四番目。五行の「火」の弟（と）は「ひのと」と読み、陰陽の陰。火性の丙、丁は夏にあたり、方位は南となる。丁は「釘」を表したもので「安定する」という意味。植物が成長して安定した状態。陰の十二支と組み合い、「丁卯」「丁丑」「丁亥」「丁酉」「丁未」「丁巳」の六十干支を構成する。

〔戊　つちのえ・ボ〕
十干の五番目。五行の「土」の兄（え）は「つちのえ」と読み、陰陽の陽。土性の戊、己は四季の土用にあたる。戊は「茂」（しげるの意味）、植物が盛んに茂った状態。陽の十二支と組み合い、「戊辰」「戊寅」「戊子」「戊戌」「戊申」「戊午」の六十干支を構成する。

〔己　つちのと・キ〕
十干の六番目。五行の「土」の弟（と）は「つちのと」と読み、陰陽の陰。土性の戊、己は四季の土用にあたる。己は「紀」（すじの意味）、植物が盛んに茂り整然とした状態。陰の十二支と組み合い、「己巳」「己卯」「己丑」「己亥」「己酉」「己未」の六十干支を構成する。

〔庚　かのえ・コウ〕
十干の七番目。五行の「金」の兄（え）は「かのえ」と読み、陰陽の陽。金性の庚、辛は秋にあたり、方位は西。庚は「更」（あらたまるの意味）、植物が成熟した後に新しいものに変わっていく状態。陽の十二支と組み合い、「庚午」「庚辰」「庚寅」「庚子」「庚戌」「庚申」の六十干支を構成する。

〔辛　かのと・シン〕
十干の八番目。五行の「金」の弟（と）は「かのと」と読み、陰陽の陰。金性の庚、辛は秋にあたり、方位は西。辛は「新」（あたらしいの意味）、植物が枯れた後、新たな芽を生もうとしている状態。陰の十二支と組み合い、「辛未」「辛巳」「辛卯」「辛丑」「辛亥」「辛酉」の六十干支を構成する。

〔壬　みずのえ・ジン〕

十干の九番目。五行の「水」の兄（え）は「みずのえ」と読み、陰陽の陽。水性の壬、癸は冬にあたり、方位は北。壬は「妊」（はらむの意味）、植物の中に新たなものが生まれる状態。陽の十二支と組み合い、「壬申」「壬午」「壬辰」「壬寅」「壬子」「壬戌」の六十干支を構成する。

〔癸　みずのと・キ〕

十干の十番目。五行の「水」の弟（と）は「みずのと」と読み、陰陽の陰。水性の壬、癸は冬にあたり、方位は北。癸は「揆」（はかるの意味）、はらまれたものが形づくられて、その長さを測ることができる状態。陰の十二支と組み合い、「癸酉」「癸未」「癸巳」「癸卯」「癸丑」「癸亥」の六十干支を構成する。

【四季　しき】

春、夏、秋、冬の四つの季節のこと。暦（二十四節気）の上では、春は立春から立夏の前まで。夏は立夏から立秋の前まで、秋は立秋から冬至の前まで、冬は立冬から立春の前までを指す。天文学上は、春は春分から夏至まで、夏は夏至から秋分まで、秋は秋分から冬至まで、冬は冬至から春分までを指す。日本の気象庁は、春は三月から五月、夏は六月から八月、秋は九月から十一月、冬は十二月から二月と定めている。

が異なる。

【敷地の地相　しきちのちそう】

気学において、地相とは敷地の形状をいう。所有権者が敷地内に居住しているか、更地かによって、対応の仕方が異なる。

［1］敷地の形状

形状が三角形である土地は避けること。敷地として、三角形状の敷地に居住することは、家庭不和、精神障害、健康障害などの原因になる。なお、敷地の張り、欠けは家相の張り欠けに準ずる。

［2］敷地の八方位を定める場合

この場合は、家相盤によって、主人が居住している家屋の宅心からの八方位を敷地の端まで区分する。敷地内の建物は、別棟は勿論、車庫、物置など、すべて家相盤の方位区分を用いる。（樹木なども同様）

［3］居住していない土地の八方位を定める場合

まずその土地の中心を求める。対角線を引き、その交点を求めた後、図面上なら磁北をもとめ、図面がない場合は実地に磁石を置いて磁北を求めた後、方位盤によって土地の八方位を分界するが、居住していない土地の八方位は、気学上からの問題はない。但し、このような敷地を排水や区画整備などのために整地する、あるいは駐車場などにするため工事をする場合は、敷地の方位で吉凶を判断するのではなく、自宅から敷地の方位が五大凶方になっているかどうかで、吉凶を判断する。とくに、その敷地に、人が住む家屋（マンション、アパート、戸建て）や、自宅を建てる場合には、現在居住している自宅からの方位の吉凶が重要になるので、五大凶方は避けなければならない。

【四隅　しぐう】

八方位のうち、北東（艮）、東南（巽）、南西（坤）、西北（乾）の方位のこと。四隅方位の角度は各方位六〇度。四隅方位には十二支が二つ配されている。北東は丑と寅、東南は辰と巳、南西は未と申、西北は戌と亥が配される。東、南、西、北の方位は「四正」と呼び、方位は三〇度、それぞれ十二支の卯、午、酉、子が配される。但し、家相において八方位は各四五度となり、四隅も四五度となる。

＊次の「方位盤」「後天定位盤　四隅の位置」参照

〈方位盤〉

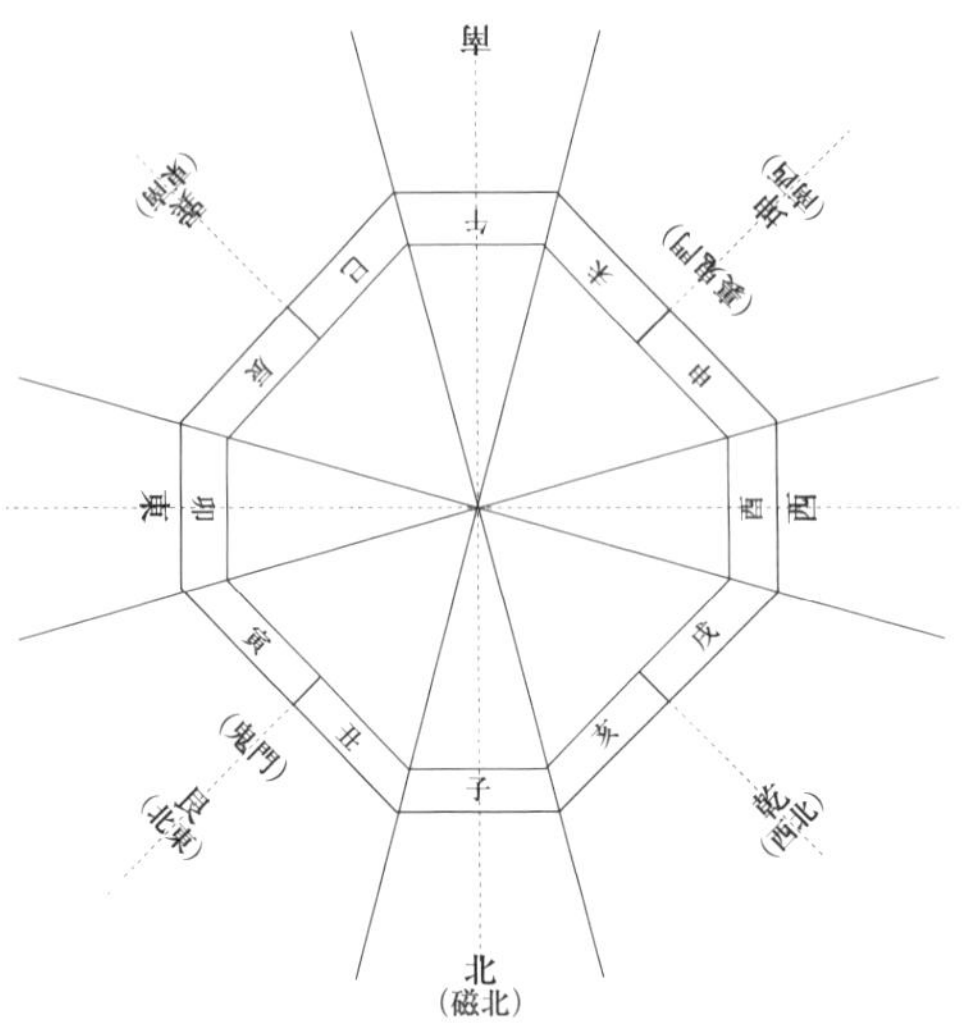

〈後天定位盤　四隅の位置〉

巽		南		坤
	四緑木星	九紫火星	二黒土星	
東	三碧木星	五黄土星	七赤金星	西
	八白土星	一白水星	六白金星	
艮		北		乾

【支合　しごう】

四柱推命の用語。十二支のエネルギーが強化され、事象が発展するとされる組み合わせ。「子—丑」「寅—亥」「卯—戌」「辰—酉」「巳—申」「午—未」の六種がある。

【四象　ししょう】

易において宇宙を生み出す元の概念。太極から生まれる陰陽の二気が組み合って四つの組み合わせができる。これを四象という。さらに四象から八卦が生まれる。これを陰陽二爻の組み合わせにより表す。老陽（ろうよう）は陽爻二本、老陰（ろういん）は陰爻二本、少陽（しょうよう）は陽爻一本と陰爻一本、少陰（しょういん）は陽爻一本と陰爻一本を組み合わせる。「周易」繋辞上伝にある「易に太極あり、これ両儀を生じ、両儀は四象を生じ、四象は八卦を生ず。八卦は吉凶を定め、吉凶は大業を生ず」に由来する。

〈太極から八卦の図〉

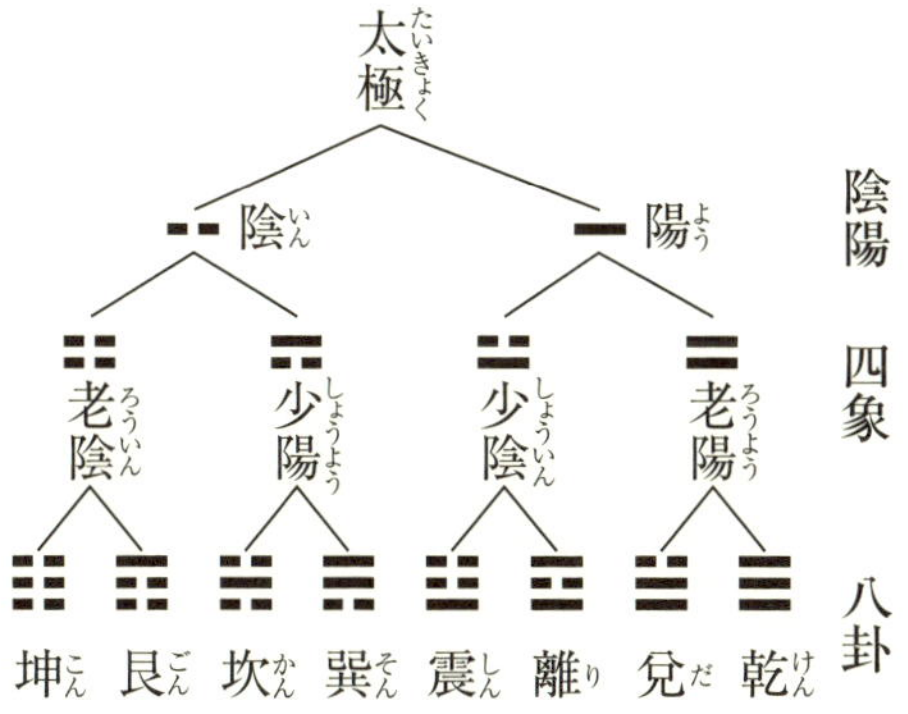

【四書五経　ししょごきょう】

儒教の経典とされる書物。「論語」「孟子」「大学」「中庸」の四つの書をいう。それぞれのあらましは次の通り。

「論語」孔子と弟子達の問答をまとめたもの。

「孟子」孟子の逸話、問答をまとめたもの。

「大学」儒教の経典である『礼記』の中の一編、君子となるための修養方法が説かれている。

「中庸」「大学」と同じく『礼記』の中の一編。修己、倫理が説かれている。

【四神　ししん】

中国の神話に基づく四方を司る神獣のこと。各方位に配してその地、その場所を守護する。東は青龍（せいりゅう）、南は朱雀（すざく）、西は白虎（びゃっこ）、北は玄武（げんぶ）という。四神を配した理想的な地相のことを「四神相応の地」と呼ぶ。大相撲の土俵の上、吊り屋根に下がっている四種の房は四神を表し、東は青房（青龍）、南は赤房（朱雀）、西に白房（白虎）、北に黒房（玄武）がある。

【四神相応　しじんそうおう】

古代中国で四方に四神を配した理想的な地相のこと。大地の気の流れを方位的に明らかにした説。主に中国、韓国の風水「四神相応の地」として、四神に守られた土地を指す。

北：玄武という神獣が守る。色彩は黒。地理的には山がシンボル

東：青龍という神獣が守る。色彩は青。地理的には川がシンボル
南：朱雀という神獣が守る。色彩は赤。地理的には湖沼（平野）がシンボル
西：白虎という神獣が守る。色彩は白。地理的には大道がシンボル

この四神が相応して、気の流れが安泰するという。

平城京、平安京は四神相応の地とされている。平安京は北に舟岡山（玄武）、東に鴨川（青龍）、南に巨椋池（朱雀）、西に山陰道という四神相応の地とされた。

〈四神の配置図〉

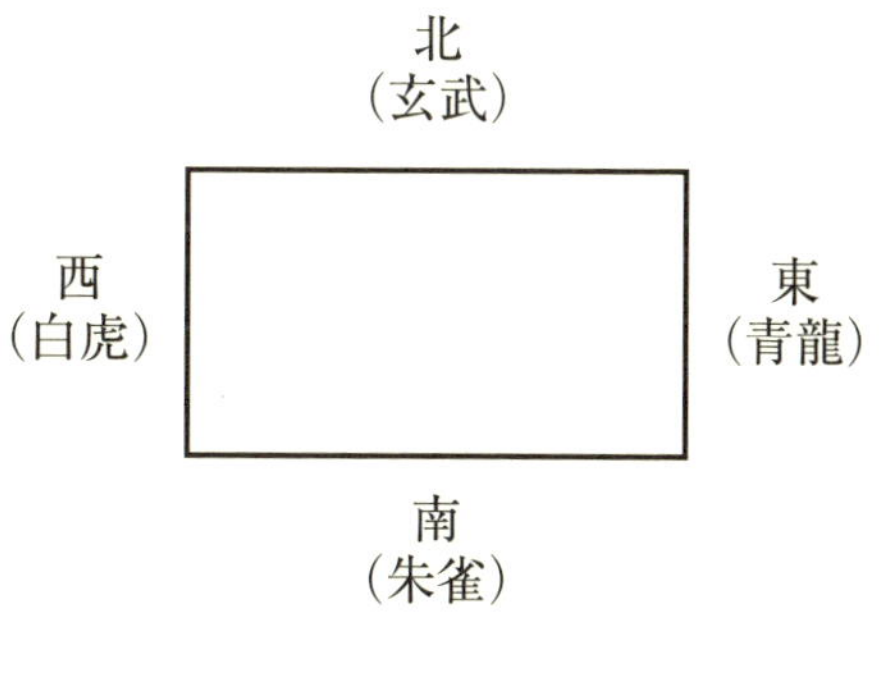

【四正　しせい】

東、西、南、北の四つの方位を指す。旅行、移転、新規の病院などの方位の場合、四正方位の角度は各三〇度となる。四正方位に東は卯、南は午、西は酉、北は子の十二支が配されている。これに対して、北東（艮）、東南（巽）、南西（坤）、西北（乾）の方位を四隅方位といい、角度は六〇度となる。各方位、宮、易卦、九星は次の通り。「三合」では、東（卯）は木局、西（酉）は金局、南（午）火局、北（子）は水局、それぞれの旺となる。

東　三〇度　震（しん）宮、易の卦は☳　後天定位盤の三碧木星の位置
南　三〇度　離（り）宮、易の卦は☲　後天定位盤の九紫火星の位置
西　三〇度　兌（だ）宮　易の卦は☱　後天定位盤の七赤金星の位置
北　三〇度　坎（かん）宮　易の卦は☵　後天定位盤の一白水星の位置

但し、家相においては八方位は各四五度となる。【家相】参照

〈方位盤〉

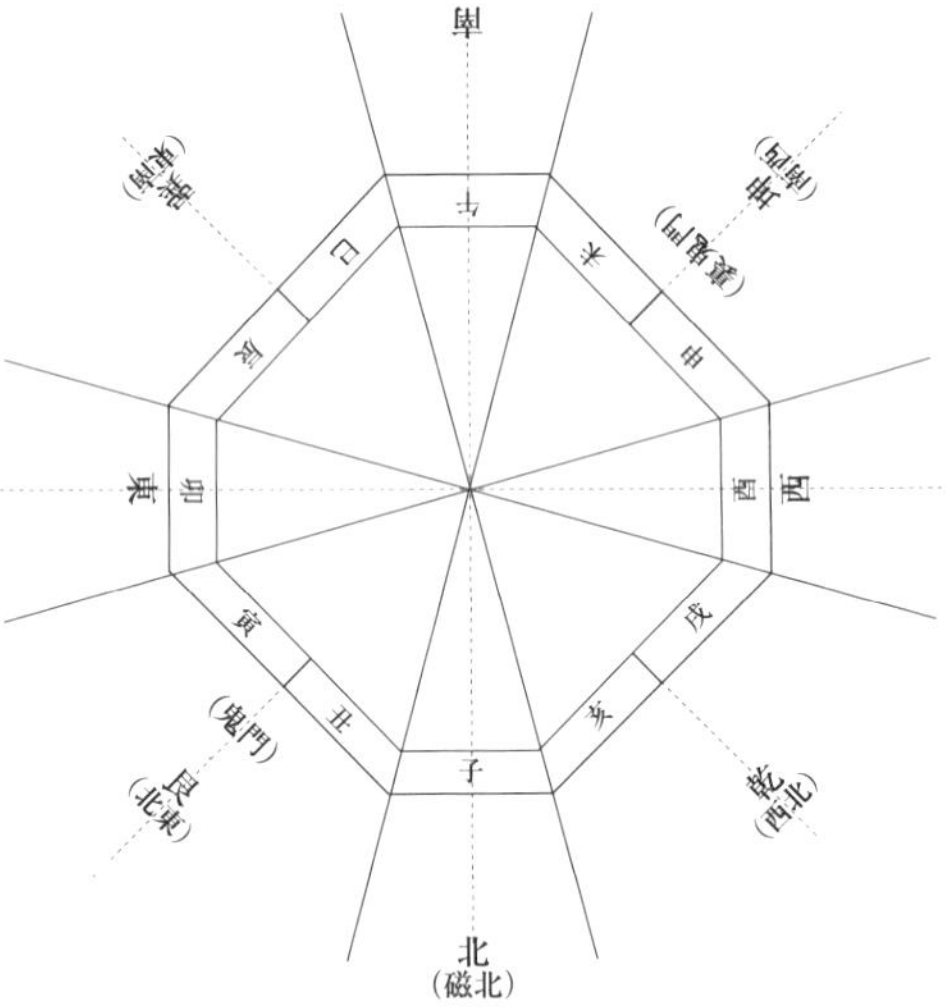

〈後天定位盤　四正の位置〉

巽		南		坤
	四緑木星	九紫火星	二黒土星	
東	三碧木星	五黄土星	七赤金星	西
	八白土星	一白水星	六白金星	
艮		北		乾

【七十二候　しちじゅうにこう】

二十四節気の各節気を三つの期間に分け、季節の特徴を表したもの。中国から入ってきたものであるが、江戸時代に日本の気候に合うように変えられた。二十四節気の一つの期間は約十五日、七十二候はその十五日間を三分割し五日を一つの候とした。それぞれの候の特徴を、季節を表す植物、鳥、自然現象などによって短文で表現した。例えば、立春の第一候（初候）は「東風氷を解く」、第二候（中候）は「うぐいす鳴く」、第三候（末候）は

「魚氷を上る」とある。

【四柱推命　しちゅうすいめい】

人が生まれた生年日時を干支で表し、陰陽五行説の論理を手掛かりとして、その人の運命を解いていく運命学である。四柱推命は命理学（めいりがく）とも言われている。「四柱推命」という言葉は中国にはない。中国では「子平」「三命」「命学」「命理」とよばれており、『滴天髄』『窮通宝鑑』『子平真詮』が四柱推命の基本的な資料とされている。

四柱推命の概要としては、

①人の生年月日時を四つの柱に区分し、それぞれの十干十二支を明らかにして、命式表を作成し、それぞれの陰陽五行を把握する。

②蔵干を求める。

③五個の通変（変通）星を求める。

④十二運、神殺を求める。

⑤月柱地星（生月の蔵干から求められた通変星）を元命星とよび、日干とこの通変星を軸として、他の通変星との関係、身旺か身弱か、どのような十二運をもっているか、どのような神殺がついているか、などを総合的にみて、その人のライフスタイルを明らかにしていく。その他、十年毎の運気（大運）の良し悪しや毎年の運気（歳運）なども割り出す。

【時柱　じちゅう】

四柱推命の用語。運命を推察するための四つの柱のうちの一つ。その人の子供との関係、最晩年の運気を暗示する。生まれた時間の干支、蔵干、通変星から構成される。

【七曜　しちよう】

古代中国で、肉眼で見える天体、太陽と月に、火星、水星、木星、金星、土星の惑星を加え七曜と呼んだ。その七曜が現在の週の曜日、日曜、月曜、火曜、水曜、木曜、金曜、土曜となっている。

【地鎮祭　じちんさい】

土木工事や家を建てる前に、その土地の守り神を祀り、工事の無事や安全を祈る儀式。とこしずめの祭り、土祭り、地祭り、地勧請ともいう。土地の四隅に青竹を立て注連縄で結び祭場を設ける。施主、建設業者、設計者などが参列し神職が式を執り行う。祭壇を設けお供え物を置き、神職の祝詞、お祓いを行い、盛り土に鋤や鍬を入れる。大安、先勝、友引など縁起の良い日の午前中に行われる。

【四盤暦　しばんれき】

遁行四盤を掲載した暦のこと。暦に年盤、月盤、日盤、刻盤の遁行盤を掲載したもの。聖法氣學會が毎年発行している「気学開運手帳」には、年盤及び月盤、各日には日盤の中宮の日を掲載している。同じく聖法氣學會が発行している「氣學明鑒」には、月盤及び刻盤を掲載している。本書二二八ページの遁行四盤はその具体例のひとつ。

【磁北　じほく】

磁石の針が指し示す北のこと。これに対して、「真北」は市販の地図では北極点の方角を北とする。気学で方位を決めるのには磁北を使う。日本では磁北は真北から西に傾いているため、正しい磁北の方角を出すためには偏角度により磁北の線を引かなければならない。特定の場所からの方位をみる時は、地図上の原点から真北の線を引き、偏角度により磁北を出す。関東地域の偏角度は七度なので、西方向に七度ずらして磁北の線を引き（左図）、八方位をみることになる。偏角度は国土地理院が十年毎に「偏角度表」を発表している。自宅から方位を判断する時は、自宅から真北の線を引き、その線を偏角度数分西方向にずらして磁北を求める。全国の都市の一例をみると、東京の偏角度は七度、札幌は九度二十分、宮崎市は六度十分などとなっている（二〇一〇年国土地理院資料）。全国主要都市の偏角度表は聖法氣學會が毎年発行する「気学開運手帳」に掲載している。なお、地図の方位と気学の方位を見る時に注意することがある。気学は自然の気の流れにもとづいているゆえに、南は太陽の熱気が強い（夏の）方位で上となり、北は太陽の熱気が最も弱い（冬の）方位となる。市販の地図とは南北が反対となる。東西も左右が反対になる。

〈市販の地図で磁北を引く〉

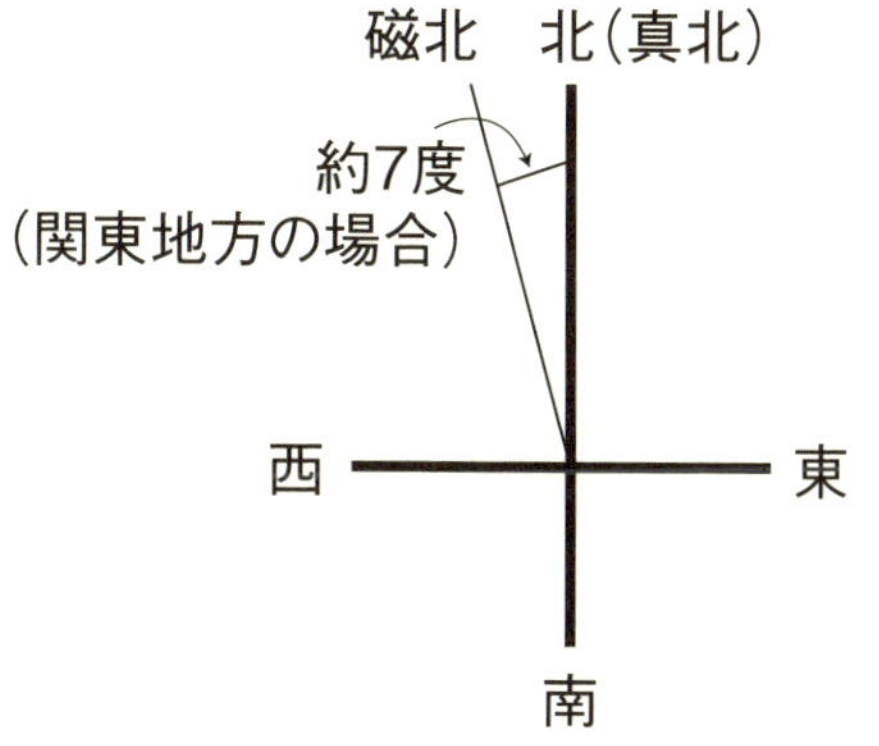

【赤口　しゃっく・しゃっこう】
六曜の一つ。午の刻のみ吉で朝夕は凶、祝い事は大凶とされる。この日は火の元に注意、赤が血と連想されることから刃物を使う大工、料理人などは特に注意日とされた。【六曜　ろくよう】参照

【周　しゅう】
中国古代の王朝（ＢＣ一〇四六年頃からＢＣ二六五年）。殷を倒して建国された。周の時代に中国文明が成立したとされる。

【周易　しゅうえき】
易経のひとつ。易経には、「連山易」「帰蔵易」「周易」の三易があるとされ、それらと区別する意味で、「周易」とされているが、「周易」以外は現存していない。「連山易」は夏の時代、「帰蔵易」は殷の時代に行われていたとされているが、文献はなく、詳しいことは何もわかっていない。そこで、易経といえば、自ずと「周易」を指すようになった。従って「周易」とも、あるいは単に「易」ともいう。

【周公　しゅうこう】
周王朝の文王の子。名は旦《たん》。兄の武王とともに殷を滅ぼし、武王の死後、成王を助けて周王朝の基礎を固めた。礼をもって封建制度の規範とした。易経の爻辞を作成した人物とされる。生没年不明。

【十二運　じゅうにうん】

四柱推命の用語。長生、沐浴、冠帯、建禄、帝旺、衰、病、死、墓、絶、胎、養のことで、これに人の一生のライフスタイルや運気の強弱をあてはめて表した言葉。但し、通変星に比べると信頼度は低い。以下、早見表と、簡単な解説を示す。

〈十二運表〉

癸	壬	辛	庚	己	戊	丁	丙	乙	甲	日干
卯	申	子	巳	酉	寅	酉	寅	午	亥	長生
寅	酉	亥	午	申	卯	申	卯	巳	子	沐浴
丑	戌	戌	未	未	辰	未	辰	辰	丑	冠帯
子	亥	酉	申	午	巳	午	巳	卯	寅	建禄
亥	子	申	酉	巳	午	巳	午	寅	卯	帝旺
戌	丑	未	戌	辰	未	辰	未	丑	辰	衰
酉	寅	午	亥	卯	申	卯	申	子	巳	病
申	卯	巳	子	寅	酉	寅	酉	亥	午	死
未	辰	辰	丑	丑	戌	丑	戌	戌	未	墓
午	巳	卯	寅	子	亥	子	亥	酉	申	絶
巳	午	寅	卯	亥	子	亥	子	申	酉	胎
辰	未	丑	辰	戌	丑	戌	丑	未	戌	養

(1)長生（ちょうせい）

長生は発展に向かう気運のある星。温厚な人柄で、聡明、人望がある。芸術や芸事や技能に優れている。性格は謙虚だが積極性に欠ける。補佐役に向く。

(2)沐浴（もくよく）

沐浴は、忍耐力と持続力に欠け、精神的に不安定な面がある。常に人に気を遣うタイプ。人間関係は得手ではなく、苦労性。常に心に迷いがある。

(3)冠帯（かんたい）

冠帯は衣冠装束の事で、元服して一人前の衣装を調えるという意味。ここから、この星があると、運勢が強く安定感のある人生を送れることが多いとされる。向上心と負けず嫌いな気質が原動力になる。出世欲が強いタイプ。欠点は仕切りたがるところ。

(4)建禄（けんろく）

建禄は十二補助星の中で最も旺盛で強運の星。計画的で堅実。人徳があって、社会的に成功する。学問や芸術的な才能にも恵まれている。

(5)帝旺（ていおう）

「帝旺」は十二運星の中で最も強運だが、人生の後半ではっきりと衰えるので、吉の中に凶を含んでいる人生。自力中心で、他人の下に置かれることを嫌い、常にトップにいないと気がすまない気質。プライドが高い。協調性が弱く、ワンマンで、他人の意見を聞かない。運気は強いが、運勢の変転も大きい。

(6)衰（すい）

おとなしく温厚で自己を主張することは少ない。但し、内面は薄情な面がある。消極的で保守的。困難なことは、どちらかというと避けようとする。男性は誠実で真面目さが評価されるが、周囲からの迷惑ごとなどにかかわると、思うようにいかず責任をとらされることになる。

(7)病（びょう）

病は温和で誠実だが、生得的に気エネルギーが少ない状態なので、体力や気力に余裕がない。感性が鋭いので、自分の趣味や楽しみを、人生で活かしていくことが必要。神経質で、細かいことにこだわり、くよくよするタイプ。短気で持続力に欠けるため、転職を繰り返す。但し、執着心が強いので、研究や芸術関係で成功する人もいる。

(8)死（し）

世話好きで、几帳面で着実な努力家だが、内気で、取り越し苦労する。学問や芸術や技術方面で才能を発揮するが、決断力に欠ける。独断的で人の意見を聞かず、せっかちで、チャンスを逃す。幼少期には病弱な人も、青年期から健康になる。他人を信じやすく、だまされやすい面がある。

⑼墓（ぼ）

金銭を惜しみ、力を出すことを惜む。面倒くさがりやで、常に一つの決められたルールを守ろうとする保守的で陰性な性格がある。物にこだわるので、コレクター趣味が多い。社交性があまりなく、表面を飾らない。マイナス志向で心が狭く、疑り深く、孤独癖があって、節約家。

⑽絶（ぜつ）

十二運の内で運気が最も弱い。浮き沈みが激しく、執着心に欠け、環境の変化を好む。人間関係が常に変わりやすい。色情のトラブルを起こし、また他人の甘い言葉にだまされやすい面がある。仕事や住居が変わりやすく、水商売、自由業、芸能関係の業種向き。

⑾胎（たい）

幼少期、身体が弱く、死亡することがある。中年期以降は健康体になる。性格は温和で優しく、好奇心が強い。自惚れが強く、人を見下す面がある。但し、計画性に優れていて、着実な仕事をするのが得意。

⑿養（よう）

運気の勢いが弱い。温和な性格で行動する時も慎重で、用心深く苦労性。外柔内剛で、真面目で誠実　だが、消極的。偏屈で利己的な面があって、依頼心が強い。

【十二支　じゅうにし】

子（シ）、丑（チュウ）、寅（イン）、卯（ボウ）、辰（シン）、巳（シ）、午（ゴ）、未（ビ）、申（シン）、酉（ユウ）、戌（ジュツ）、亥（ガイ）の総称。十二支は「地の気」の作用を十二種類に分けたものとされるが、後に本来の意味が薄くなり、数の順序や十干と組み合わせて六十までの順序を表わす記号として使用されるようになった。本来、十二支の原義は植物の生態や種々の象形に由来しているが、年、月、日、時刻などの時間の区分、方位にも割り当てられている。遁行四盤において、十二支の向かい側を三大凶殺の一つ「破」として扱い、「歳破」「月破」「日破」「刻破」などを決める。また、十二支は三合を構成する重要な要素となっている。文字を理解することが困難な人々に、分かりやすくするために動物に例えるようになり、十二支と言えば次のような動物を連想するようになった。

子＝鼠、丑＝牛、寅＝虎、卯＝兎、辰＝龍、巳＝蛇、午＝馬、未＝羊、申＝猿、酉＝鳥、戌＝犬、亥＝猪

＊九星、十干、季節との関係は巻末「資料2」参照

〈十二支円環図〉

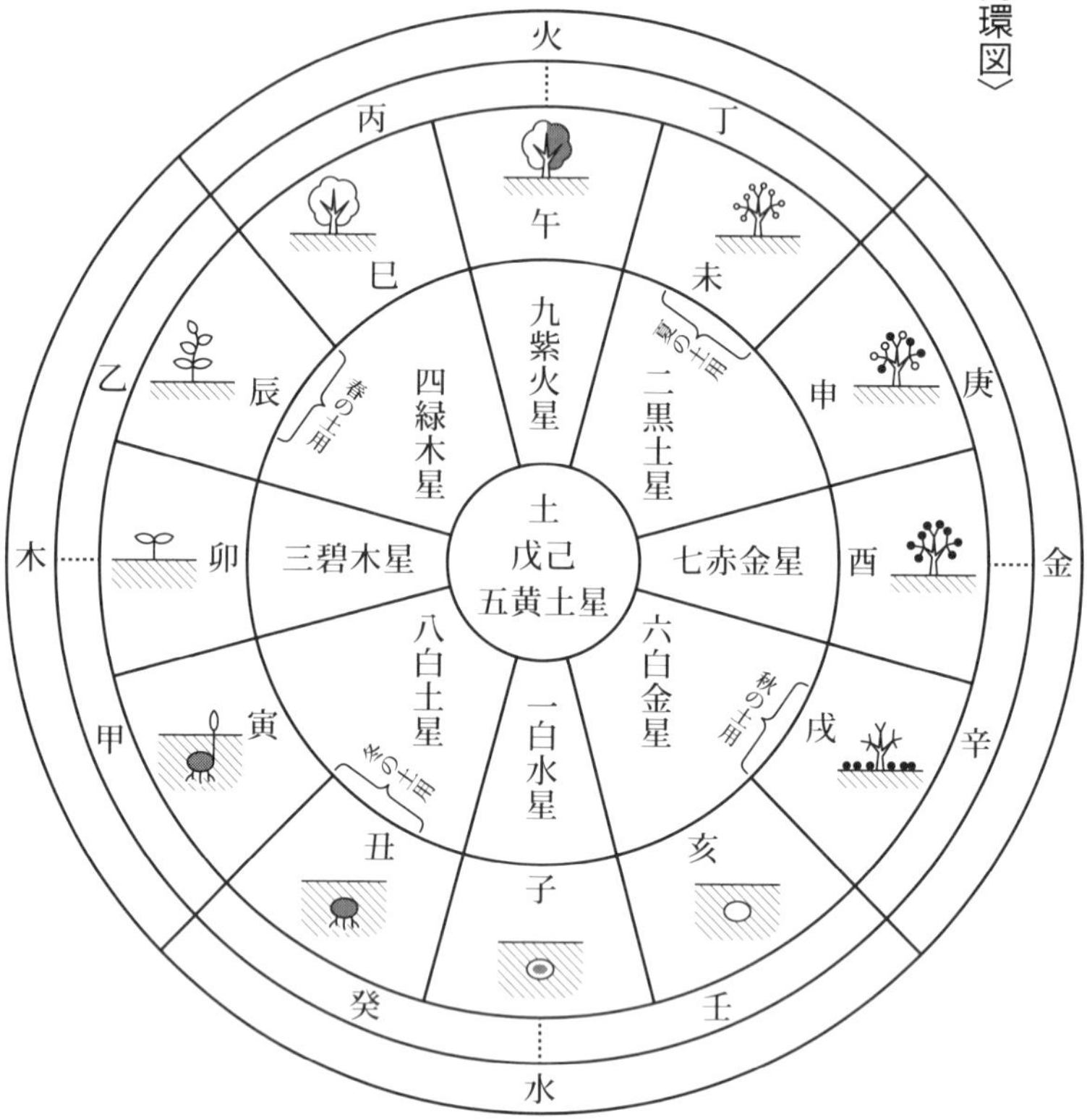

火
丙
丁
午
巳
未
九紫火星
四緑木星
二黒土星
春の土用
夏の土用
乙
辰
申
庚
木
卯
三碧木星
土
戊己
五黄土星
七赤金星
酉
金
八白土星
一白水星
六白金星
冬の土用
秋の土用
甲
寅
戌
辛
丑
子
亥
癸
壬
水

〔子　ね〕

十二支の一番目。音は「シ」。十二支の並びは亥と丑の間に位置する。字義は「孕（はらむ）」に由来し、増えるの意味で新しい生命が宿る状態を表している。方位は北。方角は北三〇度。家相（家相盤）では北の正中一五度。五行は「水」、十干は「壬の一部」と「癸の一部」。陰陽では「陽」。季節では「仲冬」。月では「子月」として十二月（旧暦は十一月）、時刻では午後十一時から午前一時を指す。

＊九星、十干、季節との関係は巻末「資料2」参照　「申・子・辰」の水局三合を構成し、生・旺・墓の「旺」にあたる。十干の陽干と組み合い、「甲子（カッシ、コウシ）」「丙子（ヘイシ）」「戊子（ボシ）」「庚子（コウシ）」「壬子（ジンシ）」として六十干支を構成し、数詞の役割をもつ。子の年は、九星では常に一白水星、四緑木星、七赤金星となる。遁行四盤において、子の向かい側「午」の位置が三大凶殺の「破　ハ」となる。

〔丑　うし〕

十二支の二番目。音は「チュウ」。十二支の並びは子と寅の間に位置する。字義は「紐（ひも、からむ）」に由来し、種子の中に芽があり伸びることができない状態を表わしている。方位は北東やや北。方角は寅とともに艮（丑寅）六〇度。家相（家相盤）では北東やや北の一五度。五行では「水」、十干は「癸」。陰陽では「陰」。季節では「晩冬」。月では「丑月」として一月（旧暦は十二月）、時刻では「丑の刻」として午前一時～三時。時代劇等で言われる「草木も眠る丑三つ時」は午前二時から二時半頃を指す。丑月には冬の土用がある。

＊九星、十干、季節との関係は巻末「資料2」参照　「巳・酉・丑」の金局三合を構成し、生・旺・墓の「墓」にあたる。十干の陰干と組み合い、「乙丑（イッチュウ）」「丁丑（テイチュウ）」「己丑（キチュウ）」「辛丑（シ

ンチュウ）」「癸丑」（キチュウ）」として六十干支を構成し、数詞の役割をもつ。なお、丑の年は、九星では常に三碧木星、六白金星、九紫火星の年となる。遁行四盤において、丑の向かい側「未」が三大凶殺の「破（ハ）」となる。

〔寅　とら〕

十二支の三番目。音は「イン」。十二支の並びは丑と卯の間に位置する。字義は「演ずる」に由来し、植物の芽が地上に伸びていく状態を表わしている。方位は北東やや東。方角は丑とともに艮（丑寅）六〇度。家相（家相盤）では北東やや東の一五度。五行では「木」、十干は「甲」。陰陽では「陽」。季節では「初春」。月では「寅月」として二月（旧暦は一月）、時刻は「寅の刻」として午前三時から午前五時を指す。五行は「木」。陰陽は「陽」。十干は「甲」。

＊九星、十干、季節との関係は巻末「資料2」参照　「寅・午・戌」の火局三合を構成し、生・旺・墓の「生」にあたる。十干の陽干と組み合い、「丙寅（ヘイイン）」「戊寅（ボイン）」「庚寅（コウイン）」「壬寅（ジンイン）」「甲寅」（コウイン）」として六十干支を構成し、数詞の役割をもつ。寅の年は、九星では常に二黒土星、五黄土星、八白土星となる。遁行四盤において、寅の向かい側「申」が三大凶殺の「破（ハ）」となる。

〔卯　う〕

十二支の四番目。音は「ボウ」。十二支の並びは寅と辰の間に位置する。字義は「茂」に由来し、「草木が勢いよく成長する状態を表わしている。方位は東。方角は東三〇度。家相（家相盤）では東の正中（一五度）。五行では「木」、十干は「甲の一部と乙の一部」。陰陽では「陰」。季節では「仲春」。月では「卯の月」として三月（旧暦は二月）、時刻では「卯の刻」として午前五時〜七時。

＊九星、十干、季節との関係は巻末「資料2」参照　「亥・卯・未」の木局三合を構成し、生・旺・墓の「旺」にあたる。十干の陰干と組み合い、「丁卯（テイボウ）」「己卯（キボウ）」「辛卯（シンボウ）」「癸卯（キボウ）」「乙卯（イツボウ）」として六十干支を構成し、数詞の役割をもつ。なお、卯の年は、常に一白水星、四緑木星、七赤金星の年となる。遁行四盤において、卯の向かい側「酉」が三大凶殺の「破（ハ）」となる。

〔辰　たつ〕

十二支の五番目。音は「シン」。十二支の並びは卯と巳の間に位置する。字義は「震う」に由来し、植物が奮い立つほど伸びる状態を表わしている。方位は東南やや東。方角は巳とともに巽（辰巳）六〇度。家相（家相盤）では東南やや東（一五度）。五行では「木」、十干は「乙」。陰陽では「陽」。陰陽では「陽」。季節では「晩春」。月では「辰の月」として四月（旧暦は三月）、時刻は「辰の月」として午前七時から午前九時を指す。辰の月には春の土用がある。

＊九星、十干、季節との関係は巻末「資料2」参照　「申・子・辰」の水局三合を構成し、生・旺・墓の「生」にあたる。十干の陽干と組み合い、「戊辰（ボシン）」「庚辰（コウシン）」「壬辰（ジンシン）」「甲辰（コウシン）」「丙辰」（ヘイシン）」として六十干支を構成し、数詞の役割をもつ。辰の年は、九星では常に三碧木星、六白金星、九紫火星の年となる。遁行四盤において、辰の向かい側「戌」の位置が三大凶殺の「破（ハ）」となる。

〔巳　み〕

十二支の六番目。音は「シ」。十二支の並びは辰と午の間に位置する。字義は「已む」に由来し、植物が成長の極限に達した状態を表わしている。方位は東南やや南。方角は辰とともに巽（辰巳）六〇度。家相（家相盤）では東南やや南の一五度。五行では「火」、十干は「丙」。陰陽は「陰」。季節では「初夏」。月では「巳の月」として五月（旧暦は四月）、時刻は「巳の刻」として午前九時から午前十一時を指す。

＊九星、十干、季節との関係は巻末「資料2」参照　「巳・酉・丑」の金局三合を構成し、生・旺・墓の「生」にあたる。十干の陽干と組み合い、「乙巳（イッシ）」「丁巳（テイシ）」「己巳（キシ）」「辛巳（シンシ）」「癸巳」（キシ）」として六十干支を構成し、数詞の役割をもつ。巳の年は、九星では常に二黒土星、五黄土星、八白土星となる。遁行四盤において、巳の向かい側「亥」の位置が三大凶殺の「破（ハ）」となる。

〔午　うま〕

十二支の七番目。音は「ゴ」。十二支の並びは辰と未の間に位置する。字義は「忤（さからう）」に由来し、植物の成長が極限に達しこれ以上伸びることができない状態を表わしている。方位は南。方角は南三〇度。五行では「火」、十干は「丙の一部と丁の一部」。陰陽では「陽」。家相（家相盤）では南の正中十五度。季節では「仲夏」。月では「午の月」として六月（旧暦は五月）、時刻では「午の刻」として午前十一時〜午後一時。

＊九星、十干、季節との関係は巻末「資料2」参照　「寅・午・戌」の火局三合を構成し、生・旺・墓の「旺」にあたる。十干の陰干と組み合い、「庚午（コウゴ）」「壬午（ジンゴ）」「甲午（コウゴ）」「丙午（ヘイゴ）」「戊

午」（ボゴ）」として六十干支を構成し、数詞の役割をもつ。「丙午（ひのえうま）」は、丙は火の兄（え）、午は南にあたることから火災が多い、また、江戸時代に「八百屋お七」の色恋沙汰から放火事件を起こし大火に見舞われたことから、丙午生まれの女は気性が強く、男を喰ってしまうとの迷信が生まれた。この事件以降、現在に至るまで丙午の年は出生率が低い。なお、午の年は、九星では常に一白水星、四緑木星、七赤金星の年となる。遁行四盤において、午の向かい側「子」の位置が三大凶殺の「破（ハ）」となる。

〔未　ひつじ〕

十二支の八番目。音は「ビ」。十二支の並びは午と申の間に位置する。字義は「味」で、果実に味がついてくる状態を表している。方位は南西やや南。方角は申とともに坤（未申　ひつじさる）六〇度。家相（家相盤）では南西やや南の一五度。五行では「火」、十干は「丁」。陰陽は「陰」。季節では「晩夏」。月では「未の月」として七月（旧暦は六月）。時刻では「未の刻」として十三時から十五時を指す。夏の土用がある。

＊九星、十干、季節との関係は巻末「資料2」参照　「亥・卯・未」の木局三合を構成し、の「墓」にあたる。

十干の陰干と組み合い、「辛未（シンビ）」「癸未（キビ）」「乙未（イツビ）」「丁未（テイビ）」「己未」（キビ）」として六十干支を構成し、数詞の役割をもつ。未の年は、九星では常に三碧木星、六白金星、九紫火星となる。遁行四盤において、未の向かい側「丑」の位置が三大凶殺の「破（ハ）」となる。

〔申　さる〕

十二支の九番目。音は「シン」。十二支の並びは未と戌の間に位置する。字義は「伸びる」で、果実が大きくなる状態を表わしてる。方位は南西やや西。方角は未とともに坤（未申）六〇度。家相（家相盤）では南西やや西の一五度。五行では「金」、十干は「庚」。陰陽では「陽」。季節は「初秋」。月では「申の月」として八月（旧暦は七月）、時刻では「申の刻」として十五時から十七時を指す。

＊九星、十干、季節との関係は巻末「資料2」参照　「申・子・辰」の水局三合を構成し、生・旺・墓の「生」にあたる。十干の陽干と組み合い、「壬申（ジンシン）」「甲申（コウシン）」「丙申（ヘイシン）」「戊申（ボシン）」「庚申」（コウシン）」として六十干支を構成し、数詞の役割をもつ。申の年は、九星では常に二黒土星、五黄土星、八白土星となる。遁行四盤において、申の向かい側「寅」の位置が三大凶殺の「破（ハ）」となる。

〔酉　とり〕

十二支の十番目。音は「ユウ」。十二支の並びは申と戌の間に位置する。字義は「醸す」に由来し、植物の果実が成熟する状態を表わしている。方位は西。方角は西三〇度。家相（家相盤）では西の正中（一五度）。五行では「金」、十干は「庚の一部」と「辛の一部」。陰陽は「陰」。季節では「仲秋」。月では「酉の月」として九月（旧暦は八月）、時刻では「酉の刻」として十七時から十九時を指す。

＊九星、十干、季節との関係は巻末「資料2」参照　「巳・酉・丑」の金局三合を構成し、生・旺・墓の「旺」にあたる。十干の陽干と組み合い、「癸酉（キユウ）」「乙酉（イツユウ）」「丁酉（テイユウ）」「己酉（キユウ）」「辛酉」（シンユウ）」として六十干支を構成し、数詞の役割をもつ。酉の年は、九星では常に一白水星、四緑木星、七赤金星となる。遁行四盤において、酉の向かい側「卯」の位置が三大凶殺の「破（ハ）」となる。

〔戌　いぬ〕

十二支の十一番目。音は「ジュツ」。十二支の並びは酉と亥の間に位置する。字義は「滅」に由来し、収穫を終えた木の実を容赦なく地上に落とし草木が枯れる状態を表わしている。方位は西北やや西。方角は亥とともに乾（戌亥）六〇度。家相（家相盤）では西北やや西の一五度にあたる。五行では「金」、十干では「辛」。陰陽では「陽」。季節では「晩秋」。月では「戌の月」として十月（旧暦は十一月）、時刻では「戌の刻」として午後七時～九時。戌の月には秋の土用がある。

＊九星、十干、季節との関係は巻末の付録―1を参照　「寅・午・戌」の火局三合を構成し、生・旺・墓の「墓」にあたる。十干の陰干と組み合い、「甲戌（コウジュツ）」「丙戌（ヘイジュツ）」「戊戌（ボジュツ）」「庚戌（コウジュツ）」「壬戌（ジンジュツ）」として六十を構成し、数詞の役割をもつ。なお、戌の年は、九星では常に三碧木星、六白金星、九紫火星の年となる。遁行四盤において、戌の向かい側「辰」の位置が三大凶殺の「破（ハ）」となる。

〔亥　い〕

十二支の十二番目。音は「ガイ」。十二支の並びは戌と子の間に位置する。字義は「核」に由来し、「内側に固く実を含む」状態を表わしている。方位は北西やや北。方角は戌とともに乾（戌亥）六〇度。家相（家相盤）では北西やや北（十五度）にあたる。五行では「水」、十干では「壬」。陰陽では「陰」。季節では「初冬」。月では「亥の月」として十一月（旧暦は十月）、時刻では「亥の刻」として午後九時～十一時。

＊九星、十干、季節との関係は巻末「資料2」参照　「亥・卯・未」の木局三合を構成し、生・旺・墓の「生」

にあたる。十干の陰干と組み合い、「乙亥（いつがい）」「丁亥（ていがい）」「己亥（きがい）」「辛亥（しんがい）」「癸亥（キがい）」として六十干支を構成し、数詞の役割をもつ。なお、亥の年は、九星では常に二黒土星、五黄土星、八白土星の年となる。遁行四盤において、亥の向かい側「巳」が三大凶殺の「破（ハ）」となる。

【十八天　じゅうはちてん】

四立十八天ともいう。四季の土用のこと。四季の土用はそれぞれ約十八日間あり、それぞれの土用の終了後に、立春など新しい季節が始まるところから、これを総称していう言葉。

【十翼　じゅうよく】

易（「周易」）の本文（原文）は極めて簡単なもので、「経（けい）」とよばれる本文と「伝（でん）」とよばれる解説部分から成り立っている。「経」は上経三十卦、下経三十四卦という構成になっている。陰爻と陽爻によって構成されている卦を解説したり、爻辞と卦辞をさらに補足して注釈したものを「伝（でん）」という。伝は十篇から構成されているので、『十翼（十種の伝がそれぞれ補い合って鳥の翼が空中で支えるように、周易の本文をささえている意）』という。

十翼の内容は以下のとおりである。

彖伝（たんでん）上・下　卦辞（彖辞）の解説

象伝（しょうでん）上・下　卦象（陰爻と陽爻の組み合わせ）の解説

繋辞伝（けいじでん）上・下　易の理論の解説と占筮法の解説
説卦伝（せっかでん）陰陽八卦の解説
文言伝（ぶんげんでん）純陽の「乾為天」と純陰の「坤為地」の二卦についての解説
序卦伝（じょかでん）六十四卦の順序についての解説
雑卦伝（ざっかでん）卦の意味の補説

【十二直　じゅうにちょく】
暦注の一つ。暦本の中段に掲載されていた。北斗七星の形が他の星座と異なるところから人々から畏敬され、その動きを吉凶で判断したもの。建（たつ）、除（のぞく）、満（みつ）、平（たいら）、定（さだん）、執（とる）、破（やぶる）、危（あやぶ）、成（なる）、収（おさん）、開（ひらく）、閉（とづ）の十二の言葉を指す。「建つ」はすべてに大吉の日であるが、動土、蔵開き（新年に吉日を選んで蔵を開く慣習）は凶とされた。江戸時代に民間に広がった「仮名暦」に掲載され、人々の暮らしの指針とされた。

【周廉渓　しゅうれんけい】
名は敦頤（とんい）（一〇一七～一〇七三年）北宋の儒学者。程明道、程伊川は周廉渓に学んだ。『太極図説』『通書』を著した。『太極図説』とは、太極、陰陽五行論を踏まえて、森羅万象の原理を図式化したもの。『通書』では『中庸』で論じられている「誠」と結びつけた。人の根本に「誠」がある状態とは、人の根本に「太極」があることと説いている。【太極】参照

【儒教　じゅきょう】

孔子を始祖とする中国に発する宗教的な思想。紀元前の中国の春秋時代に端を発して、種々に形態を変えて今日まで東アジアに影響を及ぼしている。孔子は堯、舜の治世の再興を目的とし、仁を柱とした徳治を弟子達に説いた。一種の教団グループのようになって、生涯諸国を遊説し、諸侯に弟子を採用してもらうことによって、堯、舜以来の徳治の世界を実現しようと力を尽くした。このグループが後に儒家と呼ばれ、武力による統治、即ち覇道に対して王道を説いた。漢代に国教として認定され、「四書五経」を聖典とし、儒教の存在基盤を確固たるものにした。宋代に入って朱子によって、国家統治の規範として、理論的な面が整備された。そのスローガンが「修己治人」であり、「修身・済家・治国・平天下」というものである。

【朱子　しゅし】

中国の南宋時代の儒学者。名は熹（き）。（一一三〇～一二〇〇年）。朱子は尊称。それまで儒教の様々な学説や異なる解釈の書物を論理的にまとめ上げた。代表的なものとしては老荘思想や仏教思想を駆使して易経を注釈し、『周易正義』を著した。理一分殊、性即理を主な論理とし、格物致知を実践方法して儒教の目標である聖人になることを説いて、所謂新儒教を確立したことで有名。「論語」「孟子」「大学」「中庸」のいわゆる「四書」の注釈を作った。朱熹は「理気」の解釈を、理とは形而上のもの、気は形而下のものであって、「この二者は二にして一、一にして二」と述べているが、「気が運動性をもち、理はその法則であり、気の運動に秩序を与える」と説き、理気二元論を説いたが、根本は理を優位においた。

【呪術　じゅじゅつ】
超自然的な力により、人の力ではなし得ないことを為し得る行為や考えのこと。

【純陰　じゅんいん】
すべての爻が陰爻のこと。八卦では、坤☷の卦。気学では二黒土星に配当される。

【順運　じゅんうん】
順調な運勢のこと。逆運とは、生きていくのに支障が多い運勢をいう。

【純陽　じゅんよう】
すべての爻が陽爻のこと。八卦では、乾☰の卦。気学では六白金星に配当される。陰陽道及び易経にみられる、「九」の呼び方。九は陽数の最大数であり、九は純陽とされる。易では三爻すべてが陽であるのは、乾☰である。

【象意　しょうい】
気の作用、現象をいう。気学では易の卦を正象（代表的な気の作用）とする。気（気エネルギー）の動き（作用）によって、現象が生じる。気エネルギーでは作用と現象は一体である。例えば、気の作用の形、結果のこと。三碧木星の代表的な作用は「進展」であるが、本命星が後天定位盤の震宮（三碧木星）に回座した時には、計画してきたこと、これまでに思い描いてきたことなどの、物事が三碧木星の気エネルギーの作用によって、急速に進展するという象意が現象する、などという。

【定位対冲　じょういたいちゅう】

気学の占技のひとつ。論理の遊戯に近く、現在では評価する人は少ない。遁行盤の九星が後天定位盤の自分の定位置の対冲に回座している場合、その回座方位を定位対冲といって、方位においても、運気においても本命星の異同を問わず大凶とされ、五大凶殺と同等の凶意があるとする説。

〈例〉平成三十年の年盤上での定位対冲は東方位、あるいは震宮となる。

〈定位対冲の例〉

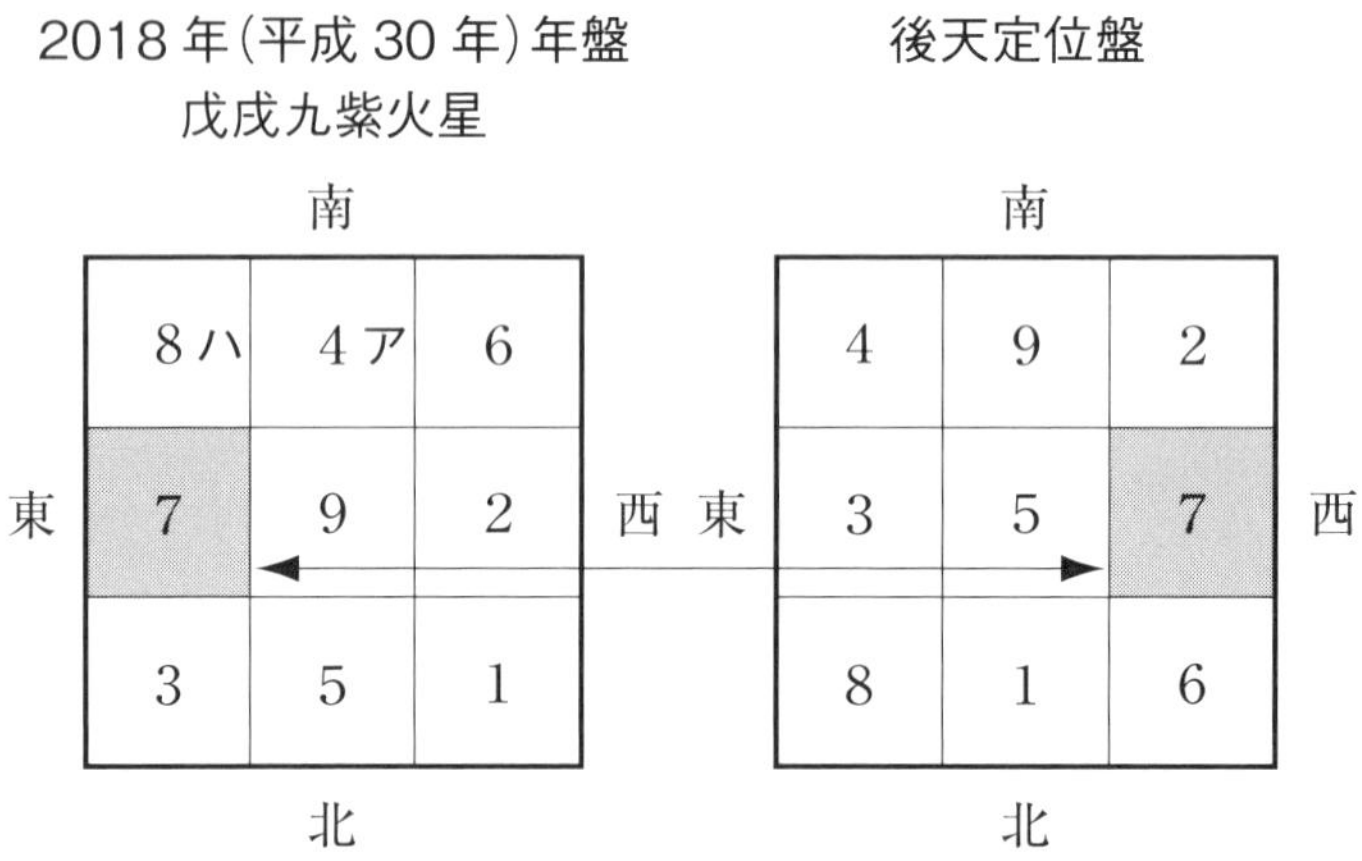

年盤の七赤金星と後天定位盤の七赤金星は「定位対冲」の関係にある

【定位二盤　じょういにばん】
先天定位盤と後天定位盤の二盤のこと。先天定位盤は方位がなく自然界の仕組みを表している盤である。人が存在する前の理論上の盤であり、五黄土星がない。後天定位盤は現実世界の気の配置を表した盤。方位がある。定位二盤の詳細は各項目参照。

〈先天定位盤〉

天

七赤金星 ☱	六白金星 ☰	四緑木星 ☴
九紫火星 ☲		一白水星 ☵
三碧木星 ☳	二黒土星 ☷	八白土星 ☶

地

〈後天定位盤〉

巽	南	坤
四緑木星 ☴	九紫火星 ☲	二黒土星 ☷
東 三碧木星 ☳	五黄土星	七赤金星 ☱ 西
八白土星 ☶	一白水星 ☵	六白金星 ☰
艮	北	乾

【少陰　しょういん】
四象の一つ。太極から陰陽が生まれ、陰陽から四象が生まれる。四象のうち、陽からは老陽と少陰（第一爻は陽、第二爻が陰）が生まれる。少陰からは八卦の離☲　震☳、の二つが生まれる。

【四象　ししょう】【太極　たいきょく】参照

〈太極から八卦の図〉

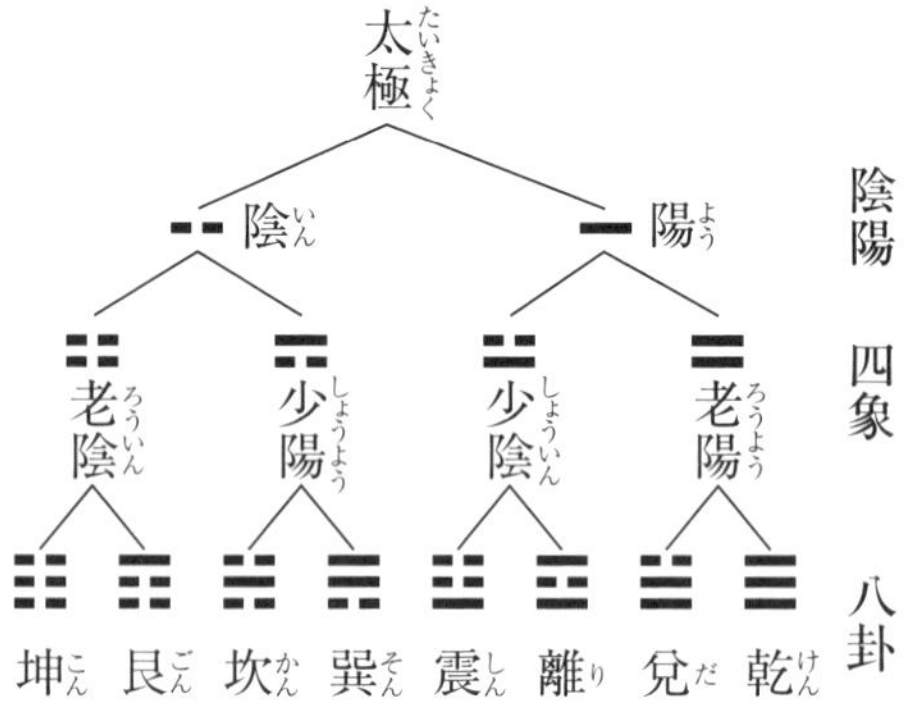

【少陽　しょうよう】

四象の一つ。太極から陰陽が生まれ、陰陽から四象が生まれる。四象のうち、陽からは老陽と少陰が生まれる。

少陽の第一爻は陰、第二爻は陽。少陽からは八卦の　巽（風）☴坎（水）☵、が生まれる。【四象　ししょう】【太極　たいきょく】参照

【傷官星　しょうかんせい】　四柱推命の用語。【通変星　つうへんせい】参照

【食神星　しょくじんせい】　四柱推命の用語。【通変星　つうへんせい】参照

【小月建方　しょうげっけんほう】
気学の用語。凶方のひとつ。【小児殺　しょうにさつ】参照

【上元　じょうげん】
三元のひとつ。旧暦一月十五日をいう。中国の節日。上元の夜は元宵（げんしょう　初めの夜）として多彩な行事が行われる。日本では小正月、「左義長」（さぎちょう　小正月の火祭りのこと）、「どんと焼き」などの行事が行われる。新暦への改暦により現行の暦の一月十五日となった。【三元　さんげん】参照

【少女　しょうじょ】
七赤金星の象意のひとつ。易の卦は☱　第三爻が陰爻であり、陰爻が一本であることから少女とされる。少女というのは末の娘、年齢が若い女性のことばかりでなく、言動が未熟な女性を指す。なお、第一爻が陰爻であれば四緑木星で長女とされ、第二爻が陰爻であれば九紫火星で中女とされる。

【象数易　しょうすうえき】

易の解釈のひとつ。漢代に流行した占術で、卦の象（かたち）と八卦に含まれている数理を主として占術の手掛かりとしたもの。これに対して、その後の魏晋時代に王弼を代表に、易の経文を主とし、占術の方法よりも、道家思想的立場から、易の論理を精緻に解釈したものを「義理易」とよぶ。

【少男　しょうなん】

八白土星の象意のひとつ。易の卦は☶　第三爻が陽爻であることから末の男、少男とされる。少男というのは末の男、年齢が若い男性のことばかりでなく、言動が未熟な男性を指す。第一爻が陽爻であれば三碧木星で長男とされ、第二爻が陽爻であれば九紫火星で中男とされる。

【小児殺　しょうにさつ】

十歳位までの小児の凶方位のこと。この方位を犯すと、凶作用を受け災厄が起こるとされる。小児殺方位はその年の十二支により決まり、月毎に月盤にて確認することが必要である。十二支と小児殺方位は次の通り。

〈小児殺方位表〉

年の十二支	二月	三月	四月	五月	六月	七月	八月	九月	十月	十一月	十二月	一月
子寅辰午申戌	中央	乾	西	艮	南	北	坤	東	巽	中央	乾	西
丑卯巳未酉亥	南	北	坤	東	巽	中央	乾	西	艮	南	北	坤

【初春　しょしゅん】

旧暦の正月、一月のこと。新年、新春という意味がある。現在の暦を旧暦でみると、二月四日頃の立春から三月六日頃の啓蟄の前日にあたる。寅月を指す。

【四立十八天　しりつじゅうはちてん】

四季の土用は、それぞれ約一八日間続き、土用の終了した翌日は、それぞれ立春、立夏、立秋、立冬になる。これをまとめて「四立十八天」という。

【四立二至二分　しりつにしにぶん】

一年の季節の節目を二十四節気からあらわしたもの。四立は立春、立夏、立秋、立冬。二至は夏至、冬至。二分は春分、秋分を指す。

【神　しん】

日本でいわれる神（信仰の対象である「かみさま」）ではない。中国の老荘思想では、気のすぐれた働き、生々の作用をいう。気学の核心である「気」も同じ。

【神殺　しんさつ】

四柱推命の特殊星のことだが、その他の運命学でも汎用されている。吉をもたらす吉神と凶をもたらす凶神を合わせた言葉。神殺の「神」は吉の特殊星、「殺」は凶の特殊星を指す。信頼度は低い。

【人象　じんしょう】
九星の現象のうち、人に関わる象意をいう。（例）二黒土星：母、老婆、三碧木星：青年

【神農　しんのう】
古代中国の伝説上の人物。三皇五帝のうちの一人。農耕の技術と薬草の効用を人々に教えた。医薬の祖ともされている。「周易　繫辞伝」に、「伏羲が没すると神農が治めた」「農具の使い方を人々に教えた」などと記されている。伏羲の作った八卦を二段に重ねて六十四卦を作ったとされる。

【真北　しんぽく】
北極点を北とする方位。市販の地図に記されている北のこと。北半球では北極星の方向とほぼ同じ。気学では「磁北（じほく）」を北とする。磁北と真北にはずれがある。このずれを偏角という。偏角は国土地理院が十年周期で測定し各地点の偏角度を公表している。【磁北　じほく】参照

【人門　じんもん】
陰陽道で南西（坤）の方位のこと。北東の（艮）方位は「鬼門」とし、対冲の南西（坤）方位は「裏鬼門」ともいう。東南（巽）方位は「風門」、北西（乾）方位は「天門」という。

【衰　すい】
四柱推命の用語。十二運のひとつ。【十二運　じゅうにうん】参照

【衰運期　すいうんき】
運命学の用語。運気の流れのことで、運気が下がる時期のことをいう。気学では五年間続く。人の気力、体力、目的、環境などが、自分の希望どおりにならない時期。主に年運をみる際に使う。衰運期は後天定位盤の九宮のうち、次の五宮に本命星が回座している時を指す。第一期は乾宮、第二期は兌宮、第三期は艮宮、第四期は離宮、第五期は坎宮である。衰運期に対して、盛運期は九宮のうちの四宮に本命星が回座している時を指し、盛運第一期は坤宮、第二期は震宮、第三期は巽宮、第四期は中宮となる。盛運期から衰運期に入る時、乾宮において直ちに運気が落ち込むということではない。特に盛運期の巽宮、中宮を経た運気好調な流れは、衰運第一期の乾宮において直ちに落ち込むものではなく、徐々に衰運を感じていく時間が増えると捉える。【盛運期　せいうんき】参照

【数象　すうしょう】
気学の用語。九星それぞれに配当されている数の現象。河図の図に由来するとされる。【河図　かと／洛書　らくしょ】参照

一白水星　一、六	二黒土星　五、十	三碧木星　三、八
四緑木星　三、八	五黄土星　五、十	六白金星　四、九

七赤金星　四、九　　八白土星　五、十
九紫火星　二、七

＊例えば、三碧木星、あるいは四緑木星の気が展開する方位を使うと「三」、「八」、「三八」など、「三」、「八」の数に由来する現象に気づくということになる。

〈後天定位盤　九星の数増〉

		南		
	3・8（4）	2・9（9）	5・10（2）	
東	3・8（3）	5・10（5）	4・9（7）	西
	5・10（8）	1・6（1）	4・9（6）	
		北		

（　）は九星
例えば（4）は四緑木星

【宿曜占術　すくようせんじゅつ】

占術のひとつ。弘法大師空海がもたらした宿曜経をもとにした占星術といわれている。七四一年、中国の不空三蔵が仏典を求めてインド、セイロンを旅し、インドで「宿曜経」を発見して、七四六年中国に持ち帰ったとされている。八〇四年、遣唐使に従って唐に渡った空海は不空三蔵の高弟恵果によって、「宿曜経」に接し、日本に持ち帰ったとされている。陰陽道が広まっていた当時の貴族層に、七曜（太陽、月、火、水、木、金、土）と二十七宿との関連、及び生まれた日の宿星との関係で吉凶を判断する占技となった。

【性　せい】

生まれつきの気質のこと。気学では人間は生まれる際、最初に吸い込む生年生月の中宮の気が、その人の気質を構成する。それぞれ本命星、月命星といい、九星によって分類され、特徴づけられる。これに対して、出生後の環境による気質の矯正によってできあがっていくものを性格という。

【盛運期　せいうんき】

気学において運気の順運期間を表す用語。【運気　うんき】【運勢　うんせい】参照

運気が順調に流れることで、運気が上がる時期のことをいう。主に年運をみる際に使う。盛運期は九宮のうちの四宮に本命星が回座している時を指し、盛運第一期は坤宮、第二期は震宮、第三期は巽宮、第四期は中宮となる。衰運期から盛運期に入る時、坤宮においていきなり運気が急上昇する訳ではない。徐々に運気が上向く程度と捉えることが肝要である。

＊盛運期　この期間の宮に回座すると運気の追い風を受け、物事がスムーズに運ぶ。九星の遁行に従って、坤宮から盛運期に入り徐々に強まり、中宮において極まる。

＊衰運期　この期間の宮に回座すると運気の逆風を受け、物事が渋滞し、思うような結果を出せない。九星の遁行に従って、乾宮から衰運期に入り徐々に強まり、坎宮において極まる。

２０１８年（平成30年）年盤

巽		南		坤
	八白土星（巽宮）	四緑木星（離宮）	六白金星（坤宮）	
東	七赤金星（震宮）	九紫火星（中宮）	二黒土星（兌宮）	西
	三碧木星（艮宮）	五黄土星（坎宮）	一白水星（乾宮）	
艮		北		乾

盛運期の本命星：
六白金星、七赤金星、八白土星
九紫火星

衰運期の本命星：
一白水星、二黒土星、三碧木星
四緑木星、五黄土星

【生旺墓　せいおうぼ】

十二支のうち、特定の三支が組み合わさって最も強力なエネルギーを発揮する際、それを三つのポイントに区分してあらわす言葉。【三合　さんごう】参照

【正官星　せいかんせい】

四柱推命の用語。通変星（変通星）のひとつ。【通変星　つうへんせい】参照

【生気（吉神）　せいき】

吉凶判断における吉神。月命盤上にある吉神であり、天道の向かい側に位置する。天道とともに、祐気どり、御神砂とりの方位を決める際の判断基準となる。天道は三合の理によって決められる。十二支の生・旺・墓の旺または墓に天道が付く。また、月命盤鑑定において、潜在運を観る際にプラスの要素として扱う。方位としては「天道方」に対して、「生気方」という。【三合　さんごう】参照

【生気（五行の相生）　せいき】

木火土金水の五行の相生の関係を示したもので、九星のそれぞれの星からみて親星となる星のこと。子星となる星を退気という。吉凶判断では生気は大吉、退気は吉ということになる。【五行　ごぎょう】【親星　おやぼし】【子星　こぼし】参照

〈五行相生図〉

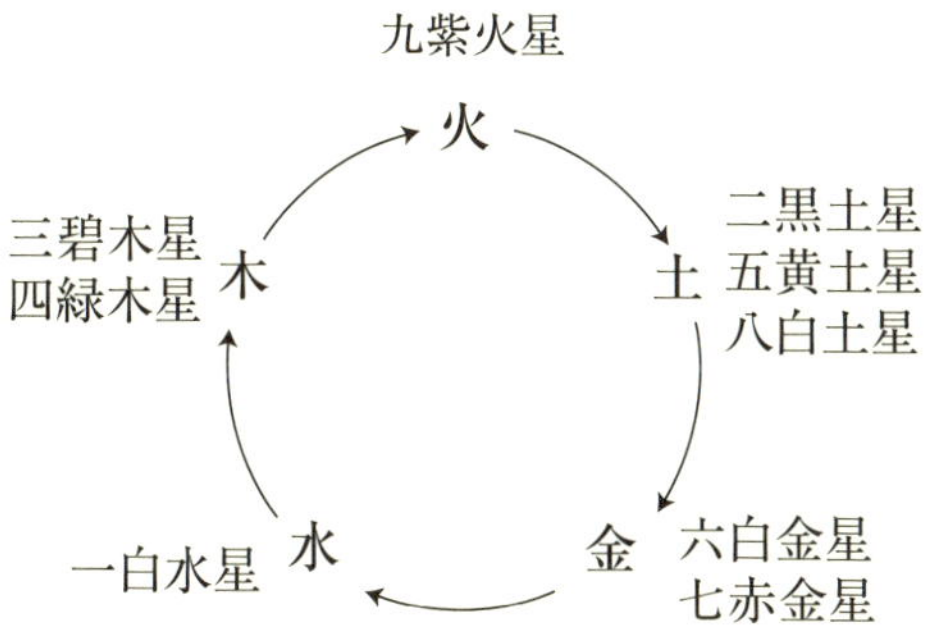

【正気　せいき】
十二支の中にある蔵干の一つ。ほかに「余気」「中気」がある。正気は月支本来の蔵干のこと。月支の蔵干は、その月の「初期（余気）」、「中気」、「正気」に分けられる。余気は前月からの気を引きついで現れる蔵干。時間の経過とともに中気となり、最終的にその月の本来の蔵干である「正気」となる。

【正財星　せいざいせい】
四柱推命の用語。通変星（変通星）のひとつ。【通変星　つうへんせい】参照

【正象　せいしょう】
易八卦の代表の象意。
易経の乾為天から、乾の正象は天　易経の坤為地から、坤の正象は地
易経の震為雷から、震の正象は雷　易経の巽為風から、巽の正象は風
易経の兌為澤から、兌の正象は沢　易経の坎為水から、坎の正象は水
易経の艮為山から、艮の正象は山　易経の離為火から、離の正象は火

易に基づく気学では、五黄土星以外の星が持つ中心となる象意のこと。一白水星は水、二黒土星は平地、三碧木星は雷、四緑木星は風、五黄土星は生滅・消滅、六白金星は天、七赤金星は沢地、八白土星は山、九紫火星は火に代表される作用、現象を指す。（なお、五黄土星は易に由来しない。六六頁〈五黄土星の解説参照〉

【生数　せいすう】
伏羲八卦図の河図の斑点にもとづき、一、二、三、四、五の数字を生数と呼ぶ。【河図　かと／洛書　らくしょ】参照

【成数　せいすう】
生数一から四の数字に五を加えた数字のこと。一に五を加え六、二に五を加え七、三に五を加え八、四に五を加え九となる。

【正中　せいちゅう】
方位の分界の真ん中のこと。気学で主に、方位分界の真ん中、家相の方位分界の真ん中をいう。家相では、八方位それぞれの正中十五度ずつを正中エリアといい、火気、水気を生ずる間取りを不可とする。特に鬼門は、正中十五度を問わず、四十五度全体を不可とする。「なぜ、鬼門の濁気を嫌うか」については、松田統聖著『気学の力　気学随想』（東洋書院刊）を参照。

【生木　せいぼく】
九星のひとつ三碧木星の象意。地に根を張って生きている、あるいは成長している樹木のこと。これに対して、木工品などのように加工された木「調木」は四緑木星の象意。【九星　きゅうせい】参照

【生門　せいもん】

奇門遁甲の用語。方位の吉凶を判断する「八門（はちもん）」の一つ。八門には「休門」「生門」「開門」「景門」「傷門」「杜門」「驚門」「死門」がある。「休門」「生門」「開門」は三吉門とされる。

【絶　ぜつ】

四柱推命における用語。十二運の一つ。【十二運　じゅうにうん】参照

【節入り　せついり】

新たな月に入ること。一年は十二の節気と十二の中気からなる二十四節気に分けられている。十二の節気は月の始まり。立春、立夏、立秋、立冬は四季のはじめ。気学の月変わりは、現在のカレンダーの毎月の一日ではなく、十二節気の（節入り）日が月の始まりと定まっている。従って、年も二月の四日頃の立春の日（節）をもって、新年となり、人の本命星も立春をもって変わっていく。新たな年となり、新たな本命星となる。立春節とは雨水の前日までの期間を指す。立春の日は節分の翌日を指す。毎月の初めの節気は月命星を決める基準となる。

【節替わり　せつがわり】

二十四節気の月の初めを節気といい、この日から新しい月が始まること。気学では月盤が変わることをいい、本命星及び月命星を決める基準となる。新しい年、新しい月はこの節気により決まる。新しい年は立春の日から始

まる。平成三十一年は二月四日から新しい年が始まり、この年は八白土星年と呼び、本命星は八白土星となる。前日の二月三日まで前年の年、九紫火星となる。毎月、月の初めの節気が新しい月の初めであり、「二月四日が節替わり」のように使う。

【節分　せつぶん】

立春の前の日のこと。本来は立春、立夏、立秋、立冬の前の日を節分と呼び、古くは季節の分け目の呼び名として使われていたが、後には立春の前の日のみを節分と呼ぶようになった。邪気を追い払う宮廷の行事「追儺」が庶民に広がり「豆をまいて鬼（邪気）を追い払う節目の日」の形になったといわれる。気学では節分の翌日が一年の始まり「立春」の日である。

【潜在運　せんざいうん】

人の生まれつきの運気のこと。月命盤を中心に運気を紐解く。月盤上の天道、生気などの吉神、吉凶波乱の五黄土星、さらに暗剣殺、破（ハ）などの凶神の配置により、生まれもった気質、運気を観る。

【占星術　せんせいじゅつ】

星座の位置や動きに基づいて人や社会のことを知ろうとする占い。古来より、バビロニア、エジプト、ギリシャ、ローマ、インド、中国などで行われた。現在でも運命学としての知名度は高い。惑星、黄道十二宮、十二室などを配置した「ホロスコープ」を使い、人や社会の未来を予測する。太陽、月、水星、金星、木星、土星などの天体の位置と動きをもとに、人間及び社会のあり方を経験的に結びつけて占う。西洋占星術、東洋占星術に大別される。

【先天図　せんてんず／先天定位盤　せんてんじょういばん】

【後天図　こうてんず／後天定位盤　こうてんじょういばん】

北宋の儒学者、邵雍（一〇一一年～一〇七七年。邵康節と呼ばれる。「皇極経世書」を著す）による易卦の配置図。邵雍はこの図の原作者を伏羲として、八卦の理論的配置図とした。これに対して、後天図は八卦の現実での配置図とされ、周の文王によるものとされている。気学では、先天図を模範とした先天定位盤、後天図を模範とした後天定位盤がある。

〈先天図〉

☱ 兌	☰ 乾	☴ 巽
☲ 離	太極	☵ 坎
☳ 震	☷ 坤	☶ 艮

＊易の先天図の中宮は太極

〈先天定位盤〉

天

七赤金星 ☱	六白金星 ☰	四緑木星 ☴
九紫火星 ☲		一白水星 ☵
三碧木星 ☳	二黒土星 ☷	八白土星 ☶

地

＊気学の先天定位盤の中宮は空白となっている。その理由は理論上の盤であり、卦象がない、ということは「無である」という考えによる。

〈後天図〉

☴ 巽	☲ 離	☷ 坤
☳ 震		☱ 兌
☶ 艮	☵ 坎	☰ 乾

〈後天定位盤〉

巽		南		坤
	四緑木星 ☴	九紫火星 ☲	二黒土星 ☷	
東	三碧木星 ☳	五黄土星	七赤金星 ☱	西
	八白土星 ☶	一白水星 ☵	六白金星 ☰	
艮		北		乾

＊気学の後天定位盤の中宮は易卦のない五黄土星が配されている。ここに気学と易の決定的違いがある。

【宋学　そうがく】

中国の宋の時代に生まれた新しい儒学の思想。南宋の朱子が大成し、その後、中国の主要な思想になった。一般的に、朱子学ともいう。鄭玄（じょうげん）以来、儒教の原典の解釈をおこなう訓詁学が主流であったが、形而上的な哲学（儒教的な世界観）にまで高められた思想。北宋の周廉渓が宋学の祖とされ、程伊川、程明道兄弟によって万物の成り立ちとして、万物の根本原理を「理」、それが形象となるものを「気」ととらえ、「性即理」として二つの原理の統一が説かれたところから、「性理学」とも呼ばれる。南宋の朱子が存在論、修養論として完成させた。

【相生　そうじょう／相剋　そうこく】

五行の気の相互の関係をいう。木火土金水の五気は、以下のような関係をもつ。例えば、木は燃えて火を生じ、火は燃えて灰（土）を造り、土は地中から金を生み、金はその表面に水をつけ、水は木を育てる。

（1）相生

①相生の原則

木気と火気は、相生（木が気エネルギーを火に与える）関係となる。

（火が気エネルギーを木から得る）関係となる。

火気と土気は、相生（火が気エネルギーを土に与える）関係となる。

（土が気エネルギーを火から得る）関係となる。

土気と金気は、相生（土が気エネルギーを金に与える）関係となる。

（金が気エネルギーを土から得る）関係となる。

金気と水気は、相生（金が気エネルギーを水に与える）関係となる。

（水が気エネルギーを金から得る）関係となる。

水気と木気は、相生（水が気エネルギーを木に与える）関係となる。

（木が気エネルギーを水から得る）関係となる。

〈五行の相生の図〉

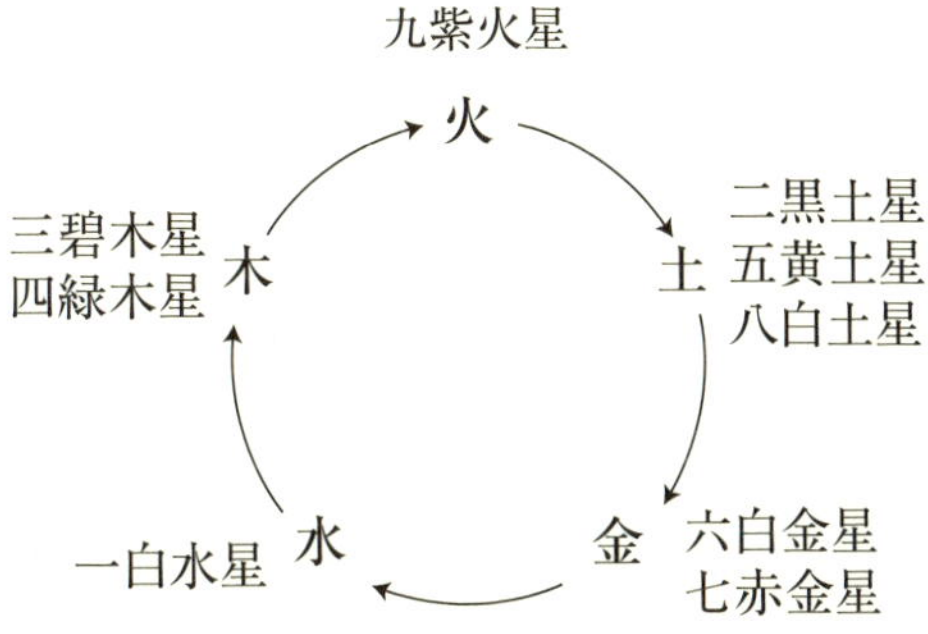

②相生の各論

（イ）生気方（大吉）［本命の気がエネルギーをもらう星の方位］

本　命　星　生気方（大吉）となる九星

一白水星　六白金星　七赤金星

二黒土星　九紫火星

三碧木星　一白水星

四緑木星	一白水星	
五黄土星	九紫火星	
六白金星	二黒土星	八白土星
七赤金星	二黒土星	八白土星
八白土星	九紫火星	
九紫火星	三碧木星	四緑木星

（ロ）退気方（吉）［本命の気がエネルギーを与える星の方位］

本　命　星	退気方（吉）となる九星	
一白水星	三碧木星	四緑木星
二黒土星	六白金星	七赤金星
三碧木星	九紫火星	
四緑木星	九紫火星	
五黄土星	六白金星	七赤金星
六白金星	一白水星	
七赤金星	一白水星	
八白土星	六白金星	七赤金星
九紫火星	二黒土星	八白土星

＊相生ではないが、同じ五行の場合は「比和方　ひわほう」といって、中吉となる。

比和方（中吉）

本　命　星　比和方（中吉）となる九星
一白水星　なし
二黒土星　八白土星
三碧木星　四緑木星
四緑木星　三碧木星
五黄土星　二黒土星　八白土星
六白金星　七赤金星
七赤金星　六白金星
八白土星　二黒土星
九紫火星　なし

（2）相剋

①相剋の原則

木気と土気は、相剋（木が土の気エネルギーを損なう）関係となる。（土が気エネルギーを損われる）関係となる。

土気と水気は、相剋（土が水の気エネルギーを損なう）関係となる。（水が気エネルギーを損われる）関係となる。

水気と火気は、相剋（水が火の気エネルギーを損なう）関係となる。

火気と金気は、相剋（火が金のエネルギーを損なう）関係となる。
（金が気エネルギーを損われる）関係となる。
金気と木気は、相剋（金が木のエネルギーを損なう）関係となる。
（木が気エネルギーを損われる）関係となる。

（火が気エネルギーを損われる）関係となる。

〈五行の相剋の図〉

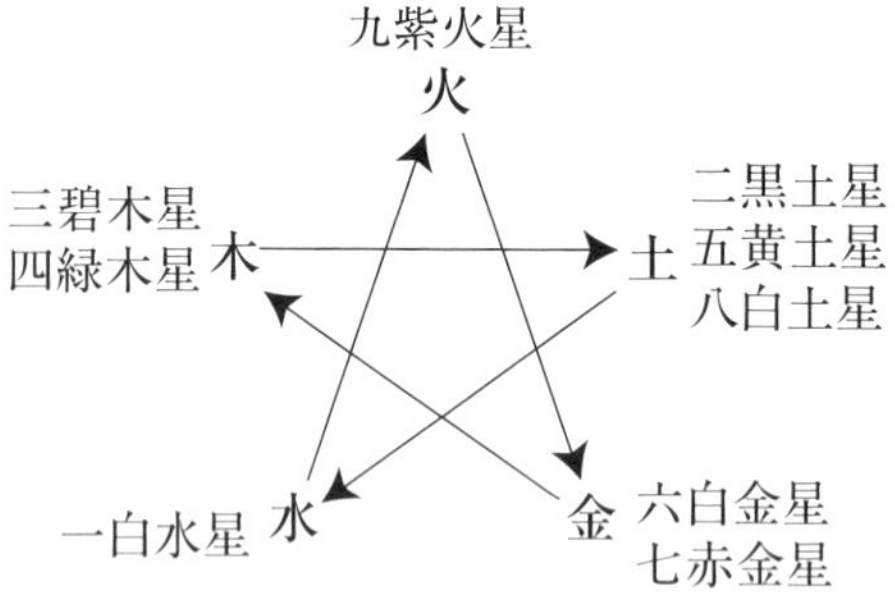

（イ）死気方（凶）［本命の気が相手の気エネルギーをうばう］

本　命　星　死気方（凶）となる九星
一白水星　九紫火星
二黒土星　一白水星
三碧木星　二黒土星　五黄土星、八白土星
四緑木星　二黒土星　五黄土星、八白土星
五黄土星　一白水星
六白金星　三碧木星　四緑木星
七赤金星　三碧木星　四緑木星
八白土星　一白水星
九紫火星　六白金星　七赤金星

（ロ）殺気方（大凶）［本命の気エネルギーが相手の気に奪われる］
本命星　殺気方（大凶）となる九星
一白水星　二黒土星　五黄土星　八白土星
二黒土星　三碧木星　四緑木星
三碧木星　六白金星　七赤金星
四緑木星　六白金星　七赤金星
五黄土星　三碧木星　四緑木星
六白金星　九紫火星

七赤金星　九紫火星
八白土星　三碧木星　四緑木星
九紫火星　一白水星

〈九星相生相剋表〉

九星の吉凶は、五行関係の原則を表したもの。

九星＼吉凶	大吉　生気	中吉　比和	吉　退気	凶　死気	大凶　殺気
一白水星	六白、七赤	なし	三碧、四緑	九紫	二黒、五黄、八白
二黒土星	九紫	八白	六白、七赤	一白	三碧、四緑
三碧木星	一白	四緑	九紫	二黒、五黄、八白	六白、七赤
四緑木星	一白	三碧	九紫	二黒、五黄、八白	六白、七赤
五黄土星	九紫	二黒、八白	六白、七赤	一白	三碧、四緑
六白金星	二黒、八白	七赤	一白	三碧、四緑	九紫
七赤金星	二黒、八白	六白	一白	三碧、四緑	九紫
八白土星	九紫	二黒	六白、七赤	一白	三碧、四緑
九紫火星	三碧、四緑	なし	二黒、八白	六白、七赤	一白

【蔵干　ぞうかん】

十二支が内蔵している十干のこと。月律分野蔵干（げつりつぶんやぞうかん）という。月律とは月のリズムのことで、節入りから何日目に生まれたかによって、地支に含まれる十干が異なる。これを蔵干という。蔵干は、余気、中気、正気の三つに分かれる。月律分野蔵干表については、複数の説があるが、一例を示す。

〈蔵干の例〉

寅の蔵干　余気：戊（節入り日より七日間）
　　　　　中気：丙（七日間）
　　　　　正気：甲（一五日間）

但し、午については内蔵されている十干については、

午の蔵干　余気：丙　余気：丙
　　　　　中気：丁　中気：己
　　　　　正気：丁　正気：丁

のように、中気を「丁」とするか「己」とするかの二つの説がある。

【蔵気　ぞうき】

気学占術のひとつ。気質を見る。気質は本命星、月命星、傾斜を判断するのが基本であるが、これらの他に、蔵気も参考にする。蔵気の出し方は、本命盤と月命盤を作成し、それぞれの盤上で互いに対冲関係になっている同じ星を蔵気という。但し、本命星と月命星が同じ場合は蔵気はない。

〈蔵気の例〉

本命：亥二黒土星
本命盤

月命：巳八白土星
月命盤

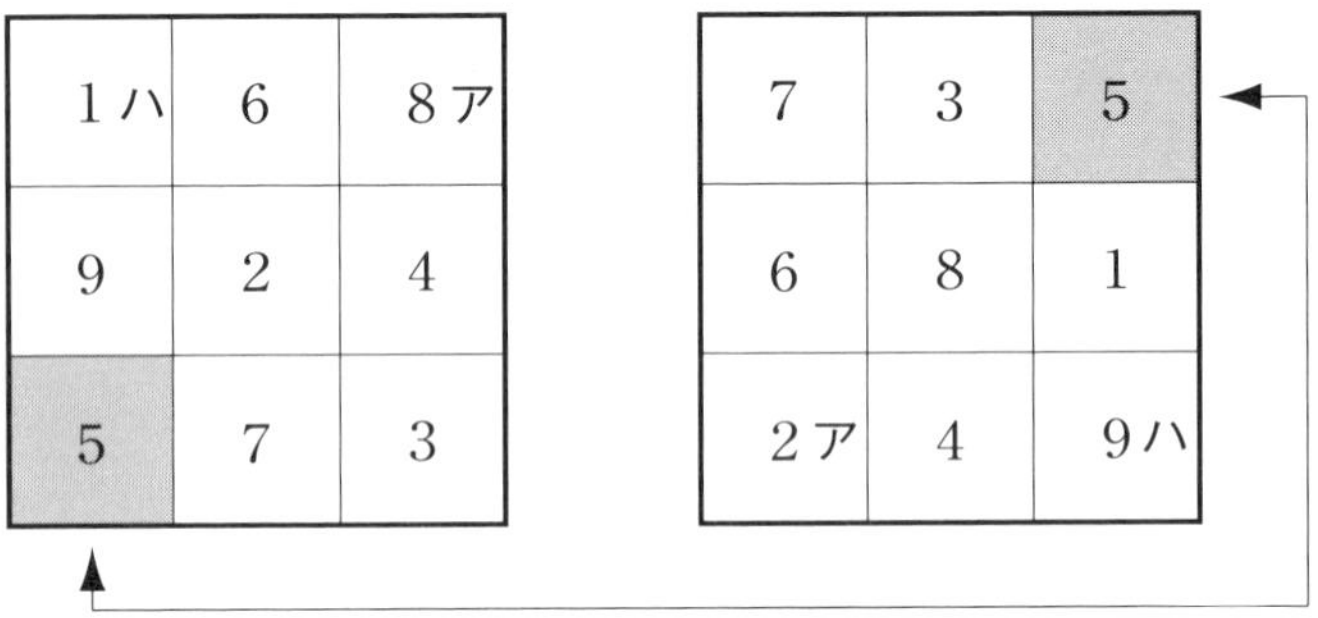

蔵気：五黄土星
この人の気質は、本命星：二黒土星が50%
月命星：八白土星が30%
傾斜星：艮宮傾斜（八白土星）が20%
蔵気：五黄土星（気質把握の参考とする程度）

【卒寿　そつじゅ】

卒の字が「九」と「十」からつくられているところから、九十歳とされる。

【園田真次郎　そのだしんじろう】

日本の気学者（明治九～昭和三十六年）荻野地角を名乗り、大正年間から昭和前半期に気学界をリードした。とくに、戦前、東京に大正館講堂を建てて、東京を中心に活動した。現在の気学の原型は、方道学、方象講義としていたが、園田真次郎とその弟子達によって「気学」と称されるようになった。気学についての多くの著書を著し、弟子を養成した。晩年は日蓮宗に帰依し、気学の論理から外れていった。気学における彼の功績は大きく、気学の核心である五黄土星にとくに注目したが、宋学の「太極」に擬したため、五黄土星の本質に理論上の混乱を招く結果になってしまったが、しかし、五黄土星の本質に正面から迫った点で、その功績は大きいものがある。残念なことに、彼の五黄土星の探究という論理的挑戦が放棄されたまま、今日に至っている。なお、園田真次郎は『方象講義録』『家相奥伝講義録』のほか、数多くの著書があるが現在は絶版。

【太陰暦　たいいんれき】
一般的には太陰太陽暦のこと。明治五年（一八七二年）から採用されたグレゴリオ暦（太陽暦）を「新暦」と呼ぶのに対して、それ以前に使われていた暦を「旧暦」という。旧暦（太陰太陽暦）は太陰暦に二十四節気を表す季節の変化を暦に反映させたもの。そのために十九年の間に七回の閏月を設けた。太陰暦は月の運行、月の満ち欠けの周期的変化を基準としていたため、一ヶ月が二十九日または三十日と定めていた。年間では太陽暦に比べて十一日短いことになる。純粋な太陰暦はイスラム圏で現在でも使われている。

【大陰神　だいおんじん】
陰陽道の八将軍の一つで凶方位。土星の精で、女性にとっての縁談、出産はよくない方位とされるが、学問、芸術に関することは吉とされる。

【胎気　たいき】
三合五行の論を構成する要素である「土行」の役割を明確にした用語。【三合】の項に述べられているように、一般的に三合五行論とは、木局（亥・卯・未）三合、火局（寅・午・戌）三合、金局（巳・酉・丑）三合、水局（申・子・辰）三合から構成されるとされる。しかし、これでは「土行」が欠けており、この五行の「土」の役割を明らかにするための用語が「胎気」なのである。実はここに、表に出ない、「裏三合」とも言うべき三合論が潜んでいるのである。即ちそれは、森羅万象が生まれるための最初のエネルギー、自動車に喩えてみれば最初にエンジンを回す「イグニッションキー（エンジンをかけるキー）の役割を果たす。このエネルギーこそが、寅が出芽するためのエネルギーであり、それが午に初現する熱エネルギーなのである。そしてこの熱エネルギーは戌（土）において保留、強化され、そして、寅に渡され、そこで初めて地中の生命力であった種子が、地上、即ち大気現象の次元に顕れて、寅の出芽の現象が成立することができる。この土局三合、即ち、午（生）—戌（旺）—寅（墓）が前提とされて、はじめてその他の三合が永久にとどまることなく回り始め、尽きることのないエネルギーの展開が成立するのである。このように、この「土局三合」の存在があって、はじめて十二支の気エネルギーは、止まることなく展開することができる。

この土旺の役割を担う戌がもつ気を胎動させる作用を「胎気」という。安産を願って、身籠もった女性が、戌の日や戌月（十月）に神社にお参りするのも、胎児にエネルギーを与え、元気な子を安産したいという考え方が継承されているもの、といえるのである。

但し、実は戌（土）だけが胎気なのではなく、丑、辰、未のすべての土が別の意味で胎気の役割を果たしている。というのは、三合五行の図からわかるように、戌（土）の次が亥（木局の生）、丑（土）の次が寅（火局の生）、辰（土）の次が巳（金局の生）、未（土）の次が申（水局の生）となって、生—旺（木、火、金、水）—墓のサイクルが始まるように、戌、丑、辰、未の土は、いずれも、「木」「火」「金」「水」それぞれの元となっているということなのである。次の図は、後天定位盤のように、土を中央においた図（土央の図）で、裏三合の土を担う胎気の戌と同様に、土はすべて胎気としての役割を担っていることを図示している。

〈土央の図〉

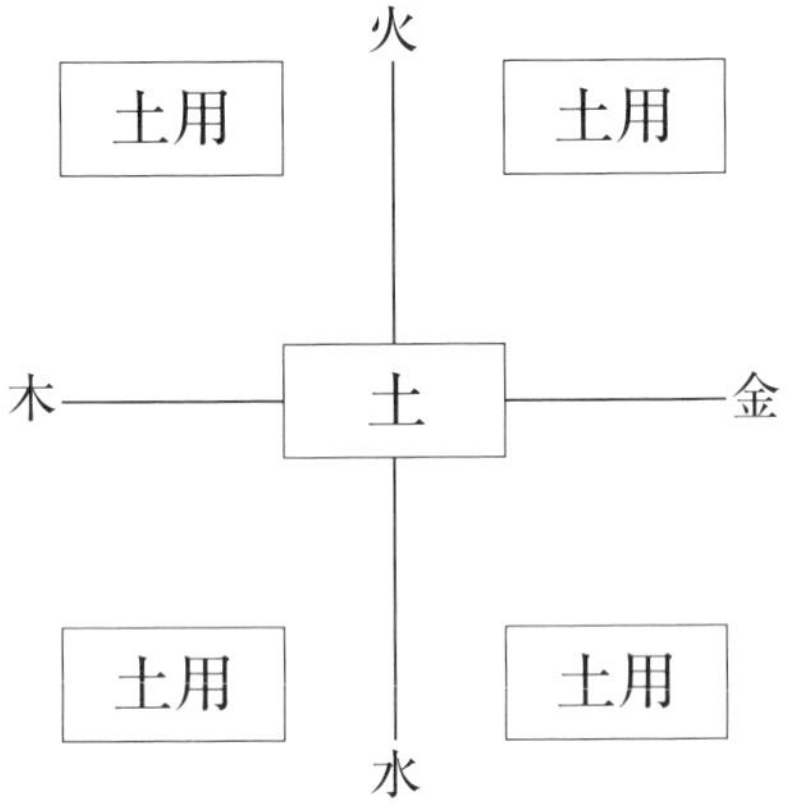

【退気　たいき】

木火土金水の五行の相生の関係法則の一つ。相生には生気と退気がある。退気は九星のそれぞれの星からみて、自分のエネルギーを与える星をいう。エネルギーを与える側が親星、与えられる側が子星ともいう。子星となる星が退気（吉）となる。一白水星の子星は三碧木星と四緑木星であり、退気星となる。木は水を得て育つからである。二黒土星、五黄土星、八白土星の子星は六白金星と七赤金星であり、退気星となる。土の中から金属が出てくるからである。三碧木星と四緑木星の子星は九紫火星であり、退気星となる。木が燃えて火となるからである。九紫火星の子星は二黒土星、五黄土星、八白土星であり、退気となる。火が燃えて灰となり土となるからである。

ある。六白金星と七赤金星の子星は一白水星であり、退気となる。金属から水滴（水）が生まれるからである。

〈相生の退気〉【相生　そうじょう／相剋　そうこく】参照

木気　➡　火気
火気　➡　土気
土気　➡　金気
金気　➡　水気
水気　➡　木気

【太極　たいきょく】

易繋辞伝（上）に見える言葉。その言葉によれば、まず、陰陽混一の状態の太極があり、この太極から陰と陽の二気が成立する。それに続いて、四象、八卦と展開していくのであるが、その万物万象の気のスタートを太極と称し、それを図説化したものを太極図という。この太極を理（理法、哲学的表現では形而上に属し「無」）とみるか、気（モノであり、形而下に属しているので「有」）とみるか、宋代以降大論争となった。【陰陽五行論　いんようごぎょうろん】参照

〔太極図　たいきょくず〕

太極を表す図。陰陽魚ともいわれる。

〈太極図〉太極図には、陽気がきわまる午の位置に陰の兆しが描かれ、陰気が極まる子の位置に陽の兆しが描かれている。つまり、陰気と陽気は常に「一にして二、二にして一」の不即不離の関係としてとらえられている。

〔移転と太極〕

気学では、「移転によって、太極が移動する」とされる。太極とは、中国の易や朱子学において陰陽二気の混沌とした状態であり、それは万物の根源であるとして定義されている。しかし、気学でいう太極、しかも、主に移転の場合で言われる太極とは、自然の気という広い意味ではなく、より狭い意味での人と生々の気との関係のことである。即ち、気学での「太極」とは、生々の気で充実し補正された人の本命の気の状態のことであり、生々の気＝大気を区切った家屋で寝食を繰り返すことによって、本命の気は生々の大気と同調し、太極が確立するのである。その同調状態成立は最短で四十五日の連続宿泊を必要とする。それによって、その人の本命の気と生々の気とのスムーズな同調が成立するのであり、気学では、そのような本命の気と家の「関係」を太極というのである。

また、太極の気が展開している図である後天定位盤の一白水星から九紫火星までの数象の合計が四十五であることに基づいて、その人の本命の気（太極）が新たに区切られた家の大気（生々の気）に同調するまでに四十五日間の連泊が必要とされるのである。このように、気学において太極とは、限られた場である家から生々の気を受け取っている本命の気のことである。従って、新居など移転先に寝泊まりの場を移せば、その人の本命の気（太極）は、新たな家に移転して四十五日間を経て、本命の気が移転先の家に区切られた大気（生々の気）に同調するまでは、移転前の住所を方位の原点として方位を定めるということだけであって、そこに住んでいた人の気が、あたかも「気の抜け殻のように」その家に「太極」として残っているわけではないのである。従って、巷の気学でいう「移転して、これまで住んでいた家屋を解体するのは、空き家にしてから四十五日間が経過してからでなければ身体に災いが起きる」などという話は、何の根拠もないのであり、本命の気、太極（生々の気）、住居の三者の関係を正しく理解できていない。

【太極貴人　たいきょくきじん】
四柱推命の用語。四柱推命の特殊星の一つ。天乙貴人に次ぐ星で社会的に成功し、災危から守られる。人からの援助がある。

【太歳神　たいさいじん】
陰陽道の八将軍の一つ。木星の精とされ、万物を育成することに吉とし、普請、移転、縁談などに吉とされる。その年の干支（十二支）の方位にある。

【大将軍　だいしょうぐん】

陰陽道において方位を司る八将軍の一つ。金星の精とされ、金神ともいわれる。万物を滅ぼす凶神とされ、この方位を犯せば病気、障害に見舞われる凶神。動土、旅行をはじめ万事に凶とされる。

【対冲　たいちゅう】

一対となって向かい合っている関係。特に気学では、このような関係を重視し、論理に組み込んでいる。例えば、五黄殺の対冲が「暗剣殺（ア）」、その年、月、日、時刻の十二支の対冲が「破（ハ）」本命殺の対冲が「本命的殺（的殺）」とされる。

〈例〉平成三十年（戊戌九紫火星）の年盤

2018年（平成30年）
戊戌九紫火星年　年盤

		南		
	8ハ	4ア	6	
東	7	9	2	西
	3	5	1	
		北		

年盤、月盤、日盤、刻盤の遁行四盤において、九星または十二支の向かい側を対沖と呼ぶ。十二支では、子の対沖は午、以下、丑と未、寅と申、卯と酉、辰と戌、巳と亥の関係を対沖という。十二支（年、月、日、刻）の向かい側は破（ハ）となり、三大凶方となる。五黄土星が回座する宮の向かい側の宮には三大凶殺である「暗剣殺」（ア）の文字が付く。本命星の向かい側は本命的殺（的殺）という凶方となる。

【太一九宮法　たいいつくうぐうほう】

詳細は不明だが、漢代の書『淮南子』天文訓、『史記』「天官書」に太一、九宮の言葉が見える。太一を天の中心とする北極神とし、易の八卦が九宮を巡っていく占術。九星と遁行が気学と類似しているが、占術のレベルで運命学としての発展はなかった。

【太陽暦　たいようれき】

明治六（一八七三）年一月一日から使用された暦で、現行のグレゴリオ暦のこと。新暦ともいう。地球が太陽の周りを一周する時間を一カ年と定めた暦で、旧暦が月の満ち欠けによる時間の経過を暦の基準としたのに対して、新暦は太陽の黄道上の運行による時間の経過を暦の基準とした。一年を三百六十五日とし、四年毎に閏年を設定して三六六日とした。

【高島嘉右衛門　たかしまかえもん】

横浜出身の実業家、易断家（一八三二〜一九一四年）。号は呑象。実業家として活躍したが、易断家としても有名で、「易聖」とわれている。『高島易断』を著した。特に明治の元勲伊藤博文との易をめぐる逸話は有名。

【宅心　たくしん】
家相の用語。宅心は家屋の中心。太極ともいわれる。家屋の外郭の吉凶や間取りの吉凶、敷地内の吉凶を判断する方位の原点となる。中心の出し方は重量法と面積法がある。気学で宅心が重視される理由は、人が家（住居）に居住することによって、水気、火気を輩出する三備（トイレ、風呂場、キッチン）の間取りが後天定位盤の生々の気に影響を与える。家相や間取りの吉凶は、すべて宅心から家相盤で八方位を定めて判断する（宅心の原則的な求め方は二九～三三頁参照）。なお、宅心エリア内には、三備（さんび）といわれるトイレ、風呂場、キッチン及び階段は、設置しないことが望ましい。【家相　かそう】【三備　さんび】参照

【断易　だんえき】
占術のひとつ。一説では中国の春秋戦国時代に鬼谷子（きこくし）が作ったとされている。易卦の六つの爻に十二支を割り振り、十二支の陰陽と五行の相生相剋によって判断するため、「五行易」ともいわれる。

【地支　ちし】
十二支のこと。十干を天干というのに対して地支という。【十二支　じゅうにし】参照

【地相　ちそう】

土地の吉凶（良し悪し）のことを地相といい、人が住むのに相応しいかどうかをみる。住居のための地相は敷地という。土地は方形がよいとされ、三角地、T字路突きあたり、神社仏閣の真向い、一辺が大きく欠けている場合は避けなければならない。古代中国では最良の土地のことを「四神相応の地」と呼び、東に川（青龍）、南に湖沼・平野（朱雀）、西に通り（白虎）、北に山（玄武）に囲まれた土地が理想とされた。京都はその例とされている。【四神相応　しじんそうおう】参照

〈四神の配置図〉

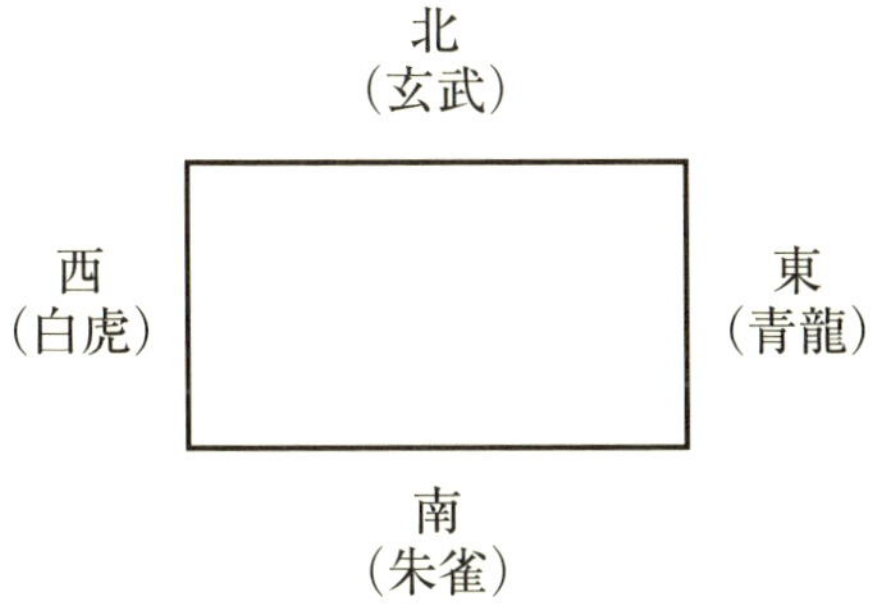

【冲　ちゅう】

十二支を円に描いて正面（向かい側）に位置する支との関係を冲という。また、気学では一組になって向かい合う関係を対冲と称し、凶神である破（ハ）の論拠になっている。冲は衝突、破壊、戦い、動揺、分離を表す。四柱推命の命式において、家族関係をみる場合の凶の意味合いが強い。

［十二支対冲関係］　子↔午　丑↔未　寅↔申

卯↔酉　辰↔戌　巳↔亥

〈十二支対冲関係〉

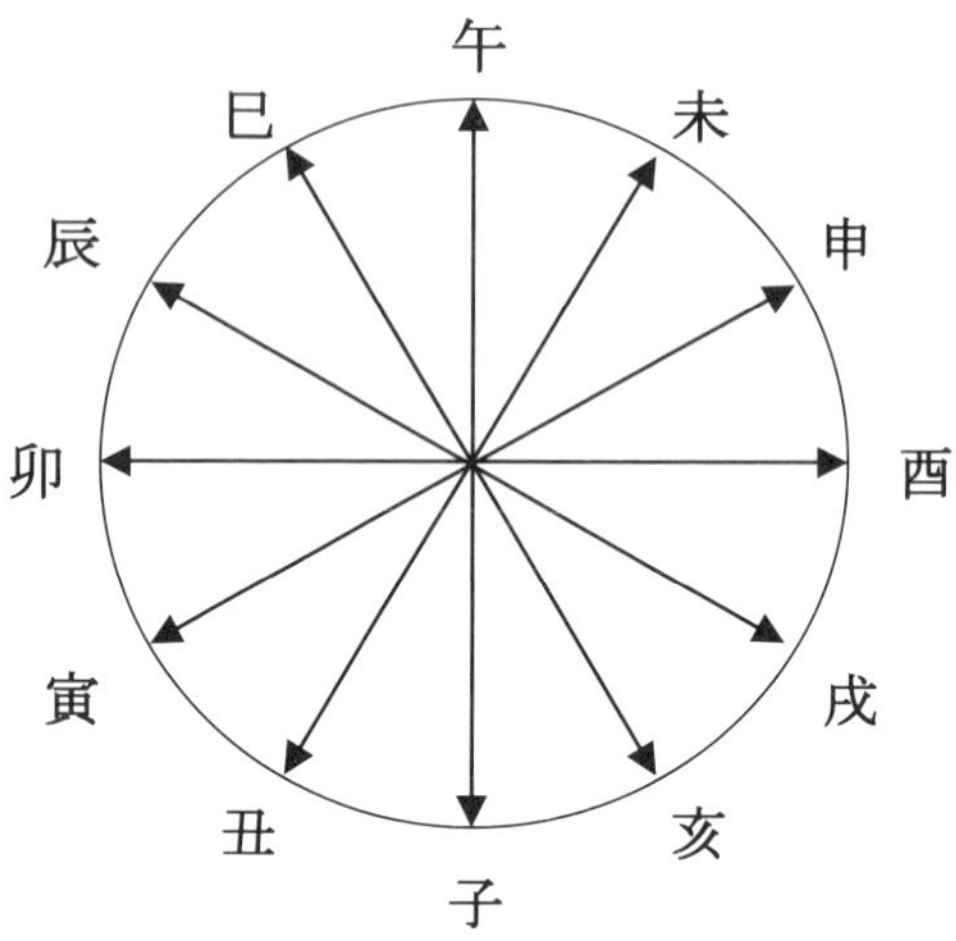

【中気　ちゅうき】
四柱推命の蔵干の用語。余気と正気の間の期間の十干をいう。【蔵干　ぞうかん】参照

【中宮　ちゅうぐう】
後天定位盤または遁行盤の中央の宮のこと。【宮　ぐう】参照

【中宮傾斜　ちゅうぐうけいしゃ】
特殊傾斜のこと。本命星と月命星が同じ星で傾斜がないこと。【傾斜　けいしゃ】参照

【中元　ちゅうげん】
三元のひとつ。旧暦七月十五日をいう。中国では古来からこの日は十五夜の夜で満月の日に半年間の無事を祝うとともに盂蘭盆の行事を行い、祖先を供養することがもともとの本旨であった。後に中元の時期に行う贈り物を指すようになった。また、中元の日を人々が自身の穢れを祓うために神を祝う習慣があったとされ、それが日本に伝わり盂蘭盆の行事と相まって盆の贈答儀礼として今日に至ったといわれる。【三元　さんげん】参照

【仲春　ちゅうしゅん】
春（二月～四月）の三ヶ月の真ん中の月。旧暦の二月。十二支では卯、気学では三碧木星が配当される。

【中女　ちゅうじょ】

九紫火星の象意のひとつ。易の卦は☲第二爻が陰爻であり、陰爻が一本であることから中女とされる。中女というのは中の娘、中年齢の女性を指すばかりではなく、落ち着きのある女性をいう。四緑木星は、第一爻が陰爻であるところから長女とされ、七赤金星は第三爻が陰爻であるところから少女とされる。

【中男　ちゅうなん】

一白水星の象意のひとつ。易の卦は☵第二爻が陽爻であり、陽爻が一本であることから中の男とされる。中男というのは中の男、年齢が中年というばかりでなく、言動がある程度落ち着きのあることを指す。三碧木星は第一爻が陽爻であることから長男とされ、八白土星は第三爻が陽爻であるところから少男とされる。

【中庸　ちゅうよう】

儒教では四書のひとつ。もともとは『礼記』の中の一篇。四書のうち「大学」が入門書のレベルであるのに対して、「中庸」は、最後に読むべきレベルの内容とされている。「中」は『偏らない』の意味、「庸」は『平常』という意味であるが、実際の思想内容は深い意味を含んでいる。

【張横渠　ちょうおうきょ】

名は載（一〇二〇～一〇七七年）。中国北宋期の儒学者。「気」の哲学の創始者。程明道、程伊川の親戚。二程子に会い学問的影響をうける。著書に『正蒙』『西銘』がある。周廉渓のいう太極を気ととらえた。気学の核心である「気」は張横渠が説く「気」と近い。

【彫金　ちょうきん】
七赤金星の象意の一つ。六白金星が土の中の純粋な鉱物を指すに対して、七赤金星はその鉱物を加工して人が使う形にした飾り物や指輪などのアクセサリーを指す。

【長生　ちょうせい】
四柱推命の用語。【十二運　じゅうにうん】参照

【調木　ちょうぼく】
四緑木星の象意の一つ。三碧木星の木は育ったままの純粋な木を指すのに対して、四緑木星の木は人が使いやすいように調えられた家具などを調木という。

【通変星　つうへんせい】
四柱推命の日干から見た他の十干との関係を表したもので、人の気質、ライフスタイルなどを判断する重要な要素。通変星には、「比肩星」「劫財星」「食神星」「傷官星」「偏財星」「正財星」「偏官星」「正官星」「偏印星」「印綬星」がある。「変通星」ともいう。

〈通変星早見表〉

通変星＼日干	甲	乙	丙	丁	戊	己	庚	辛	壬	癸
比肩（ひけん）	甲	乙	丙	丁	戊	己	庚	辛	壬	癸
劫財（ごうざい）	乙	甲	丁	丙	己	戊	辛	庚	癸	壬
食神（しょくじん）	丙	丁	戊	己	庚	辛	壬	癸	甲	乙
傷官（しょうかん）	丁	丙	己	戊	辛	庚	癸	壬	乙	甲
偏財（へんざい）	戊	己	庚	辛	壬	癸	甲	乙	丙	丁
正財（せいざい）	己	戊	辛	庚	癸	壬	乙	甲	丁	丙
偏官（へんかん）	庚	辛	壬	癸	甲	乙	丙	丁	戊	己
正官（せいかん）	辛	庚	癸	壬	乙	甲	丁	丙	己	戊
偏印（へんいん）	壬	癸	甲	乙	丙	丁	戊	己	庚	辛
印綬（いんじゅ）	癸	壬	乙	甲	丁	丙	己	戊	辛	庚

（1）比肩星（ひけんせい）

この星は自己を否定されるのを最も嫌い、自己が認められることを渇望する。この人の気質は、かなりの負けず嫌いで、周囲の人と対立したり、論争したり、心はいつも緊張状態にある。自営業、あるいは組織の中で自分の城を作れる職種であるエンジニア、技術屋などに向いている。

（2）劫財星（ごうざいせい）

この星は、通説では、「財を奪い取る」の意味で凶星とされている。しかし、正しくは、劫財星の特徴は相手に気を遣い、睦まじく付き合い、仲間意識を作るなどの社交性が豊富で、こうして相手の心をつかみ、この流れのなかで、それとなく自己主張をして周囲を動かして自己実現をしていくという星。特に、比肩星と違い、社交性に長けて、人付き合いを苦にせず、対人関係の対応が得意である。

（3）食神星（しょくじんせい）

この星は自我の欲望の物質的な面、趣味的な面を担う星。この星の特徴として、ロマンチストが多く、美しさに憧れが強いためモデル、デザイナー、骨董品や美術商を営むケースも多く見られる。ただ、多くの場合、この星がもつパワーを昇華できず、他方で、労せずして親の財産を受け継いだり、助けられたりして衣食住に困らない生活ができるため、肉体労働を好まない人が多い。

（4）傷官星（しょうかんせい）

この星は、内向的、情緒的で、気分、感性、価値観の満足を求める星。自分で完全に納得しなければ満足せず、完璧主義となる。自己愛が強く、神経質で感性が鋭く、潔癖症タイプ。頭の回転は速く情緒的な分野にすぐれた才能をもっている。この星が多いと、公官庁や企業などの組織での対応能力を損なうことを暗示している。

（5）偏財星（へんざいせい）

この星は、通説では財力、資財を無手勝流に獲得するという意味だが、それだけではなく、自我の生かし方を司る「才」をも意味する。つまり、偏財星とは、その人の資質（才能、資質）を使うことを司る星である。この場合の才能、資質というのは、純粋な芸術的才能だけではないことが多く、悪く言えば「ごった煮的な」才能、通俗的な資質、さらには衣食住への渇望をも意味している。気前がよく、いわゆる〝金離れのよい人〟が多いので人にも好かれるタイプ。

（6）正財星（せいざいせい）

この星は、世間の枠をはずしたりせず、アウトローにもならず、合理的に才能を使いこなしていくのが特徴の星。基本的に「正」は優等生、模範生、但し気迫に欠ける、と言うことができる。従って、正財星をもっていると、常に正道を歩くことを価値観としてもっていて、その中で自分の資質を上手く生かして、生きていくタイプとなる。頑固、融通がきかず真面目で、生活面でも浪費を許さぬ細かさがある。

（7）偏官星（へんかんせい）

この星は法律、ルールをはみ出して、大胆な行動に出る星。この星をもつ人はアウトロー的な行動をとる傾向にある。常識にとらわれない言動や頭の回転の速さ、個性や個性的な気質の人ということになり、勝ち気で、度胸がある。このため、気迫が周囲を圧倒するので敵も味方も多くなる。男女を問わず多かれ少なかれ、権力志向、策略好き、強い闘争心や決断力をもっている。

（8）正官星（せいかんせい）

この星は王道を歩いて出世する星。この星をもつ人は専ら常識の枠内で行動し、四角四面の対応をする人。文字通り、秩序と規律を重んじ、組織の上司に順う星。この星を持つ人は、品行方正で礼儀正しく、バランス感覚もすぐれており、その意味で、組織の大小、形態を問わず、組織の中で力を発揮できるタイプとなる。もちろん、組織をコントロールしよう、人の上に立ちたいという上昇志向はしっかりともっている。

（9）偏印星（へんいんせい）

この星は天才肌、他人を魅了する知識と話術をもつ人にこの星が多いのが特徴。この星の人は、好奇心も旺盛で、貪欲な知識欲の求めるままに、ストレートの行動をとる。偏印星は別名「倒食（とうしょく）」といわれ、従来、貧乏神、嫌われる星として扱われている。しかし、気質的には、パワーがあり、才覚のある自由人タイプなので、世間で頭角を表そうとすれば、芸術、芸能、学者などの職業が向いている。

（10）印綬星（いんじゅせい）

この星は、官位を得ること、出世を意味する。ここから、印綬星とは、組織から認められ、名誉と人望が集まる星であり、立身出世の表街道を歩むことを司る星となる。そのほか、この星は学問、研究、智恵、技芸、家柄などの領域を司る。偏印星が「直感型、閃き型」であるのに対して、印綬星は「理詰め型」に象徴される星。「聡明さ」「品のよさ」は、その典型と言える。

【程伊川　ていいせん】

宋代の儒学者（一〇三三～一一〇七年）。程明道の弟。名は頤。人間の性を天理の顕れとし、「性即理」として人欲を否定的にとらえ、情や欲を完全にコントロールする厳格主義的な儒学が特徴。

【帝旺　ていおう】

四柱推命の用語。十二運のひとつ。【十二運　じゅうにうん】参照

【程明道　ていめいどう】

宋代の儒学者（一〇三二～一〇八五年）。名は顥、程伊川の兄。程明道は周廉渓が太極を天地の根源としたのを、天地生々の気として、気と理を峻別しないところに特徴がある。弟の伊川が厳格主義をとり、朱子の路線に近いのに対して、明道は理よりも気を重視して、おおらかな立場をとった。

【的殺　てきさつ】

本命的殺の略称。【五大凶殺　ごだいきょうさつ】参照

【天縁の星　てんえんのほし】

気学の用語。本命盤と月命盤との同会法を用いた、二人の人の関係を鑑定するための占技。

［手順］

（1）一方の本命盤と月命盤を作成する。

（2）一方の本命盤と月命盤との間で、以下の手順で九星を求める

①本命盤での月命星が月命盤で同会する九星を求める。

②月命盤での本命星が本命盤で同会する九星を求める。

（3）本命星、月命星と①、②で求められた九星を書き出す。

（4）次に他方の本命盤と月命盤を作成し、（2）と同様の手順で求められたすべての九星を書き出す。

①、②で選び出されたふたりのそれぞれの星のうち、二人に共通している星を「天縁の星」という。「天縁の星」は二人の間を取り持つ人（助けてくれる人）の本命星を暗示している。

〈天縁の星の探し方　例〉

Aさん（男性）昭和６０年5月１０日
Bさん（女性）平成２年３月２１日
Aさん：本命星　丑六白金星　月命星：巳二黒土星

本命：丑六白金星　　月命：巳二黒土星

本命盤

5	1	3ハ
4	6	8
9	2	7ア

月命盤

1	6	8ア
9生	2	4道
5	7	3ハ

一白水星　◎
二黒土星

六白金星
七赤金星　◎

Bさん：本命星　午一白水星　月命星：卯七赤金星

本命盤

9	5	7
8	1	3
4	ア6ハ	2

月命盤

6	2	4道
5	7	ア9ハ
1生	3	8

一白水星　◎
四緑木星

七赤金星　◎

選び出されたAさんとBさんに共通する星◎は、一白水星と七赤金星である。従って、二人の間に縁のある人は本命が一白水星か七赤金星の人ということがわかる。

（AさんとBさんとの間の天縁の星は、一白水星と七赤金星となり、それぞれの星の象意から、二人の間には穏やかで地味な面での縁がある。しかも、ふたつの星は互いに相生であるから相性も良い、そのうえ、本命星と月命星が天縁の星と一致するBさんには、Aさんがとても相性が良いということになる）

【天乙貴人　てんおつきじん】

四柱推命の用語。神殺のひとつ。あらゆる災いから守られるとされる良い星。日柱にあれば最も良い。良い運に恵まれる。上司などから引立てを受ける。

【天干　てんかん】

十干の別称。地支（十二支）の対語。【十干　じっかん・じゅっかん】参照

【天空　てんくう】

陰陽道の神。十二天将（じゅうにてんしょう）の一つ。土を司る。

【天道　てんどう】

主として気学の月盤の吉神（気エネルギーの最も高い方位）の名称（対冲の生気も同様）。月ごとに移動する。天道の決め方の基本は、月の十二支の三合論にある。三月、六月、九月、十二月以外は、生―旺―墓の三合の組み合わせのうち、生と墓の月十二支の旺の方位が天道の座位、対冲が生気の座位となる。三月、六月、九月、十二月はそれぞれ墓にあたる十二支の方位、即ち、三月は未申、六月は戌亥、九月は丑寅、十二月は辰巳が天道、その対冲

が生気となる（次の早見表を参照）祐気どり（御神砂とり）は、月盤で天道方位か生気方位にて行う。但し、その方位が年盤で三大凶殺がない場合に限る。【御神砂とり　ごしんさとり】参照

〈天道・生気早見表〉

月／方位	天道方位	生気方位
寅 2月	南	北
卯 3月	坤	艮
辰 4月	北	南
巳 5月	西	東
午 6月	乾	巽
未 7月	東	西
申 8月	北	南
酉 9月	艮	坤
戌 10月	南	北
亥 11月	東	西
子 12月	巽	乾
丑 1月	西	東

【天徳　てんとく】

四柱推命の用語。天徳（天徳貴人、天徳合）には凶を平運、吉を大吉にする働きがあるとされる。

【天徳貴人　てんとくきじん】

四柱推命の用語。神殺のひとつ。凶を平運にし、吉を大吉にする働きがあるとされる。

【天徳合　てんとくごう】

四柱推命の用語。月徳合と同じとされる。この方位に向かい、事を為せば吉を招くとされる。

【天徳星　てんとくせい】

本命盤と月命盤の同会法を使って、男女の共通の価値観、惹かれあうポイントを探り出す気学の占技。

〈天徳星 探し方 例〉

Aさん（男性）昭和三十五年四月二十日生まれ　本命星　庚子四緑木星　　月命星　庚辰六白金星

（一）本命盤上で、三大凶殺のある星、三碧木星、五黄土星、八白土星を塗りつぶす。

（二）月命盤上で、三大凶殺のある星、五黄土星、七赤金星を塗りつぶす。

〈天徳星 探し方　例１〉

Ａさん（男性）昭和３５年4月２０日生まれ

本命星：子四緑木星
本命盤

３ア	８ハ	1
2	4	6
7	9	5

月命星：辰六白金星
月命盤

5	１生	3
4	6	8
9	２道	ハ７ア

Bさん（女性）昭和三十二年六月二十二日生まれ　本命星　丁酉七赤金星　月命星　丙午四緑木星

（一）本命盤上で、三大凶殺のある星、五黄土星、三碧木星、八白土星を塗りつぶす。

（二）月命盤上で、三大凶殺のある星、五黄土星、一白水星、四緑木星を塗りつぶす。

〈天徳星 探し方　例2〉

Bさん（女性）昭和３２年6月２２日生まれ

本命星：酉七赤金星
本命盤

6	2	4
5ハ	7	9ア
1	3	8

月命星：午四緑木星
月命盤

生3ア	8	1
2	4	6
7	9ハ	5道

後天定位盤

4	9	2
3	5	7
8	1	6

以上のAさん、Bさんのそれぞれの盤で塗りつぶした宮を後天定位盤で、同じように塗りつぶす。

塗りつぶされていないで残った宮、坤宮（二黒土星）、艮宮（八白土星）が、二人の天徳星となる。

＊五黄土星は常に除く

〈結論〉Aさんと Bさんの共通の天徳星は、二黒土星、八白土星ということになり、堅実、働き者、貯蓄好き、不動産に関心が深い、粘り強いという気質、価値観が共通している、と鑑ることができる。

【天門　てんもん】

西北（乾）の方位のこと。十二支は戌と亥。陰陽道では災いが出入りする方位とされ、天門を鎮めることで家運が栄えるとしている。

【同会　どうかい】

後天定位盤と年盤、あるいは年盤と月盤などの盤を重ねて、上下に重なる盤の象意、吉凶神の影響関係をみて、方位の吉凶、運気の強弱を判断する占法。

【同会法　どうかいほう／被同会法　ひどうかいほう】

二種類の盤を重ねて、特定の本命星の方位の吉凶、運気の強弱を推断する技法。

月の方位の吉凶、運気の強弱と推断する場合

〈同会法〉月盤を年盤上に重ねて月盤上の推断したい本命星（九星）が年盤のどの九星に重なっているか、その重なっている宮とその宮の九星の象意を読みとる。

〈被同会法〉年盤を月盤の上に重ねて、推断したい九星の年盤上の宮が、下の月盤のどの宮と重なっているか、その宮とその象意を読みとる。

〈例〉本命星が六白金星の人、平成三十年五月の月運

平成三十年五月の月盤（丁巳二黒土星）　平成三十年の年盤（戊戌九紫火星）

〈同会法・被同会法　例〉

①同会法

②被同会法

1	6	8ア
9生	2	4道
5	7	3ハ

平成 30 年 5 月の月盤
巳二黒土星月

8ハ	4ア	6
7	9	2
3	5	1

平成 30 年の年盤
戊九紫火星年

①同会法：本命星六白金星の人の五月は月盤で離宮に回座し、年盤で離宮で、暗剣殺を帯同した四緑木星に同会している。従って、今月の運気は九紫火星と四緑木星の象意作用、それも暗剣殺を同しているので、波乱気味になる。

②被同会法：本命星六白金星は年盤で坤宮に回座しており、五月は月盤の暗剣殺を帯同した八白土星に被同会しているため、今月は環境や気持ちのちょっとした変化がおきるので、それに惑わされないように注意することが必要となる。但し、被同会法は同会法に比べて、信頼度は低い。

①同会法、②被同会法を通じて、ともに暗剣殺を帯同する月なので、要注意の月となる。

【淘宮術　とうきゅうじゅつ】
江戸時代の横山丸三の創始によるとされている運命学。「淘」は癖を直す、洗練することの意味。「宮」は人の受胎日の年月日を干支に直して捉える「気質」のこと。

【特殊傾斜　とくしゅけいしゃ】
中宮傾斜ともいう。傾斜法において、本命星と月命星が同じ場合をいう。傾斜がない。【傾斜　けいしゃ】参照

【特別祈願　とくべつきがん】
神社の拝殿において一般の拝礼の他に特別な祈願を行うこと。神職が神前にて執り行う。健康祈願をはじめ、家内安全、旅行、安産、良縁、合格、八方除け、開運、厄除け、交通安全、商売繁盛、必勝など様々な祈願がある。

【床の間　とこのま】

家相の用語のひとつ。日本建築において和室の正面奥（上座）を一段高くした場所で、掛け軸、置物などの工芸品、花などを飾る。家相では床の間の方位は西北に設置する。後天定位盤と同会する方位で、気を調える方位、東南（巽）を向くようにするためである。

【歳徳神　としとくじん】

陰陽道においてその年の福（吉）を司る。歳徳神のいる方位を「恵方（えほう）」「明きの方（あきのかた）」といい、万事に吉とされる。歳によってその方位は違う。【恵方　えほう】参照

【土砂法　どしゃほう】

神社の境内の砂を採取すること。気学の御砂祓い（みすなばらい）と目的はほぼ同様だが、吉方の決め方、御砂のまき方などは種々雑多で「おまじない」の域を出ていない。

【土用　どよう】

暦の雑節のひとつ。四季（春・夏・秋・冬）それぞれの間に位置し、春の土用、夏の土用、秋の土用、冬の土用の四種類に分かれる。一般には、七月の土用だけが「夏の土用」として広く知られているが、暦学の雑節としても、気学のうえからも「四季の土用」はすべて同様の注意期間となる。

思想的には五行思想に由来し、気学では「土」が活発に働く期間とされ、この期間内での敷地内での動土（土いじり）などは、禁忌とされている。自然界において、土気は生滅両面の作用をもち、この土気の作用によって四季

が移り変わっていくからである。例えば、冬の土用は一月一七日頃から二月の三日頃までの期間を指し、この約一八日間に土気の作用によって、冬（晩冬）の気が消滅し、次の春（初春）の気が生まれることによって、四季が滞りなく推移していくのである。年に四回あり、月日は次のとおりである。

春の土用：四月十七日頃～五月四日頃　　夏の土用：七月十七日頃～八月六日頃
秋の土用：十月十七日頃～十一月六日頃　　冬の土用：一月十七日頃～二月三日頃

このように、これらの四季の土用は、それぞれ約一八日間続くのであり、また、土用の終了した翌日は、それぞれ立春、立夏、立秋、立冬になるので、これをまとめて「四立十八天」ともいう。

〈土用の時期の注意事項〉

気学では、この間は、動土（土いじり）は行ってはならないとされる。厳密には、自分の敷地内の土が対象になり、土を掘り起こす配管工事、基礎を地中に埋める建築工事は勿論、敷地内の土の掘り起こし、土にふれるような行いなどは、激しい変化作用の土気を体内に吸いこむので、体調を崩すことになる。土用中の工事が変更できない場合は、土用の始まる前にあらかじめ敷地内の土を動かしておくという便法をとる。公的機関の決定によって土用や年盤、あるいは月盤で土用や五黄土星中宮の時期に、敷地内を掘り起こされる場合、例えば、下水道ガス管等の工事、道路整地で敷地内、あるいは敷地が接する場合は、土用に入る前に、わずかでも土をいじっておくこと。方災切りの九紫火星、六白金星、三碧木星などの御神砂を当該箇所にまくことによって対応する。このように戸建ての場合、敷地内の土作業は、敷地内に住む人に影響を及ぼすが、マンションやアパートなどの集合住宅の場合は、方災切りの御神砂で対応すること。なお、土用期間中の御神砂とり、御神砂まきは、心配なく行うことが出来る。

【遁行　とんこう】

年盤、月盤、日盤、刻盤などの九星盤の九星が、定められた順路で、九宮を移動すること。

九星が年盤、月盤、日盤、刻盤の九宮を巡りゆくこと。次の順序で進む。中宮→乾宮→兌宮→艮宮→離宮→坎宮→坤宮→震宮→巽宮。人の本命星が毎年、毎月と九宮を巡っていき、各宮に回座することで年運、月運を観ることができる。盛運期は四期あり、坤宮は盛運第一期、震宮は盛運第二期、巽宮は第三期、中宮は第四期となる。衰運期は五期あり、乾宮を第一期、兌宮を第二期、艮宮を第三期、離宮を第四期、坎宮を第五期とする。但し、日盤、刻盤は陰遁期、陽遁期があり、九星の順番が逆になる。

〈九星遁行〉

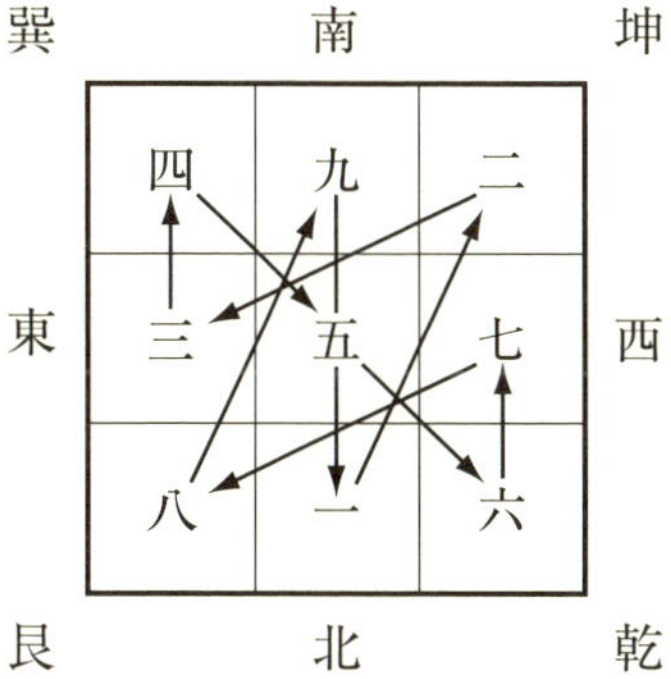

【遁行四盤　とんこうしばん】

年ごとに変わる年盤、月ごとに変わる月盤、日ごとに変わる日盤、二時間ごとに変わる刻盤の四つの盤のこと。年盤は一年の運気を観るとともに、移転、自宅の改装、結婚などを観る場合に使う。月盤は新規の病院、旅行、移転などの時期を観る場合に使う。日盤及び刻盤は祐気どり、御神砂とりを行う時の方位の吉凶判断でも考慮される。しかし、日盤、刻盤を年盤、月盤のように重視して使うことはしない。

２０１９年（平成３１年）
4月１５日午前１０時の遁行四盤

亥八白土星〔年盤〕

南

東				西
	7ハ	3	5	
東	6	8	1	西
	2ア	4	9	

北

辰九紫火星〔月盤〕

南

	8	ア4生	6	
東	7	9	2	西
	3	5道	1ハ	

北

午四緑木星〔日盤〕

南

	3ア	8	1	
東	2	4	6	西
	7	9ハ	5	

北

巳六白金星〔刻盤〕

南

	5	1	3	
東	4	6	8	西
	9	2	ア7ハ	

北

【中廊下　なかろうか】

家相の用語。間取りのひとつ。廊下が中央に通っていて、廊下によって部屋が二つに分かれている間取り。凶相とされる。

〈二階 中廊下の例〉

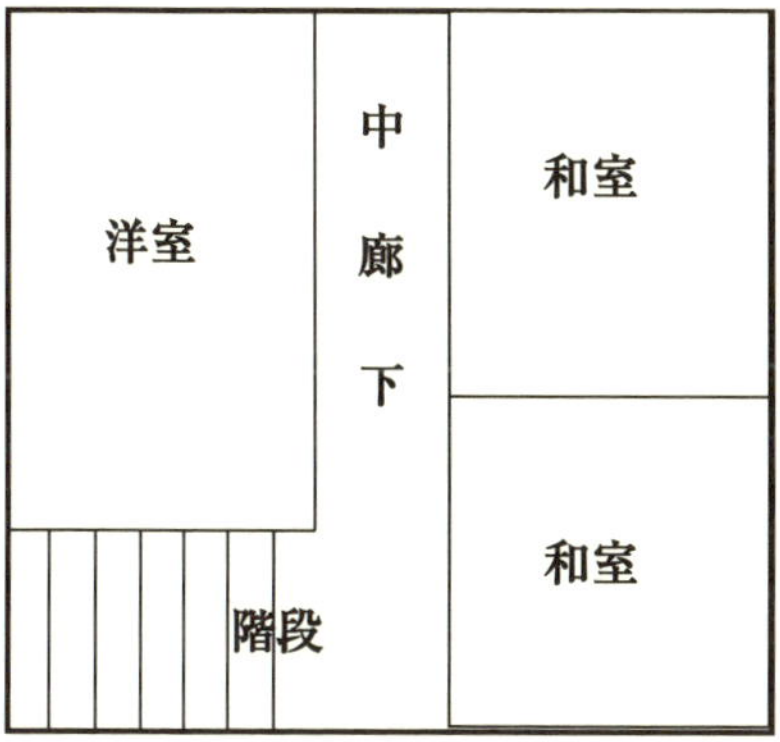

【納音　なっちん】

納音とは、「音をまとめる」という意味であり、十干十二支に配当された五行がもつ音色を三十種にまとめたものを、人の生年月日の干支に当てはめて、占う技法のこと。例えば、昭和五〇年七月三日に生まれた男性の場合、昭和五十年は乙卯の年にあたるので、納音では、「大渓水（だいけいすい）」となり、「大人の雰囲気で、落ち着いていて思慮深い人」ということになる。信頼度は低く、現代の運命学では占術としての信頼性はあまりない。

【二十四山盤　にじゅうしざんばん】

家相の間取りや敷地内の吉凶方位判断に用いる方位盤。十干、十二支、卦名の組み合せで構成されている。四十五度均等で八方位に区分されている。家相盤の別称。【家相盤　かそうばん】参照

【二十八宿　にじゅうはっしゅく】

天の赤道・黄道を二十八に不均等に区分したもので、その区分の基準となった二十八の星座のこと。中国の天文学・占星術で用いられた。インド占星術やその流れを汲む宿曜道（すくようどう）では二十七宿を用いている。唐の時代に西洋の七曜と組み合わさり「宿曜経（すくようきょう）」として日本に伝わった。江戸時代、渋川春海が作った貞享暦以降、二十八宿が掲載された。高松塚古墳、キトラ古墳の天井には二十八宿の星が描かれている。

【宿曜術　すくようじゅつ】参照

【二十四節気　にじゅうしせっき】

一年を季節の変化に合わせて二十四の期間に分け、それぞれに特徴のある名称をつけた区分のこと。古代中国において月の満ち欠け（新月〜満月〜新月）による太陰暦を使用していたが、ひと月が約二十九・五日周期であるため一年間では三百十四日になり、太陽暦よりも約十一日短くなってしまう。この誤差が年数を経ていくと春夏秋冬の四季と暦の上の月が徐々にずれていき農耕に不便をきたすという欠点をもっていた。この不便さを解消するために考え出されたのが、二十四節気である。二十四節気は天文学的に言えば、春分を起点として地球が太陽の周囲を一周する道のり（黄道）を二十四等分し、それぞれに季節感あふれた名称をつけたもの。毎月、月初めの「節気」と下旬の「中気」の二回あり、年間で二十四節に分かれるということになる。上旬の「節気」が、気学では暦上の区分この日を「節替り」として、二月には新たな年（一年は立春から始まる）の起点となり、毎月の「節気」が新たな月の始まりとなる。「節気」は月命星を確定する重要な知識である。

中気で重要な夏至・冬至は二至（にし）、春分・秋分を二分（にぶん）、季節を区分する節気で重要な立春、立夏、立秋、立冬を四立（しりつ）とした。二十節気は季節の変わり目を表す言葉として天気予報やニュースなどで使われているが、本来は中国の気候をもとに名付けられたため、日本の気候と合わないものがある。そこで日本では独自に、土用、八十八夜、入梅、半夏生、二百十日などを「雑節」として暦に取り入れ、日本の風土に合わせる工夫をした。二十四節気をさらに約五日ごとに細かく分けた「七十二候」という区分があるが、やはりこれも中国の気候と合わせて作られたため、日本の気候に合わせた言葉を取り入れている。【七十二候　しちじゅうにこう】参照

二十四節気一覧表

月	節気		中気	
二月	立春節	二月四日頃	雨水節	二月十八日頃
三月	啓蟄節	三月五日頃	春分節	三月二十日頃
四月	清明節	四月五日頃	穀雨節	四月二十日頃
五月	立夏節	五月五日頃	小満節	五月二十一日頃
六月	芒種節	六月五日頃	夏至節	六月二十一日頃
七月	小暑節	七月七日頃	大暑節	七月二十三日頃
八月	立秋節	八月七日頃	処暑節	八月二十三日頃
九月	白露節	九月七日頃	秋分節	九月二十三日頃
十月	寒露節	十月八日頃	霜降節	十月二十三日頃
十一月	立冬節	十一月七日頃	小雪節	十一月二十二日頃
十二月	大雪節	十二月七日頃	冬至節	十二月二十二日頃
一月	小寒節	一月五日頃	大寒節	一月二十日頃

〔立春節　りっしゅんせつ〕

二十四節気の一番目。二月四日頃から二月二十七日頃。節分の翌日。寅月の節気。季節は初春、冬至と春分の中間点。太陽の黄経（地球を中心とした太陽が通る道）は一三五度。「暦便覧」には「春の気立つを以って也」とある。この日から立夏の前日までが春に区分される。南の地域では梅が咲き始めるが他の地域では厳寒の時期である。立春から春分の間に、その年に初めて吹く南寄りの強い風を春一番と呼ぶ。七十二候の初候には「東風解凍（はるかぜ　こおりを　とく）」とある。立春は、二百十日、二百二十日などの起算日となっている。気学ではこの日が一年の始まりとなる。二十四節気の順序では立春は大寒の次、雨水の前。

〔雨水節　うすいせつ〕
二十四節気の二番目。二月十八日頃から三月四日頃。季節は初春。寅月の中気。冬の雪が解けて水となって流れる、雪から雨に変わっていく頃。次第に冬の寒さが緩んで草木が芽吹き始める。古来から農耕の準備を始める時期とされて来た。二十四節気の順序では雨水節は立春の後、啓蟄の前。

〔啓蟄節　けいちつせつ〕
二十四節気の三番目。三月五日頃から三月十九日頃。季節は仲春、次第にあたたかくなり各地で若い芽が出始める。冬の間、土の中で眠っていた虫が穴を啓いて地面に出て来る時期とされる。蕗の薹（ふきのとう）の花が咲く。二十四節気の順序では啓蟄節は雨水節の次、春分節の前。

〔春分節　しゅんぶんせつ〕
二十四節気の四番目。三月二十日頃から四月四日頃。季節は仲春。国民の祝日。太陽の黄経（太陽の通り道）がゼロ度の地点。九月の中気、秋分の日と同じく、昼と夜の長さがほぼ同じになる。「暦便覧」には、「日天の中を行て昼夜とうぶんの時なり」とされている。この日は春の彼岸の中日となり、前後の三日間を合わせて七日間が春の彼岸期間となる。桜の花が咲き始める。二十四節気の順序では春分節は啓蟄節の次、清明節の前。

〔清明節　せいめいせつ〕

二十四節気の五番目。四月五日頃から四月十九日頃。季節は晩春、辰月の節気。万物が清らかで美しい頃。桜を始め様々な花が咲き乱れ、花見の季節となる。燕が南方からやって来る。二十四節気の順序では清明節は春分節の後、穀雨節の前。

〔穀雨節　こくうせつ〕

二十四節気の六番目。四月二十日頃から五月四日頃。季節は晩春、辰月の中気。穀雨は穀物を成長させる雨を表す。この時期の雨は田畑に潤いをもたらす。牡丹の花が咲く。立春から数えて八十八夜目が後半にある。春の土用と重なる時期。二十四節気の順序では穀雨節は清明節の後、立夏節の前。

〔立夏節　りっかせつ〕

二十四節気の七番目。五月五日頃から五月二十日頃。季節は初夏、暦の上ではこの日から夏が始まる。巳月の節気。春分と夏至の中間にあたる。七十二候には「蛙始鳴（かえる　はじめて　なく）」とある。暑くも寒くもなく過ごしやすい季節。筍が生えて来る。蛙が鳴き始める。二十四節気では立夏節は穀雨節の後、小満節の前。

〔小満節　しょうまんせつ〕

二十四節気の八番目。五月二十一日頃から六月五日頃。季節は初夏、巳月の中気。万物が成長して一定の大きさになる。野山の緑が美しくなる「新緑の季節」。二十四節気の順序では立夏節の後、芒種節の前。

〔芒種節　ぼうしゅせつ〕

二十四節気の九番目。六月六日頃から六月二十日頃。季節は仲夏、午月の節気。梅雨入り前の時期。芒種とは稲や麦など芒のある穀物のことで、この時期に田植えなどを行う。二十四節気の順序では小満の後、夏至節の前。

〔夏至節　げしせつ〕

二十四節気の十番目。六月二十一日頃から七月六日頃。季節は仲夏、午月の中気。太陽の黄経は九十度。太陽が赤道から最も離れ、日本（北半球）では昼の時間が最も長くなり、夜は最も短くなる。「暦便覧」には「陽熱至極しまた、日の長きのいたりなるを以ってなり」とある。梅雨の長雨が続き湿度が高く体調を崩しやすい。菖蒲が咲き始める。七十二候の末候には「半夏生（はんげしょうず）」が記されている。半夏生とは「半夏（烏柄杓）」という薬草が生える頃。この頃に降る雨を「半夏雨（はんげあめ）」と言い、大雨になることが多い。二十四節気の順序は夏至節は芒種節の後、小暑節の前。

〔小暑節　しょうしょせつ〕

二十四節気の十一番目。七月七日頃から七月二十二日頃。季節は晩夏、未月の節気。小暑または大暑から立秋の前日までは「暑中見舞い」が時候の挨拶となる。梅雨の時期で湿度が高く体調管理に気を遣う時期でもある。蝉が鳴き始める。二十四節気の順序では小暑節は夏至節の後、大暑節の前。

〔大暑節　たいしょせつ〕

二十四節気の十二番目。七月二十三日頃から八月六日頃。季節は晩夏、未月の中気。梅雨が明け、気温が上がり始める。夏の土用期間と重なる時期。二十四節気の順序では大暑節は小暑節の後、立秋節の前。

〔立秋節　りっしゅうせつ〕

二十四節気の十三番目。八月七日頃から八月二十二日頃。季節は初秋、申月の節気。暦の上では秋とはいえ、厳しい暑さが続くが、朝晩の気温は少しずつ下がり始める。この頃から時候の挨拶は「残暑見舞い」が出される。二十四節気の順序では立秋節は大暑節の後、処暑節の前。

〔処暑節　しょしょせつ〕

二十四節気の十四番目。八月二十三日頃から九月七日頃。季節は初秋、申月の中気。暑さが峠を越し、気温の低下とともに次第に秋の気配を感じる。二十四節気の順序では処暑節は立秋節の後、白露節の前。

〔白露節　はくろせつ〕

二十四節気の十五番目。九月八日頃から九月二十二日頃。季節は仲秋、酉月の節気。大気が冷えて来て露がつき始める。二十四節気の順序では白露節は処暑節の後、秋分節の前。

〔秋分節　しゅうぶんせつ〕

二十四節気の十六番目。九月二十三日頃から十月七日頃。季節は仲秋、酉月の中気。国民の祝日。太陽の黄経が百八十度。昼と夜の長さがほぼ等しくなる。この日は春の彼岸の中日となり、前後の三日間を合わせた七日間が秋の彼岸期間となる。二十四節気の順序では秋分節は白露節の後、寒露節の前。

〔寒露節　かんろせつ〕

二十四節気の十七番目。十月八日頃から十月二十一日頃。季節は晩秋、戌月の節気。朝晩の気温が下がり肌寒さを感じる頃、植物に露がつく。稲などの収穫が盛んな頃である。陽が短くなり、少しずつ気温の低下を実感してくる。二十四節気の順序では寒露節は秋分節の後、霜降節の前。

〔霜降節　そうこうせつ〕

二十四節気の十八番目。十月二十二日頃から十一月六日頃。季節は晩秋、戌月の中気。紅葉が始まる。大気が一段と冷えて霜が降り始める。二十四節気の順序では寒露節の後、立冬節の前。

〔立冬節　りっとうせつ〕

二十四節気の十九番目。十一月七日頃から十一月二十二日頃。季節は初冬、亥月の節気。立春の前日までが暦の上では冬となる。太陽の光が弱まり冬の気配が増してくる。木枯らしが吹き始める。二十四節気の順序では立冬節は霜降節の後、小雪節の前。

〔小雪節　しょうせつせつ〕

二十四節気の二十番目。十一月二十三日頃から十二月六日頃。季節は初冬、亥月の節気。陽射しが弱くなり紅葉が散り始め、北国では雪が降り始める。徐々に冷え込みが強くなってくる。二十四節気の順序では小暑節は立冬節の後、大雪節の前。

〔大雪節　たいせつせつ〕

二十四節気の二十一番目。十二月七日頃から十二月二十一日頃。季節は仲冬、子月の節気。山々は積雪で白く、北風が一段と強く吹く。寒さを実感する季節である。二十四節気の順序では小雪節の後、冬至節の前。

〔冬至節　とうじせつ〕

二十四節気の二十二番目。十二月二十二日頃から一月四日頃。季節は仲冬、子月の中気。一年のうちで最も昼が短く、夜が最も長くなる。太陽の黄経は二百七十度。寒さを乗り切るため、この日は柚子湯に入ったり、南瓜を食べる習慣がある。二十四節気の順序では冬至節は大雪節の後、小寒節の前。陰が極り陽が始まる「一陽来復」の日でもある。

〔小寒節　しょうかんせつ〕
二十四節気の二十三番目。一月五日頃から一月十九日頃。季節は晩冬、丑月の節気。寒さが最も厳しくなる時期だが、まだ最大ではなく前半の寒さという時期。この日を寒の入りとし、「寒中見舞い」が出され始める。二十四節気の順序では小寒節は冬至節の後、大寒節の前。

〔大寒節　だいかんせつ〕
二十四節気の二十四番目。一月二十日頃から二月三日頃。季節は晩冬、丑月の中気。寒さが最も厳しくなる。武道では寒稽古が行われる。蕗の薹（ふきのとう）が蕾を出す。二十四節気の順序では大寒節は小寒節の後、立春節の前。

【日盤　にちばん】
日の九星を中宮において作成された九星盤のこと。【遁行四盤　とんこうしばん】参照

【日主　にっしゅ】
四柱推命の用語、生日の十干（日干）のこと。
（例）昭和四十六年七月二十六日生まれの人の場合の干支
昭和四十六年　⬇　辛亥
七月　⬇　乙未

二十六日 ⬇ 壬子（日干／日主）

日主は「壬」となる。

【日柱　にっちゅう】

四柱推命の用語。運命を推命するための四つの柱のうちの一つ。その人の恋愛運、結婚運など、プライベートな面を暗示する。生まれた日の干支と、蔵干、通変星から構成される。四柱推命では、ライフスタイルを四つの柱、「年柱」「月柱」「日柱」「時柱」などで見立てる。

【二百十日　にひゃくとおか】

雑節の一つ。立春から数えて二百十日目、九月一日頃のこと。台風が多く天候が荒れやすい時期とされる。農家にとっては稲の開花期にあたり、「二百二十日」とともに農家の厄日とされる。

【入梅　にゅうばい】

雑節の一つ。梅雨に入る時期のこと。地域によって異なるが、太陽の黄経八十度に達した日、六月十一日頃とされている。毎年、六月中旬から七月中旬頃の一か月間。

【年運　ねんうん】

歳運ともいい、一年間の運気の強弱をいう。【歳運　さいうん】参照

【年柱　ねんちゅう】

四柱推命の用語。運命を推命するための四つの柱のうちの一つ。一生の運気の特徴、祖先、親、自分より年上の人との関係を暗示する。生まれた年の干支の、蔵干、通変星から構成される。初年期（十九歳まで）の運気があらわれるとされる。四柱推命では、ライフスタイルを四つの柱、「年柱」「月柱」「日柱」「時柱」などで見立てる。

【年盤　ねんばん】

毎年（二月四日頃の立春節から一年が始まる）その年の九星の方位、位置を表わす盤のこと。遁行四盤のひとつ。

【遁行四盤　とんこうしばん】参照

【破　ハ　は／破れ　やぶれ】

年盤、月盤、日盤、刻盤上において、それぞれの十二支方位の向かい側の方位をいう。凶方位とされる。三大凶殺のひとつ。意図したことや健康を損なうとされる。【遁行四盤　とんこうしばん】参照

〔歳破　さいは〕

その年の十二支の方位の向かい側の方位を指す。移転、増改築、縁談などで大凶。

〔月破　げっぱ〕

その月の十二支の対冲方位を月破といい、凶作用、凶方である。月の破れ（ハ）のことをいう。月の方位をみる時、「天道」、「生気」の吉神がついていても破れがある場合は大吉方にならない。

〔日破　にっぱ〕

日盤において、その日の十二支が回座する方位の対冲（向かい側）の方位を日の破れ「日破（にっぱ）」といい、凶方とされる。御神砂とりの日を決める時、「日破」の方位を見落とすことがあるので、注意が必要である。

〔刻破　こくは〕
刻盤上で、その刻の十二支の向かい側の方位をいう。凶方となる。年盤上では歳破、月盤上では月破、日盤上では日破がある。御神砂とりの時間を決める際には刻破を確認しなければならない。月、日の方位が良くても、時間が合わない場合があるため、注意が必要である。

【白寿　はくじゅ】
九十九歳のこと。百から一をとると「白」になることに由来する。白が長寿の祝いの色とされる。

【八十八夜　はちじゅうはちや】
暦の用語。雑節のひとつ。立春から数えて八八日目のこと。遅霜がなくなり、春から夏に移る節目の日とされている。「夏も近づく八十八夜」と歌われているように、立夏の前にあたる。【雑節　ざっせつ】参照

【初午　はつうま】
二月節の一番初めの午の日のこと。稲荷の祭日とされ、各地で稲荷講の行事が行われる。

【八卦　はっか】
易の用語。「はっけ」ともいう。【易卦　えきか】参照

【八将軍　はっしょうぐん】
陰陽道でその年の方位の吉凶を司る八つの神のこと。暦注には歳徳神・金神と共に重要であり、その年の十二支によって定められる方位の吉凶を示す。太歳神、大将軍、大陰神、歳刑神、歳破神、歳殺神、黄幡神、豹尾神がある。

【晩夏　ばんか】
旧暦で七月のこと。夏の三か月の最後の月。未月。気学では二黒土星の一部。十二支では未。二十四節気では小暑、大暑の時期。晩夏の前は、六月の仲夏、後ろは八月の初秋。

【半夏生　はんげしょう】
暦の用語。七十二候のひとつであり、雑節のひとつでもある。二十四節気の夏至の第三候。太陽の黄経が百度にある時と定義され、夏至から十一日目、七月二日頃である。半夏（からすびしゃく）が生える時期から半夏生という名が付いた。

【晩秋　ばんしゅう】
旧暦で十月のこと。秋の三か月の最後の月。戌月。気学では六白金星の一部。二十四節気では寒露、秋分の時期。晩秋の前は九月の仲秋、後ろは十一月の初冬。

【晩春　ばんしゅん】
旧暦で四月のこと。春の三か月の最後の月。辰月。気学では四緑木星の一部。二十四節気では清明、穀雨の時期。晩春の前は仲春の三月、後ろは初夏の五月。

【晩冬　ばんとう】
旧暦で一月のこと。冬の三か月の最後の月。丑月。気学では八白土星の一部。二十四節気では小寒、大寒の時期。晩冬の前は仲冬の十二月、後ろは初春の二月。

【彼岸　ひがん】
暦の用語。雑節の一つ。人や祖先を供養し、墓参りや法要が行われる。春と秋の二回ある。三月二十一日頃の春分の日と九月二三日頃の秋分の日を中日として前後三日間を合わせた七日間が彼岸の期間となる。彼岸は他の仏教国にはない日本独自の風習である。この期間に行う仏事を彼岸会という。始めの日を「彼岸の入り」、最後の日を「彼岸明け」という。

【比肩星　ひけんせい】
四柱推命の用語。通変星（変通星）のひとつ。【通変星　つうへんせい】参照

【百寿　ひゃくじゅ】
百歳のこと。一世紀ということから「紀寿」ともいわれる。白が長寿の祝いの色とされる。

【豹尾神　ひょうびしん】
陰陽道における方位神。八将軍のひとつ。この方位に嫁ぐのは凶となる。この方位で家畜などを買うのは避ける。豹尾神は不浄なものを嫌うとされる。【八将神　はっしょうぐん】参照

【比和　ひわ】
比和とは五行を同じくする九星同士のことをいう。三碧木星と四緑木星は同じ五行である木、二黒土星、五黄土星、八白土星は同じ五行の土、六白金星と七赤金星は同じ五行である金であることから、それぞれの関係を比和の星という。【相生　そうじょう／相剋　そうこく】参照

【風水　ふうすい】
中国に由来する居住環境の吉凶を観る鑑定学。気の流れを土地の形状や建物の位置などでコントロールし、それによって吉凶禍福を呼び込もうとする思想。日本では陰陽道や家相の一種として受け入れられ、変形している。近年流行している「風水」は、家相術や気学をまねたものであって、「風水」とはいえない。

【吹き抜け　ふきぬけ】
建築用語。一階と二階、あるいは三階など複数階にまたがる連続した空間をもつ間取りのこと。マンションのエントランスホールや一戸建ての玄関や階段、リビングにこの構造を取り入れるケースが多い。気学の家相では、間取りの天井あるいは床を抜くために、生々の気が抜けてしまい、凶とされる。

【風門　ふうもん】
東南「巽」の方位を指す。北東「艮」は「鬼門」、南西「坤」は「人門」、北西「乾」は「天門」とされる。

【伏義　ふくぎ・ふっき】
中国古代神話に登場する伝説上の帝王。三皇五帝のひとり。易の八卦を作ったとされている。「河図」は伏義が黄河から現れた龍馬の背中の模様から八卦を生み出したとされている（「易経」の「繋辞下伝」に伏義が八卦を作ったと記されている）。

【福星貴人　ふくせいじん】
四柱推命の用語。神殺のひとつ。金銭や物に恵まれるとされる。【神殺　しんさつ】参照

【物象　ぶつしょう】
物のかたち。自然のすがた。

【仏滅　ぶつめつ】
六曜のひとつ。仏滅は万事に凶とされる。元は「空亡」「虚亡」と言われていたがこれをすべてが虚しいと解釈して「物滅」と呼ぶようになり、後に「仏」の字があてられた。他に先勝（せんかち、せんしょう）、友引（ともびき）、先負（せんまけ、せんぷ）、大安（たいあん、だいあん）、赤口（しゃっく、しゃっこう）がある。六曜は先勝、友引、先負、仏滅、大安、赤口の順に暦に並ぶ。六曜は多くのカレンダーに掲載され、冠婚葬祭に活用され、人々の生活の中に根付いている。

【文王　ぶんおう】
（BC一一五二～BC一〇五六年）周王朝の始祖。姓は姫。武王の父。伝説では、殷の最後の紂王によって獄につながれたが、そのときに、さらに文王が卦の意味を明らかにした「卦辞（かじ）」を著したと伝えられている。そして文王の子である周公（しゅうこう）が「爻辞（こうじ）」を加え、孔子が注釈書である「伝（十翼）」を著したとされている。

【米寿　べいじゅ】
八十八歳のこと。米の字を分解すると、八、十、八となることに由来する。末広がりの八が二つ重なることから、おめでたい年とされてきた。米寿では金色、黄色などのちゃんちゃんこや扇子、頭巾などを身に着けてお祝いする。

【別棟　べつむね】
家相の用語。家の主の建屋の敷地内にある建屋。家相の吉凶相の重要な要素のひとつ。

〈吉相と凶相のイメージ図〉

【例】

［吉　相］

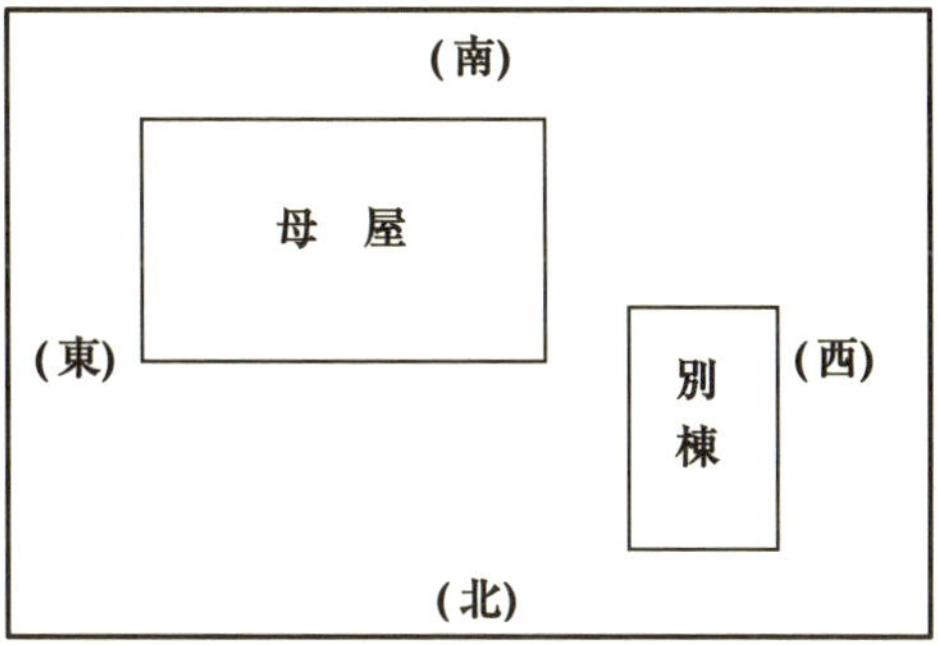

＊吉相の別棟
理由
①別棟が母屋より小さいこと
②別棟が母屋より低いこと

【例】

［凶　相］

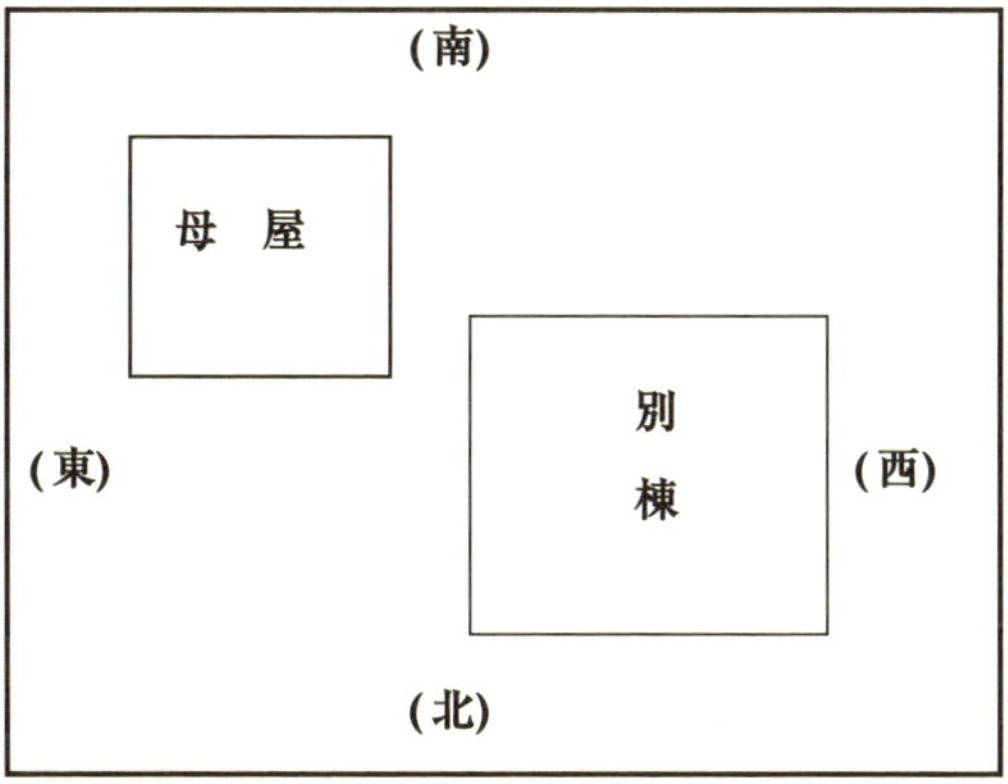

＊凶相の別棟
理由
①別棟が母屋より大きいこと
②別棟が母屋より高いこと

【偏印星　へんいんせい】
四柱推命の用語。通変星（変通星）のひとつ。【通変星　つうへんせい】項参照

【偏角　へんかく】

磁北と真北の角度の違い、ずれのこと。北極点を指す方向のことを真北といい、実際に磁石が指す北の方位を磁北（じほく）」という。真北と磁北には違いがある。偏角は国土地理院が十年周期で測定し各地点の偏角度を公表している。自宅から方位を判断する時は、自宅から真北の線を引き、その線を偏角度数分西方向にずらして磁北を求める。全国の都市の一例をみると、東京の偏角度は七度、札幌は九度二十分、宮崎市は六度十分などとなっている（２０１０年度国土地理院資料）。

偏角度表（磁差）

札幌	9度	２０分	富山	7度	４０分
函館	8度	５０分	静岡	6度	４０分
青森	8度	２０分	名古屋	7度	１０分
盛岡	8度	００分	松山	6度	５０分
秋田	8度	２０分	京都	7度	２０分
仙台	8度	００分	大阪	7度	００分
新潟	8度	００分	下関	7度	１０分
福島	7度	３０分	福岡	7度	００分
東京	7度	００分	熊本	6度	３０分
横浜	7度	１０分	宮崎	6度	１０分
甲府	6度	１０分	鹿児島	6度	２０分
長野	7度	２０分	那覇	4度	４０分

（２０１０年国土地理院資料より）

＊正確な方位は各地より方位盤で確認して下さい

【変化線　へんかせん】

後天定位盤の艮宮、中宮、坤宮が構成する斜線をいう。本命星が、この三つの宮のいずれかに回座すると、運気の変化が大きいという現象が起きるので、変化線という。三つの宮はいずれも九星では土星なので、強い変化の象意をもつ。変化線は後天定位盤では鬼門（北東）、裏鬼門（南西）を結ぶ線であり、また、先天定位盤では陰陽の境界、四季の陰陽二気の消長を表す線でもある。凶方を犯した時に凶事として現象してくる座でもある。

【図１】
後天定位盤

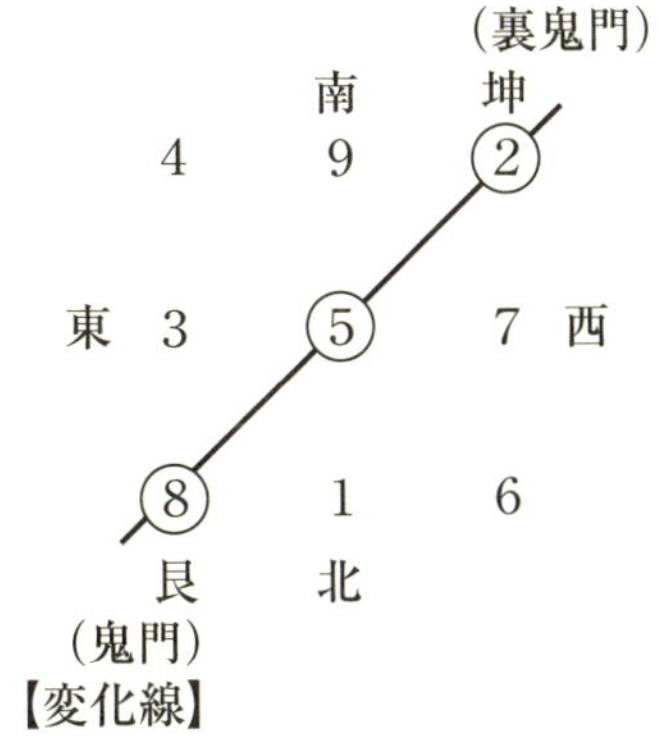

【図２】
四季の陰陽二気の消長図

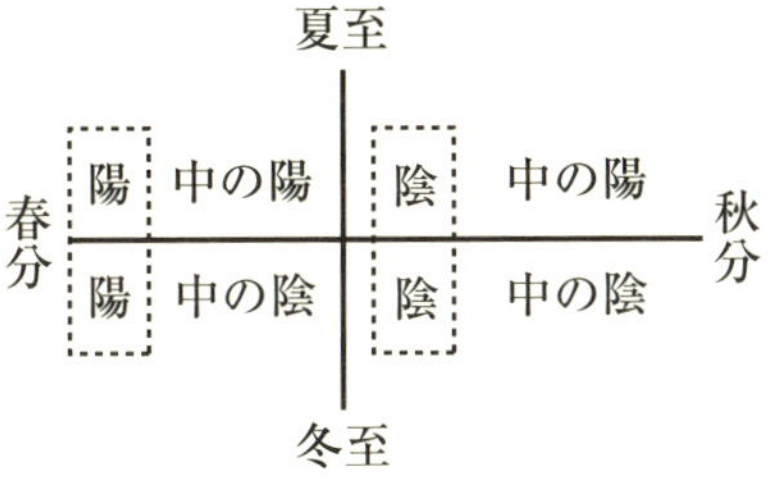

【図３】
先天定位盤

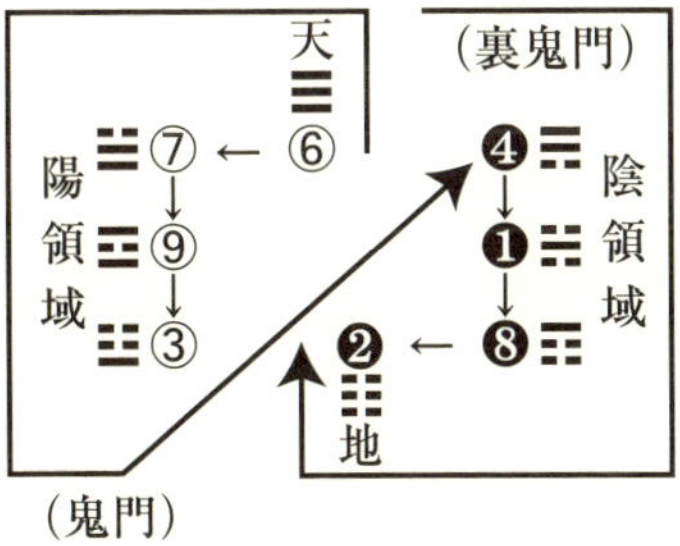

【偏官星　へんかんせい】

四柱推命の用語。通変星（変通星）のひとつ。【通変星　つうへんせい】参照

【偏財星　へんざいせい】
四柱推命の用語。通変星（変通星）のひとつ。【通変星　つうへんせい】参照

【変通星　へんつうせい】
四柱推命の用語。通変星ともいう。【通変星　つうへんせい】参照

【墓（三合）　ぼ】
三合における生旺墓のひとつ。【三合　さんごう】項参照

【墓（十二運）　ぼ】
四柱推命の用語。十二運のひとつ。【十二運　じゅうにうん】項参照

【方位　ほうい】
後天定位盤と遁行四盤（年盤、月盤、日盤、刻盤）において、中央から八方向をみたときの位置のこと。平成三十一年、八白中宮の年盤では、北（坎宮）方位には四緑木星、離宮の南方位には三碧木星が回座している。

【方位の分界　ほういのぶんかい】
人間が旅行、移転するなど動く場合の方位の角度のこと。但し、家の構造「家相」の場合に使う角度は異なる。

人の移動においては、四正（東西南北）は三〇度、四隅（東南、南西、西北、北東）は六〇度となる。家相では八方位はすべて四五度となる。

【方替え　ほうがえ】
【仮移転　かりいてん】参照

【方角　ほうがく】
方位を見る時の範囲のこと。方位の角度。特定の地点を基準にした東西南北などの方位を具体的に指す。【方位ほうい】参照

【方鑑術　ほうかんじゅつ】
気学の古称。園田真次郎が「気学」という言葉が使用される以前に使用されていた呼び名。方位を鑑定する術、という意味。

【方向　ほうこう】
人が進むところ。または目指すところ。

【方合　ほうごう】

十二支の特別な関係を指し、十二支のうち三つの支が揃うと五行の力が強くなるといわれる。東西南北の四正を旺とし、北であれば子を中心に亥と丑が揃い水気が強くなる。東は卯を中心に寅、辰が揃うことで木気が強くなる。南は午を中心に巳と未が揃うことで火気が強くなる。西は酉を中心に申、戌が揃うことで金気が強くなるとされる。

〈方合の図〉

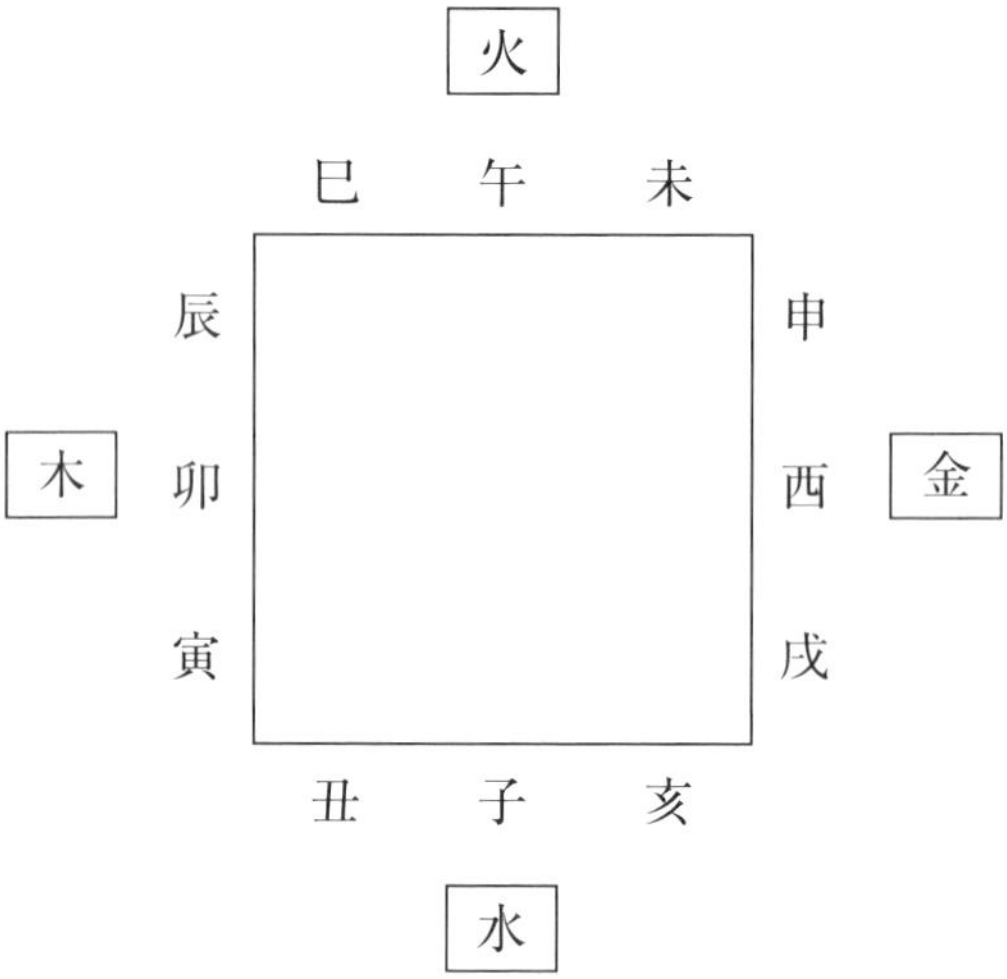

【方災　ほうざい】

凶方を使った場合に被る凶作用をいう。五黄殺、暗剣殺、破（ハ）は本命星の別を問わず万人にとって凶方位であり、本命殺、本命的殺はその人の本命星により凶方位が異なる。小児殺は十歳位までの子供に凶方位となる。凶方位に動く前に神社での御祈願（お祓い）や御神砂を使うことを「方位除け」「方災いを切る」などという。また、やむを得ず凶方位に動いてしまった場合も同様のことを行うことが望ましい。凶方位に動くことは本命星の気の活性力が損なわれる。このため、常に、祐気どりや御神砂まきが必須となる。

【方象　ほうしょう】

大気があらゆる方位に展開するが、その方位ごとに、気による現象や作用が異なる。その現象や作用のこと。「方象学」とは、方位と現象の関係を調べる学問というほどの意味。

【卜筮　ぼくぜい】

中国で発祥した占いの方法のこと。古代は「卜」は亀の甲の亀裂の程度で吉凶を占った。後に「筮竹」を使用して吉凶をみる「易占い」が盛んになった。【易　えき】参照

【卜占　ぼくせん】

占いまたは占うこと。「卜」の字は亀甲の割れ目を意味意する象形文字からきている。周易、断易、タロット占い、おみくじ、カード占い、コイン占い、花びら占い、鉛筆占いなどがある。【易　えき】参照

【墓相　ぼそう】

墓を立てる時の方位、墓の形などの吉凶をみるもの。古代中国から始まった。風水では人が住む家を陽宅といい、墓を陰宅という。家は家相、墓は墓相ということになる。日本では江戸中期に庶民が墓を持つようになり、墓地の場所、建て方などが盛んになったとされる。

【ホロスコープ　ほろすこーぷ】

占星術で使われる道具のこと。特定の時間の太陽、月、惑星、黄道、十二宮、角度などをみて人の現在や未来を占う。ホロスコープはギリシア語で「時の見張り人」の意味。

【本筮法　ほんぜいほう】

筮竹を十八回数えて吉凶を占うこと。「易経」に記載のある筮法。ほかに中筮法、略筮法がある。

【本命殺　ほんめいさつ】

自分の本命星が回座している方位を使うこと。凶方となる。五大凶殺の一つ。本命星の気エネルギーを損なう凶方である。また、本命星が回座する方位と反対側の方位に向かうことを本命的殺という。家を部分的に改装する際は家相盤において、本命星が回座している方位の増改築は不可となる。

【本命星　ほんめいせい】

人が生まれた年の年盤の中宮の九星のこと。平成三十年は九紫火星が中宮に回座する。この年に生まれた人は九紫火星が本命星となる。本命星は方位の吉凶を判断する基準となるだけでなく、気質、相性、家の改装の時期、方位をみるための重要な星である。【本命盤】参照

〈本命殺と本命的殺〉

2018年（平成30年）
戊戌九紫火星年　年盤

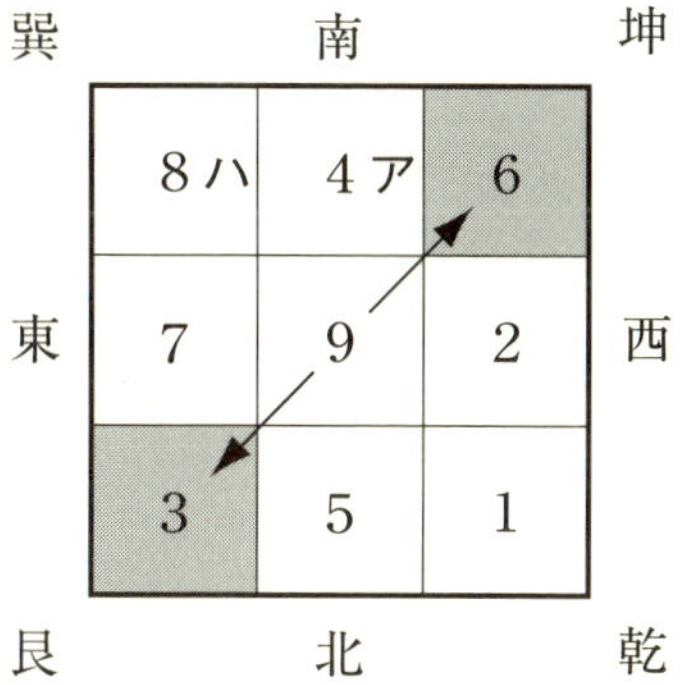

六白金星の人の場合：
坤方位（六白金星）へ向かうことは「本命殺」となる
艮方位（三碧木星）へ向かうことは「本命的殺」となる

【本命的殺　ほんめいてきさつ】

五大凶殺の一つ。「的殺（てきさつ）」ともいう。本命星の気エネルギーを損なうとされる凶方である。本命星が回座する方位と反対側の方位に向かうことをいう。家を部分改装する場合、本命殺の方位は避ける必要があるが、家相には本命的殺という凶方はない。

【本命盤　ほんめいばん】

本命星が中宮にある年盤のこと。平成三十年に生まれた人の本命星は九紫火星となる。従って、この九紫火星が中宮にあり、南に暗剣殺（ア）、巽に歳破（ハ）の印がついている盤が平成三十年生まれの人の本命盤となる。

2018年（平成30年）
戊戌九紫火星年　年盤

南

東				西
	8ハ	4ア	6	
東	7	9	2	西
	3	5	1	

北

【埋金法　まいきんほう／埋木法　まいぼくほう】
所謂「おなじない」の一種。埋金法は金属の球を霊符として吉時に吉方位の地中一〇～二九cmの深さに埋める方法。埋木法は、長さ二〇cm、幅約五cmの正方形の木片を霊符として使い、同様に地中に埋めること。まじないの一種。

【魔方陣　まほうじん】
正方形の方陣に数字を配し、縦、横、対角線のそれぞれの列の数の合計が同じ数字になるもののこと。古来より、神秘の図として特別な扱いをされた。後天定位盤の九星の配置図も魔法陣の一例といわれるが、後天定位盤を魔法陣ととらえるのは正しくない。後天定位盤の九星の配置は「洛書」に依るものである。後天定位盤の九星もその数字もその数字を縦、横、斜め、いずれを足しても十五という答えになるところから誤解されている。

〈魔法陣の図〉

4	9	2
3	5	7
8	1	6

横列上段　4＋9＋2＝15
横列中断　3＋5＋7＝15
横列下段　8＋1＋6＝15

縦列左列　4＋3＋8＝15
縦列中列　9＋5＋1＝15
縦列右列　2＋7＋6＝15

左斜列　4＋5＋6＝15
右斜列　2＋5＋8＝15

【萬年暦　まんねんれき】

一般の暦は一年で作成されるが、萬年暦は長い年月の吉凶日を確認するための長期間の暦。節替わり、年盤、月盤、九星、六曜などが記載されている。萬年暦は数種が出版されており、表記が異なっている場合がある。聖法氣學會では『天象学会』発行の萬年暦を使用している。

【身強　みきょう／身弱　みじゃく】

四柱推命の用語。身強は身旺（みおう）ともいう。日干の強弱を観る方法のひとつ。身弱とともに、人の生まれながらの運勢の強弱を判定する言葉。身強、身弱の判断の仕方は、諸説あるが、如何に例を示す。いずれにしても、原則として、身強とは、生まれながらのエネルギーが強いため挫折が少なく、克己力がすぐれ、集団でイニシアチブをとる生き方、喩えれば、陽があたる人生を歩みやすいのに対して、身弱の人は生来の気エネルギーが少ない（弱い）ため、活力が不足していて、日陰の道を歩く人生になりやすい。そのため凶とされる。

〈手順例〉命式を作成し、

①月令を得ているか？

②どのような十二運をもっているか？

③どのような通変星をもっているか？

以上、三点の項目を数値化して、その多少で身強（旺）、身弱を判断する。

【御砂祓い　みすなばらい】

祐気どりにおいて、神社境内にて御神砂を拝領する際に宮司が執り行う儀式のこと。御砂の邪気を祓う。御神砂は祐気どりの方位の由緒ある神社にて拝領する。これを「御神砂とり」という。御神砂まきは御神砂を媒体として、御神砂が抱いている気（エネルギー）をまく、または身につけることによって、本命の気を活性化する。また、望む方向に現状を変化させたい場合は、使う人の本命に関係なく、望む現象に一致する作用をもつ気の御神砂を、その人の家の周囲や室内に置くなどの方法をとる。例えば、災いを除けるために家の周りにまく（三碧木星、六白金星、九紫火星）、高値で売りたい不動産にまく（八白土星）などのように活用する。また、本命星と相生の御砂を身に着けるなどの使い方もある。このように災い除けや願い事の成就など目的に応じて五黄土星以外の御神砂を使用する。

【命式表　めいしきひょう】

人の生年月日時を、それぞれ十干十二支で表記した表のこと。誕生日時を命という。四柱推命、算命では、この表をもとに人の運命やライフスタイルなどを占う。

＊四柱推命では、通変星（変通星ともいう）、十二運、神殺、空亡、干合、大運、歳運などを記載する。

〈命式表例〉

干支＼柱	時柱	日柱	月柱	年柱
干	乙	癸	庚	丁
支	卯	亥	戌	未
蔵干	乙	壬	戊	己

昭和42年（1967年）
10月26日午前6時生れ

【命理学　めいりがく】
命理とは、天地自然のあるべき様相のこと。人は天地自然の中心。ここから人の運命やライフスタイルを論ずる学問を命理学といい、「四柱推命」を「命理」あるいは「命理学」ともいう。

【孟子　もうし】
中国戦国時代の儒学者（BC三七二頃～BC二八九年頃）。孔子とともに儒教の祖とされており、彼の言行を記録した書として『孟子』が残されている。人間は生まれるとき、天の生々の気をうけているので、人間の性は元来「善」（人の性には、善の端が備わっている）であるという性善説を説いた。その説を支えるのが、万物を生成する活力にあふれた気を意味する「浩然の気」（『孟子』公孫丑上）という言葉。『孟子』によれば「浩然の気」とは、天地に漲る、私たちを養っている活力や生命力の源となる気。気についてのこのようなとらえ方が、後に張横渠らによって、気一元の思想へと結実していく。気学の「気」も、『孟子』や張横渠が説く「気」に近い。

【木局三合　もくきょくさんごう】
三合のひとつ。十二支のうち、亥（生）、卯（旺）、未（墓）の組み合わせをいう。【三合　さんごう】参照

【沐浴　もくよく】
四柱推命の用語。十二運のひとつ。【十二運　じゅうにうん】参照

【盛り塩　もりじお】

塩を三角錐または円錐の形に盛り、玄関先や家の中に置く俗習のこと。縁起担ぎ、厄除け、魔除けなどの意味をもち、神事、葬送儀礼からきたとされる。神棚に盛り塩を供えたり、葬式後に塩をまくなどの風習は今日でもよく見られる。

【厄年　やくどし】

災難など悪いことが起こるので注意が必要とされる年齢のこと。男性は四十二歳、女性は三十三歳が大厄とされ、特に注意しなければならない。その年の前後を「前厄」「後厄」としている。本来は数え年をあてる。気学では北（坎宮）に入った時が厄年の時期であり、心身はじめ万事に注意が必要な年とされる。気学において、九年毎に北に入る時期が衰運の極とされることと同様である。

【祐気どり　ゆうきどり】

心身の気エネルギーを高めるため、生々の気が展開している方位の神社へ参拝し、神社周辺にて飲食をして、体内に生々の気を取り込むこと。自宅から一二km以上離れた、由緒ある神社に行くことが必要である。あわせて、御神砂とりといって神社境内の御神砂を拝領すること、また、御水とりといって、神社境内の湧き水を拝領することも含む。人はこの世に生を享けたときに、誰もがその時の「大気」を身体いっぱいに吸い込む。しかし、人が成長し生きていくという時間の経過とともに、その気のエネルギーの活性力を低下させていく。その衰えていく本命星の気を活性化するのが祐気どりである。月盤で天道または生気がついている方位であって、月盤と年盤において三大凶殺が共在しない月に、神社にお参りする。御神砂とりの場合は、年盤、月盤のほかに日、刻盤ともに五黄殺、暗剣殺、破（ハ）が付かない日時に行うことが必要である。

【ユリウス暦　ゆりうすれき】

共和政ローマの執政官ユリウスによりBC四五年から実施された太陽暦で、一年を三六五・二五日とする。これを改定したものがグレゴリオ暦であり、現在我が国はじめ世界各国で一般的に使われている。

【養　よう】

十二運のひとつ。【十二運　じゅうにうん】参照

【陽宅　ようたく】

風水の用語。風水では、家を陽宅と陰宅にわけて鑑定する。陽宅とは、生きている人が住む家。陰宅とは死者がはいる墓をいう。

【陽遁期　ようとんき】

気学で一年間を陽遁期、陰遁期の二つの期間に区分するがそのうちのひとつ。この区分に注意しなければならないのは、日盤、刻盤を使う場合である。冬至に最も近い甲子の一白水星の日をもって、日盤の中宮の九星が順数に切り替わり、次の陰遁期までの百八十日の期間。年、月の遁行盤の中宮の九星は常に減じていくが、日、刻の遁行盤の九星が一定の期間順数（九星の数字が増えていく）となる。陽遁の開始は冬至に最も近い一白水星の日。陰遁、陽遁は暦学上の言葉である。陰遁期とはおおよそ夏至から冬至までの間で日照時間が徐々に短くなる期間。陽遁期

はおおよそ冬至から夏至までの間で日照時間が徐々に長くなる期間。陽遁期でも年盤、月盤は逆数（九、八、七、六、五、四、三、二、一、九のように数字が減っていくこと）で進行するが、日盤と刻盤は、一、二、三、四、五、六、七、八、九、一のように数字が増えていく順数で進行する。

【用神　ようじん】
四柱推命の用語。命式を構成する十干のなかで、日干の五行にとって、最も重要な五行を生じる五行の十干のこと。もし、その人の日干が、戊土で命式の中で土行が強ければ、水が必要となり、水、ないし水を生む金が用神となる。

【余気　よき】
十二支に内蔵されている十干のひとつ。ほかに中気、正気がある。【蔵干　ぞうかん】参照

【理　り】
中国宋の時代に成立した朱子学の中心課題。理法ともいい、万物、万象を形作る気を成り立たせている原理、根拠の意味で使用される。朱子は、理を形もなく、現象もしない「形而上」とし、これに対して、万物、万象を形成するものを「気」と規定して、これを「器」「形而下」とした。そして、理と気を不即不離としつつも峻別し、理は気の根源と理気二元論を主張した。

【六親　りくしん】
最も身近な家族を指す。一般的には、父、母、兄、弟、妻、子をいう。

【略筮法　りゃくぜいほう】
筮を立てて吉凶を占う方法のひとつ。筮竹を三回操作する筮法。（三変筮法ともいう。筮竹を六回操作する筮法を中筮法、本筮法は十八変筮法という）

【流年運　りゅうねんうん】
年運（歳運）、月運など、日々刻々移り変わる運気、運勢のこと。流年運の反対語が宿命運である。

例えば、気学による年運（流年運）は、
①年盤の本命星に凶殺がついているか
②後天定位盤に同会させたとき、後天定位盤のどのような運気の強さをもつ宮に本命星が回座しているか
③本命星の運気を①②と勘案して推し量る
という手順を踏む。

このように流年運とは毎年、毎月の運気のこと。その人自身の健康、仕事や家庭、あるいは金運や事業の好不調など。人のその都度の運気を把握するためには、流年運と生まれつきの気質、運気である潜在運と合わせて観ることが必要である。

〈例〉本命星が四緑木星の人の平成三十年の年運（流年運）

2018年（平成30年）
己亥八白土星年　年盤

巽	南	坤
8ハ	4ア	6
東 7	9	2 西
3	5	1
艮	北	乾

〈後天定位盤〉

巽	南	坤
4	9	2
東 3	5	7 西
8	1	6
艮	北	乾

平成三十年は、本命四緑木星が南になる。離宮に回座し、九紫火星に同会する。離宮は衰運末期の運気の座であり、順風は期待薄となる。むしろ九紫火星の気の作用をうけて、気持ちが高揚するので、何事にも浮かれないように慎重な心構えが必要となる。とくに、本命星が暗剣殺を帯同しているので、調整能力や相手に対する信頼性などの点で、四緑木星の気質の良い面が働きにくくなり、ネガティブな作用をうけやすくなる。

【両儀　りょうぎ】
陰陽両儀ともいう。易の存在論で使われる言葉。万物の根源である太極から生じる陰・陽をいう。

【暦学　れきがく】
暦に関する理論や暦の作成などについて研究する天文学の一部。暦算天文学とも言われる。暦学の対象となるのは、古代エジプトの太陽暦、古代ローマのユリウス暦、グレゴリオ暦、その他、太陰暦、置閏法、太陰太陽暦、和暦などがある。気学はグレゴリオ暦を基本としつつ、二十四節気にも依拠し、例えば、二月四日の立春をもって新年、本命星の切り替わりとしている。

【暦注　れきちゅう】
暦本に記載されている種々の注記。日時や方位の吉凶、その日の運勢などを記載し、人々の行動指針となっていた時代もあった。上段に日付、曜日、六曜、二十四節気、年中行事など、中段に十二直、下段に九星、選日、二十八宿などを掲載していた。

【暦道　れきどう】
我が国において、律令制の下での陰陽寮で教えられた暦学のひとつ。六〇二年の百済の僧、観勒の来日による暦学の伝来に起源をもつ。

【連山易　れんざんえき】
三易のひとつ。三易とは古代中国において卦を用いた運命予見の書の総称。連山、帰蔵、周易の三種の書があったと伝えられているが、現存するのは、周易のみ。従って現在は易といえば、現存している周易をさす。

【老陰　ろういん】
太極からの陰と陽（陰陽両儀）からの組み合わせのひとつ。陰爻が重なる。陰中の陰。これを老陰という。易において宇宙を生み出す元の概念である「太極」から陰陽が生まれ、さらに「四象」が生まれ、そして八卦が生まれる。陰陽二爻の組み合わせによりその概念を表した。老陽（ろうよう）は陽爻二本、老陰（ろういん）は陰爻二本、少陽（しょうよう）は陽爻一本と陰爻一本、少陰（しょういん）は陽爻一本と陰爻一本を組み合わせる。「周易」繋辞伝（上）にある「易に太極あり、これ両儀を生じ、両儀は四象を生じ、四象は八卦を生ず。八卦は吉凶を定め、吉凶は大業を生ず」に由来する。老陰が生み出す九星は、二黒土星☷、八白土星☶がある。【易　えき】参照

〈太極から八卦の展開図〉

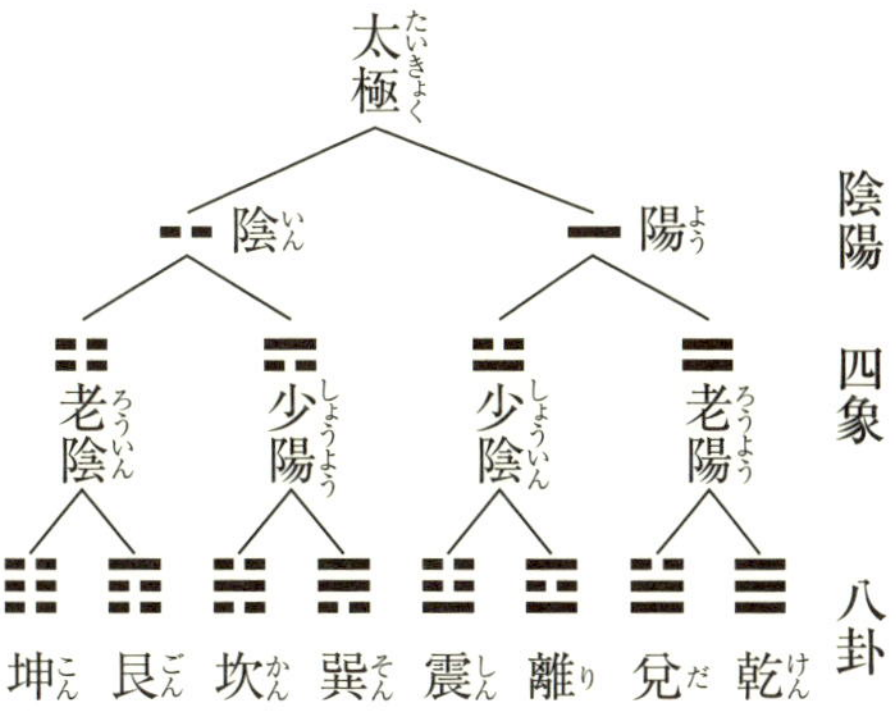

【老陽　ろうよう】

太極からの陰と陽（陰陽両儀）からの組み合わせのひとつ。陽爻が重なる。陽中の陽。これを老陽という。易において宇宙を生み出す元の概念。太極から陰陽が生まれ、さらに四象が生まれ、そして八卦が生まれる。陰陽二爻の組み合わせによりその概念を表した。老陽（ろうよう）は陽爻二本、老陰（ろういん）は陰爻二本、少陽（しょうよう）は陽爻一本と陰爻一本、少陰（しょういん）は陽爻一本と陰爻一本を組み合わせる。「周易」繋辞伝（上）にある「易に太極あり、これ両儀を生じ、両儀は四象を生じ、四象は八卦を生ず。八卦は吉凶を定め、吉凶は大業を生ず」に由来する。老陽が生み出す九星には、六白金星☰、七赤金星☱がある。【易　えき】参照

【六十干支表　ろくじゅうかんしひょう】干支（十干と十二支を組み合わせた）表のこと。

1 甲子《カッシ》 きのえね	11 甲戌《コウジュツ》 きのえいぬ	21 甲申《コウシン》 きのえさる	31 甲午《コウゴ》 きのえうま	41 甲辰《コウシン》 きのえたつ	51 甲寅《コウイン》 きのえとら
2 乙丑《イッチュウ》 きのとうし	12 乙亥《イツガイ》 きのとい	22 乙酉《イツユウ》 きのととり	32 乙未《イツビ》 きのとひつじ	42 乙巳《イッシ》 きのとみ	52 乙卯《イツボウ》 きのとう
3 丙寅《ヘイイン》 ひのえとら	13 丙子《ヘイシ》 ひのえね	23 丙戌《ヘイジュツ》 ひのえいぬ	33 丙申《ヘイシン》 ひのえさる	43 丙午《ヘイゴ》 ひのえうま	53 丙辰《ヘイシン》 ひのえたつ
4 丁卯《テイボウ》 ひのとう	14 丁丑《テイチュウ》 ひのとうし	24 丁亥《テイガイ》 ひのとい	34 丁酉《テイユウ》 ひのととり	44 丁未《テイビ》 ひのとひつじ	54 丁巳《テイシ》 ひのとみ
5 戊辰《ボシン》 つちのえたつ	15 戊寅《ボイン》 つちのえとら	25 戊子《ボシ》 つちのえね	35 戊戌《ボジュツ》 つちのえいぬ	45 戊申《ボシン》 つちのえさる	55 戊午《ボゴ》 つちのえうま
6 己巳《キシ》 つちのとみ	16 己卯《キボウ》 つちのとう	26 己丑《キチュウ》 つちのとうし	36 己亥《キガイ》 つちのとい	46 己酉《キユウ》 つちのととり	56 己未《キビ》 つちのとひつじ
7 庚午《コウゴ》 かのえうま	17 庚辰《コウシン》 かのえたつ	27 庚寅《コウイン》 かのえとら	37 庚子《コウシ》 かのえね	47 庚戌《コウジュツ》 かのえいぬ	57 庚申《コウシン》 かのえさる
8 辛未《シンビ》 かのとひつじ	18 辛巳《シンシ》 かのとみ	28 辛卯《シンボウ》 かのとう	38 辛丑《シンチュウ》 かのとうし	48 辛亥《シンガイ》 かのとい	58 辛酉《シンユウ》 かのととり
9 壬申《ジンシン》 みずのえさる	19 壬午《ジンゴ》 みずのえうま	29 壬辰《ジンシン》 みずのえたつ	39 壬寅《ジンイン》 みずのえとら	49 壬子《ジンシ》 みずのえね	59 壬戌《ジンジュツ》 みずのえいぬ
10 癸酉《キユウ》 みずのととり	20 癸未《キビ》 みずのとひつじ	30 癸巳《キシ》 みずのとみ	40 癸卯《キボウ》 みずのとう	50 癸丑《キチュウ》 みずのとうし	60 癸亥《キガイ》 みずのとい

【六十四卦　ろくじゅうよんか・ろくじゅうしか】易の八卦（これを小成卦といい、八種類ある）が組み合わさったもの。八卦と八卦をかけるため、六十四卦のケースができる。占筮の基本。【易　えき】参照

【六曜　ろくよう・りくよう】

暦注のひとつ。「りくよう」ともいう。「六輝」先勝（せんかち、せんしょう）、友引（ともびき）、先負（せんまけ、せんぷ）、仏滅（ぶつめつ）、大安（たいあん、だいあん）、赤口（しゃっく、しゃっこう）のこと。一般のカレンダーに記載され身近なものとなっている。「結婚式は大安の日に」「仏滅の日は慶事を避ける」など、冠婚葬祭に活用され、人々の生活の中に根付いている。

【論語　ろんご】

紀元前五世紀頃、孔子と高弟との対話を孔子の死後、弟子達が記録した書物である。『孟子』『大学』『中庸』と併せて『四書』といわれる。「子曰く・・・」ではじまる言葉で有名。孔子は多数の弟子を諸侯に仕えさせるため、諸国を巡る流浪の旅を続けた。仁、義、礼孝、忠の話を軸にして弟子達と問答を兼ねて弟子の修養に尽くした。諸子百家のひとつである儒教の始祖とされる。従って、『論語』に残されている孔子の言葉には、易思想、老荘思想、仏教などを吸収して成立した後世(主に宋代)の新儒教といわれる朱子が展開したような哲学的な内容はみられない。

【資料1】気学の組織

気（生々の気）

陰　　　　陽

五　行

木　火　土　金　水

十　干

甲　丙　戊　庚　壬
乙　丁　己　辛　癸

十　二　支

寅　午　辰　戌　申　子
卯　巳　丑　未　酉　亥

九　星

三碧木星　四緑木星　九紫火星　二黒土星　五黄土星　八白土星　六白金星　七赤金星　一白水星

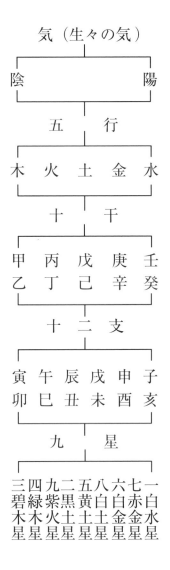

【資料2】九星・干支組み合せ図

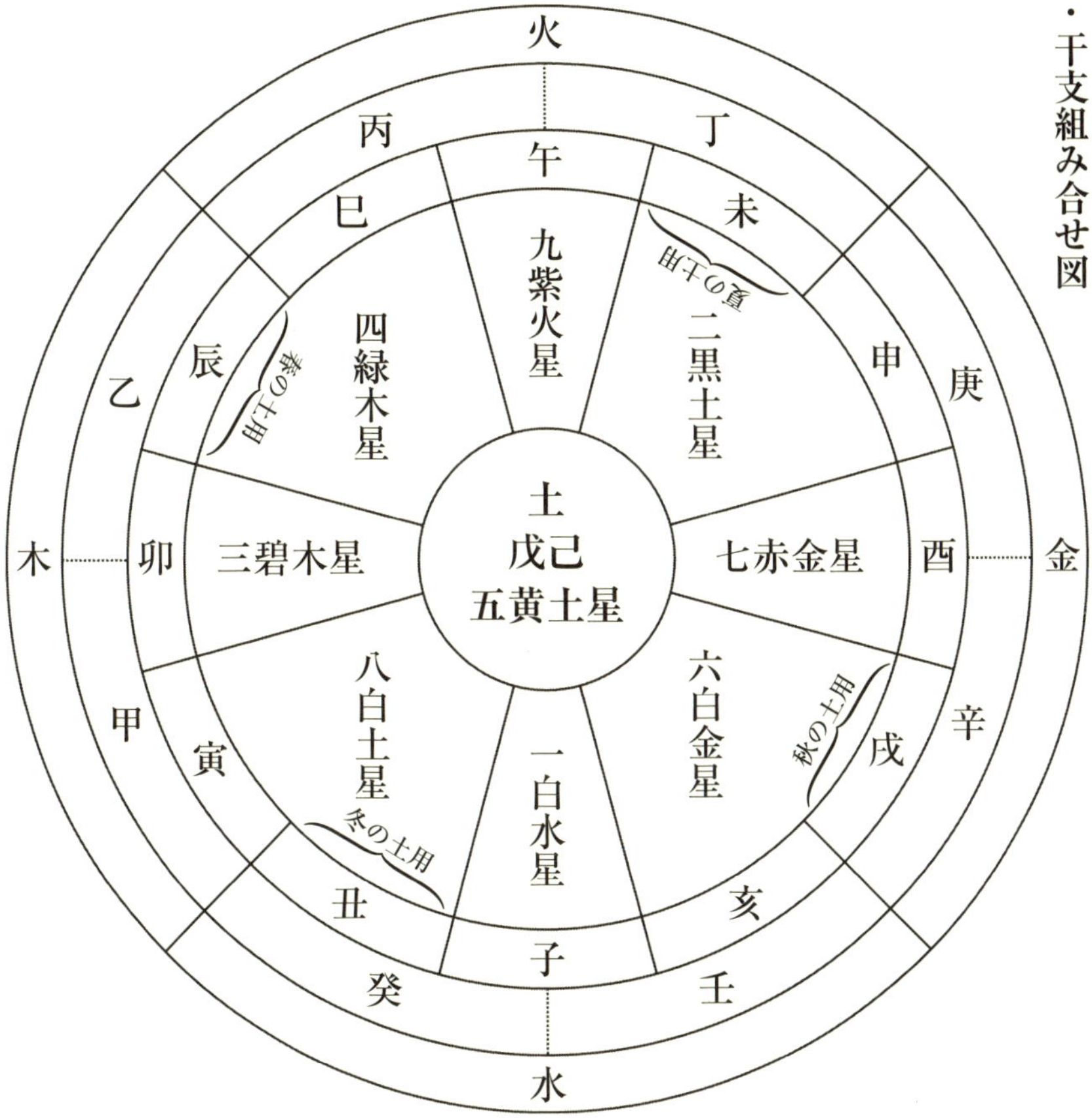

子卯午酉年の月盤

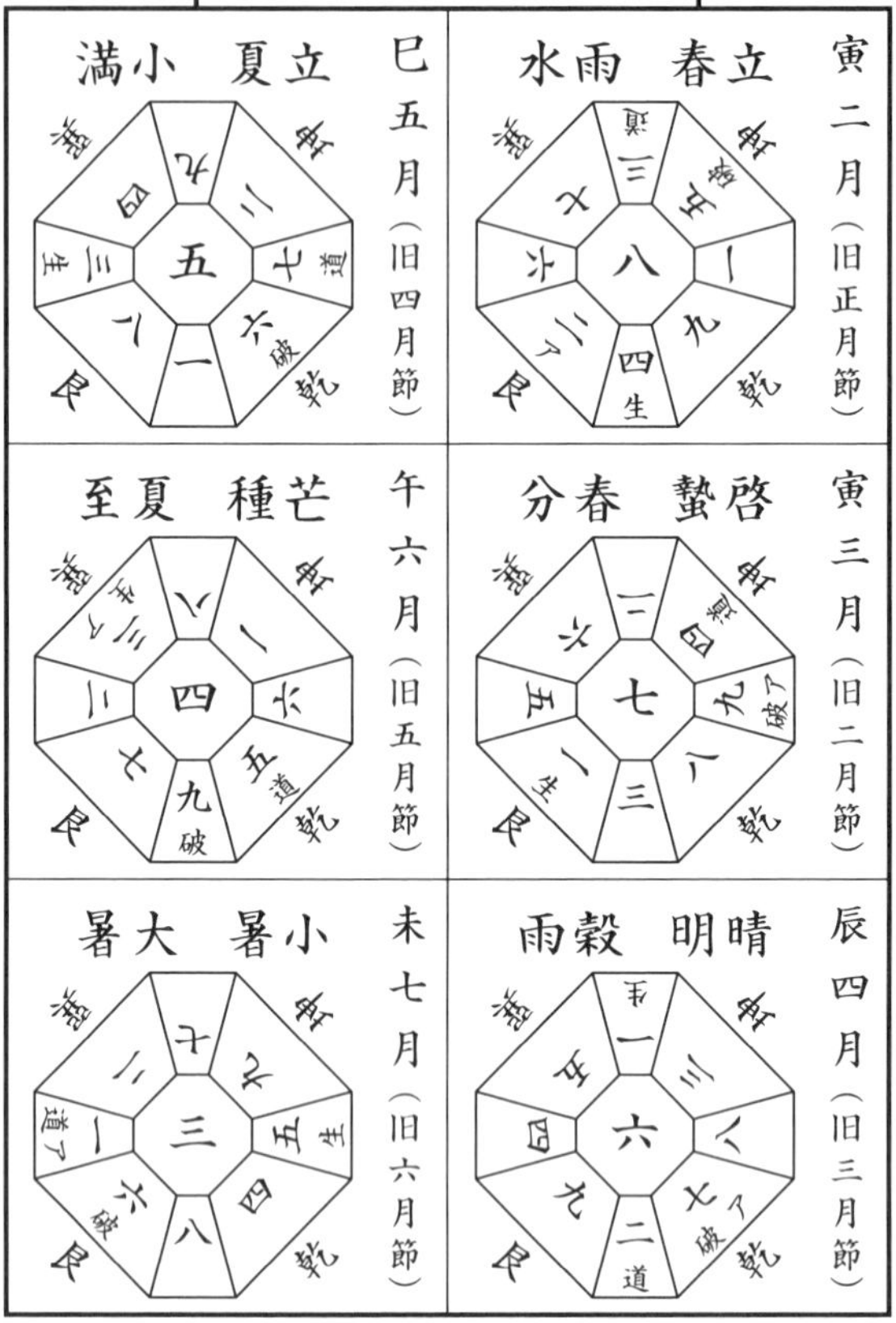
寅 二月（旧正月節）
立春　雨水
寅 三月（旧二月節）
啓蟄　春分
辰 四月（旧三月節）
晴明　穀雨
巳 五月（旧四月節）
立夏　小満
午 六月（旧五月節）
芒種　夏至
未 七月（旧六月節）
小暑　大暑

(4.9)七 (3.8)四 (1.6)一

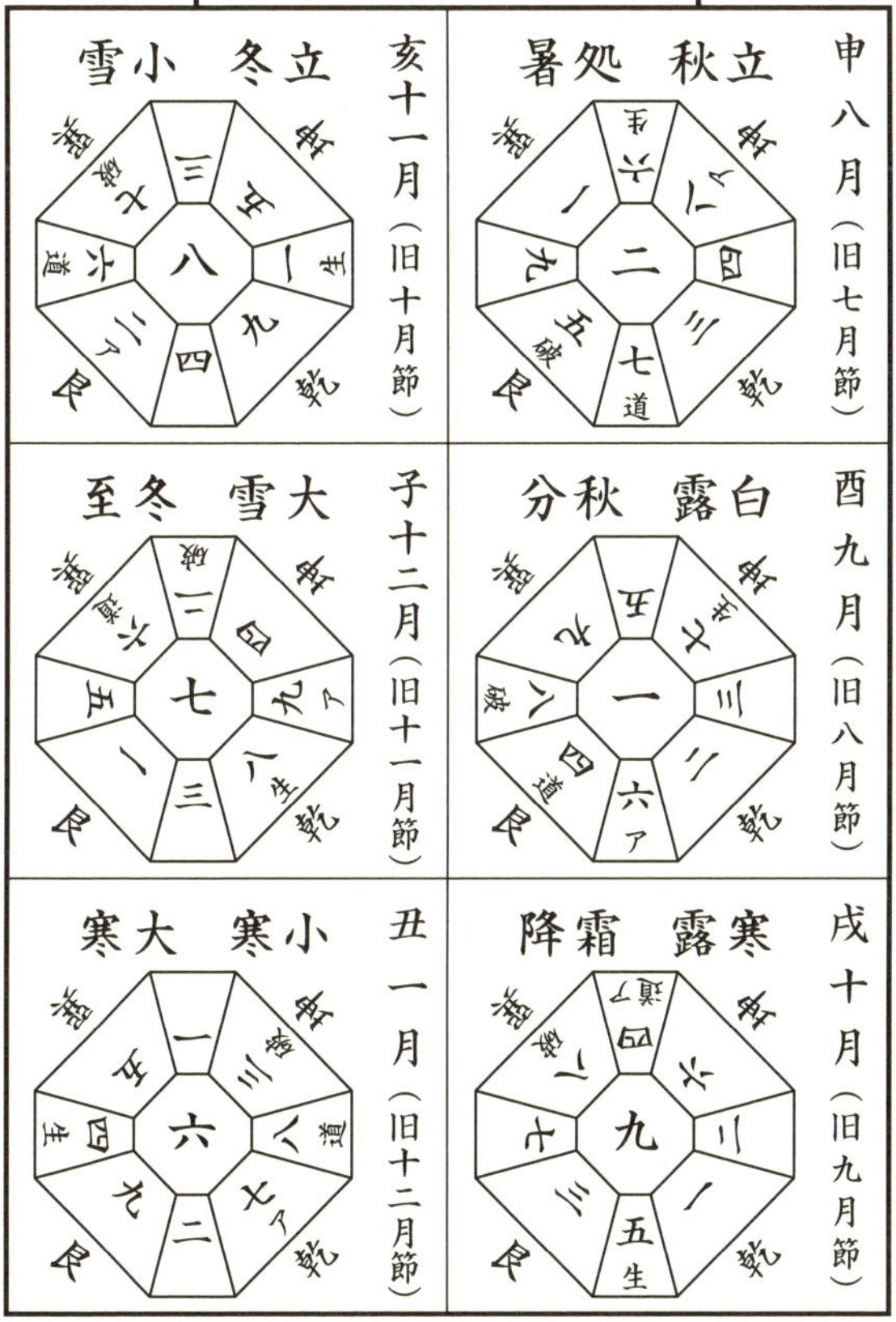

申 八月（旧七月節）
立秋 処暑
二
亥 十一月（旧十月節）
立冬 小雪
八
酉 九月（旧八月節）
白露 秋分
一
子 十二月（旧十一月節）
大雪 冬至
七
戌 十月（旧九月節）
寒露 霜降
九
丑 一月（旧十二月節）
小寒 大寒
六

丑辰未戌年の月盤

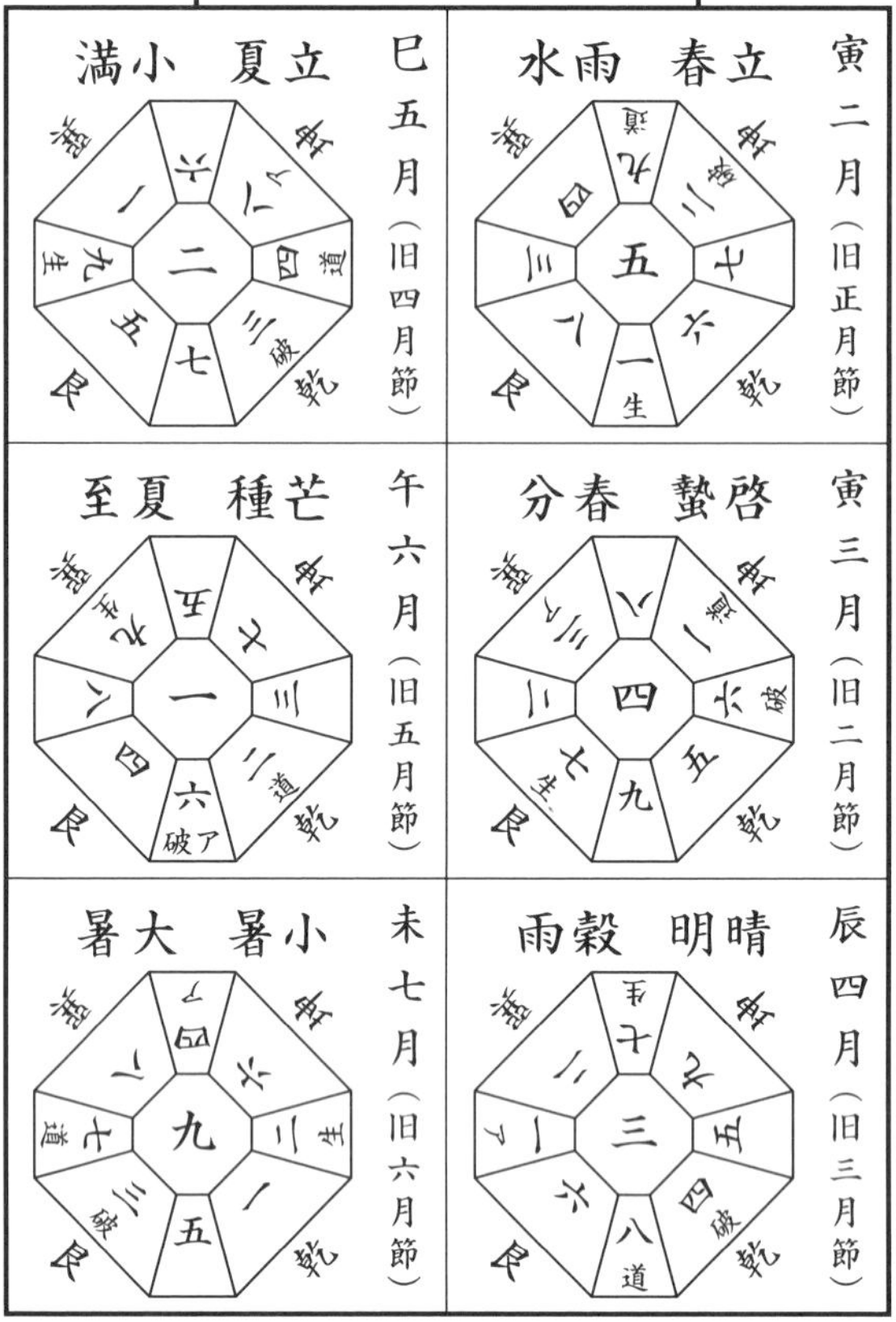

寅 二月（旧正月節） 立春 雨水
巳 五月（旧四月節） 立夏 小満
寅 三月（旧二月節） 啓蟄 春分
午 六月（旧五月節） 芒種 夏至
辰 四月（旧三月節） 晴明 穀雨
未 七月（旧六月節） 小暑 大暑

(2.7) **九** (4.9) **六** (3.8) **三**

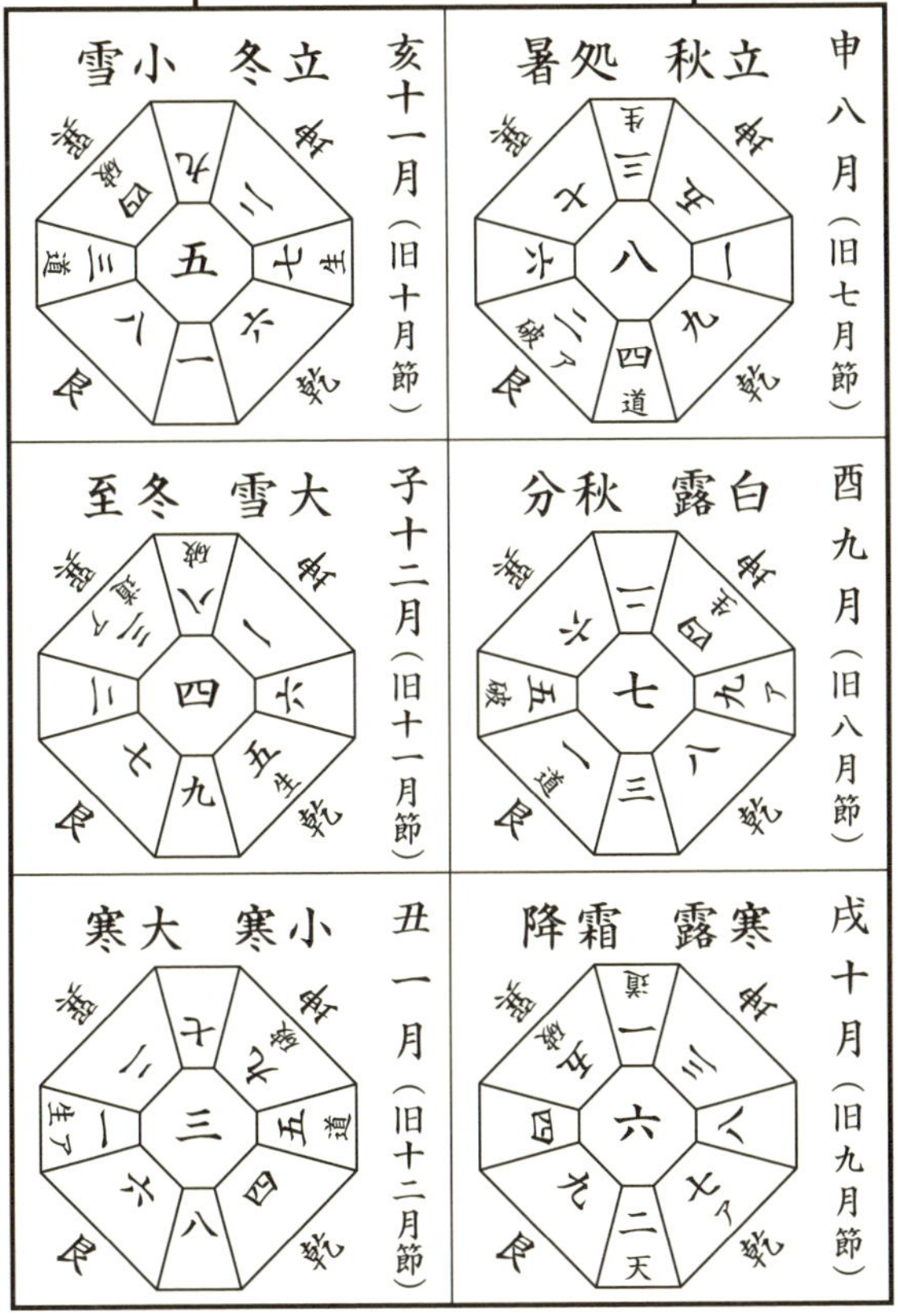

申八月（旧七月節）
立秋 処暑
亥十一月（旧十月節）
立冬 小雪
酉九月（旧八月節）
白露 秋分
子十二月（旧十一月節）
大雪 冬至
戌十月（旧九月節）
寒露 霜降
丑一月（旧十二月節）
小寒 大寒

寅巳申亥年の月盤

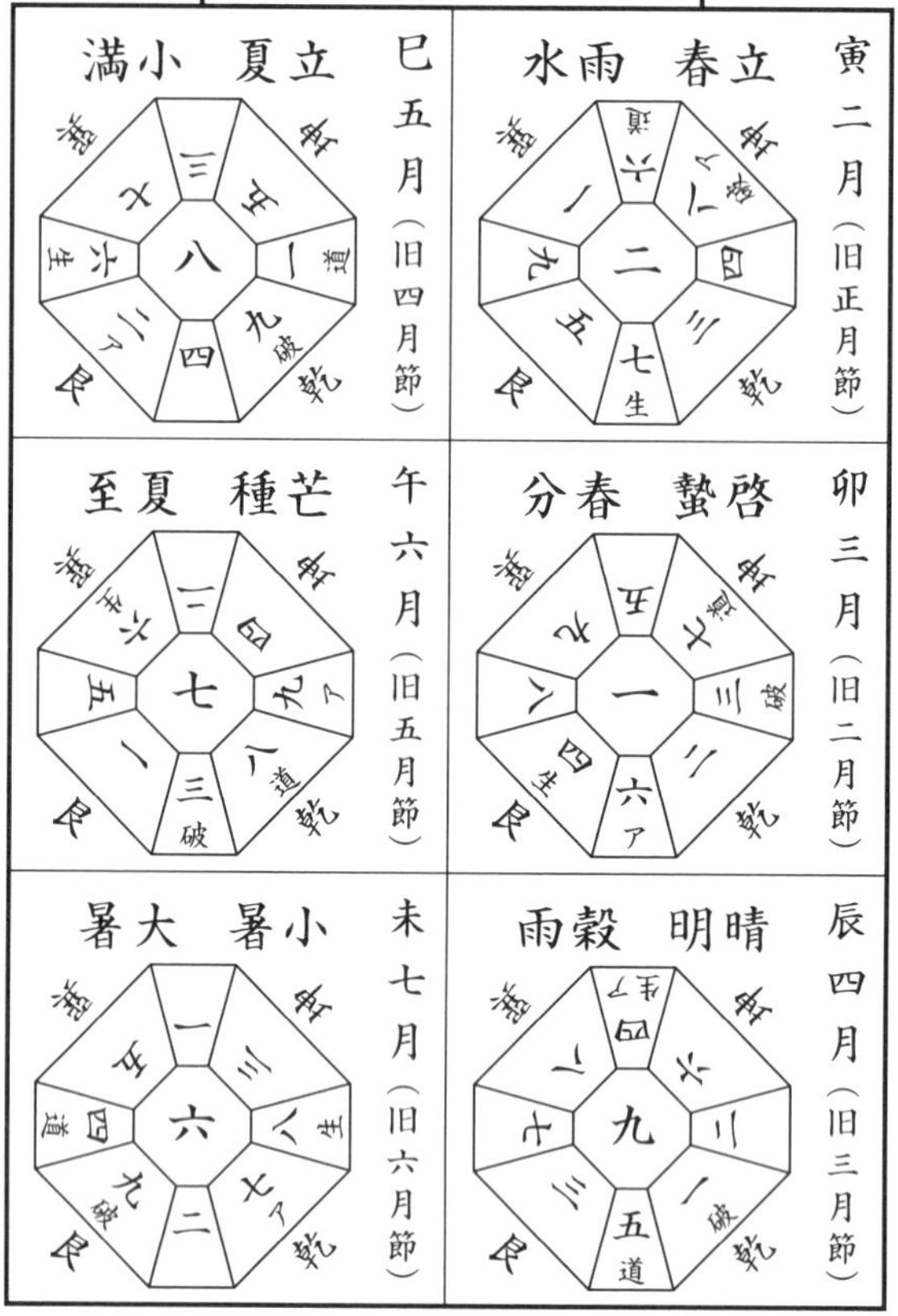
寅 二月（旧正月節）
立春 雨水
巳 五月（旧四月節）
立夏 小満
卯 三月（旧二月節）
啓蟄 春分
午 六月（旧五月節）
芒種 夏至
辰 四月（旧三月節）
清明 穀雨
未 七月（旧六月節）
小暑 大暑

(5.10) **八** (5.10) **五** (5.10) **二**

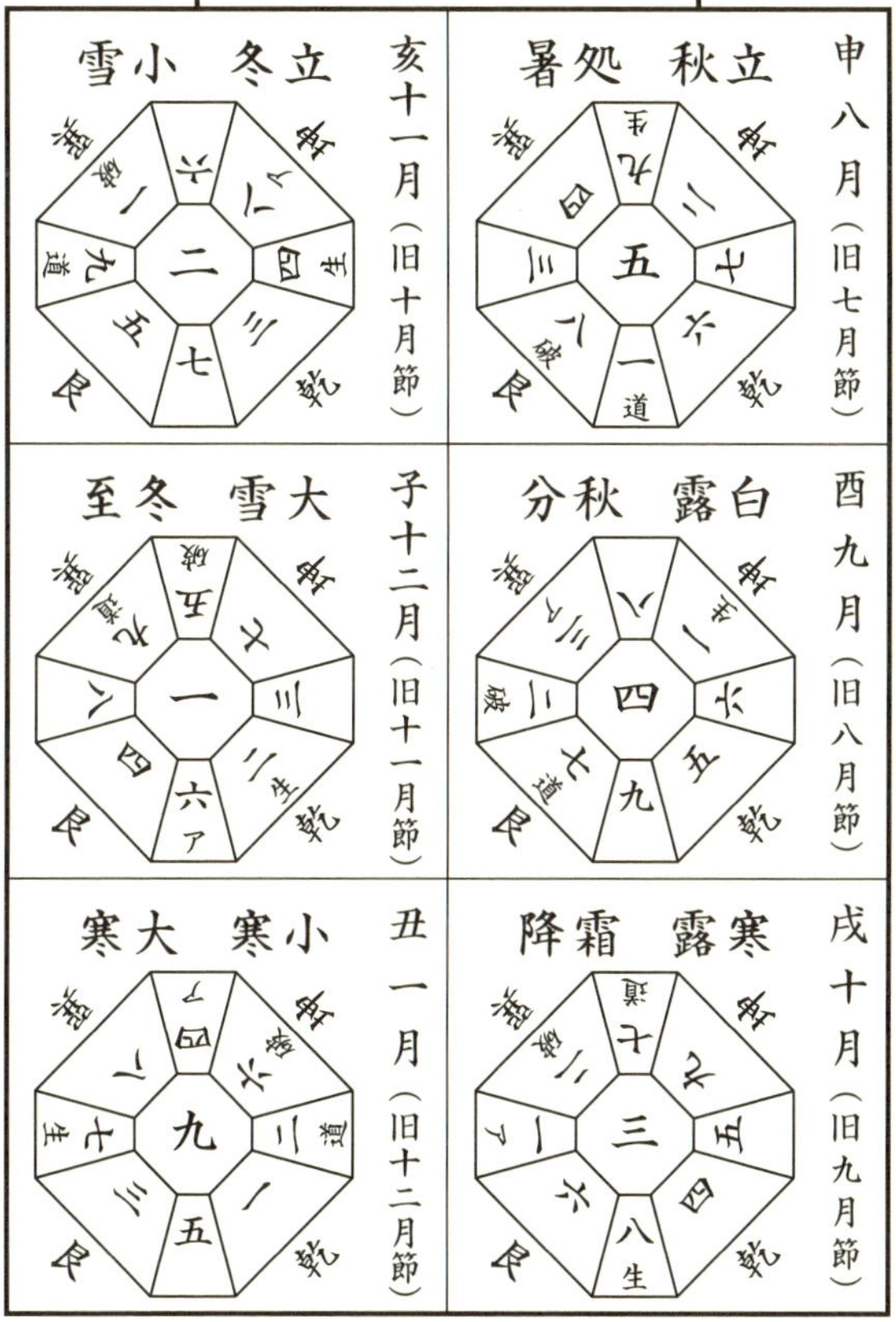

陽遁
子　卯
午　酉
の日の
時刻盤

冬至節
甲子の日
を以って
九星順行
の始めと
す

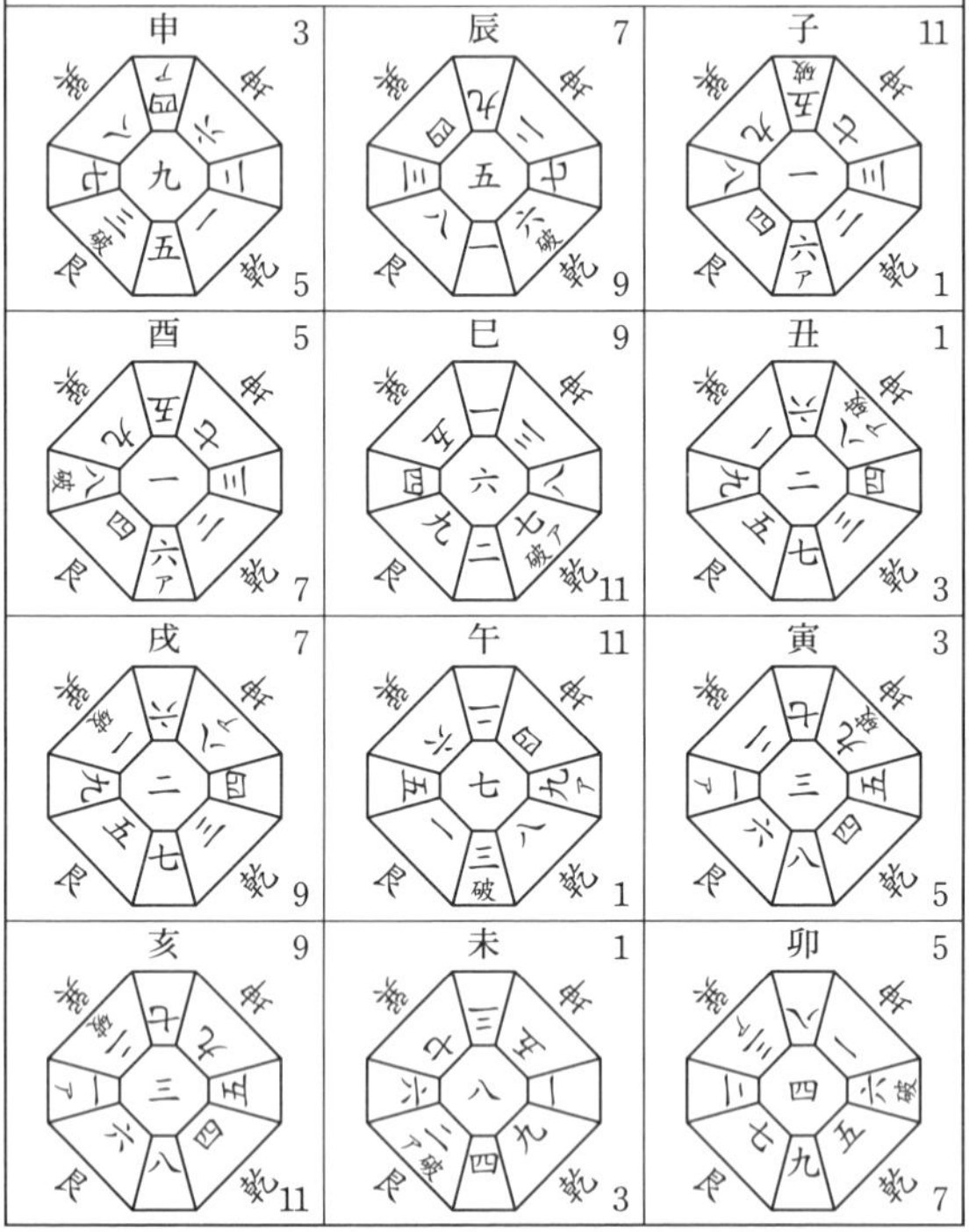

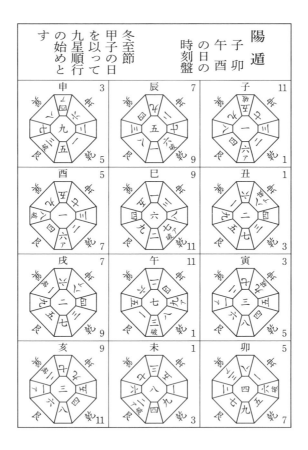

陽遁 丑辰未戌の日の時刻盤

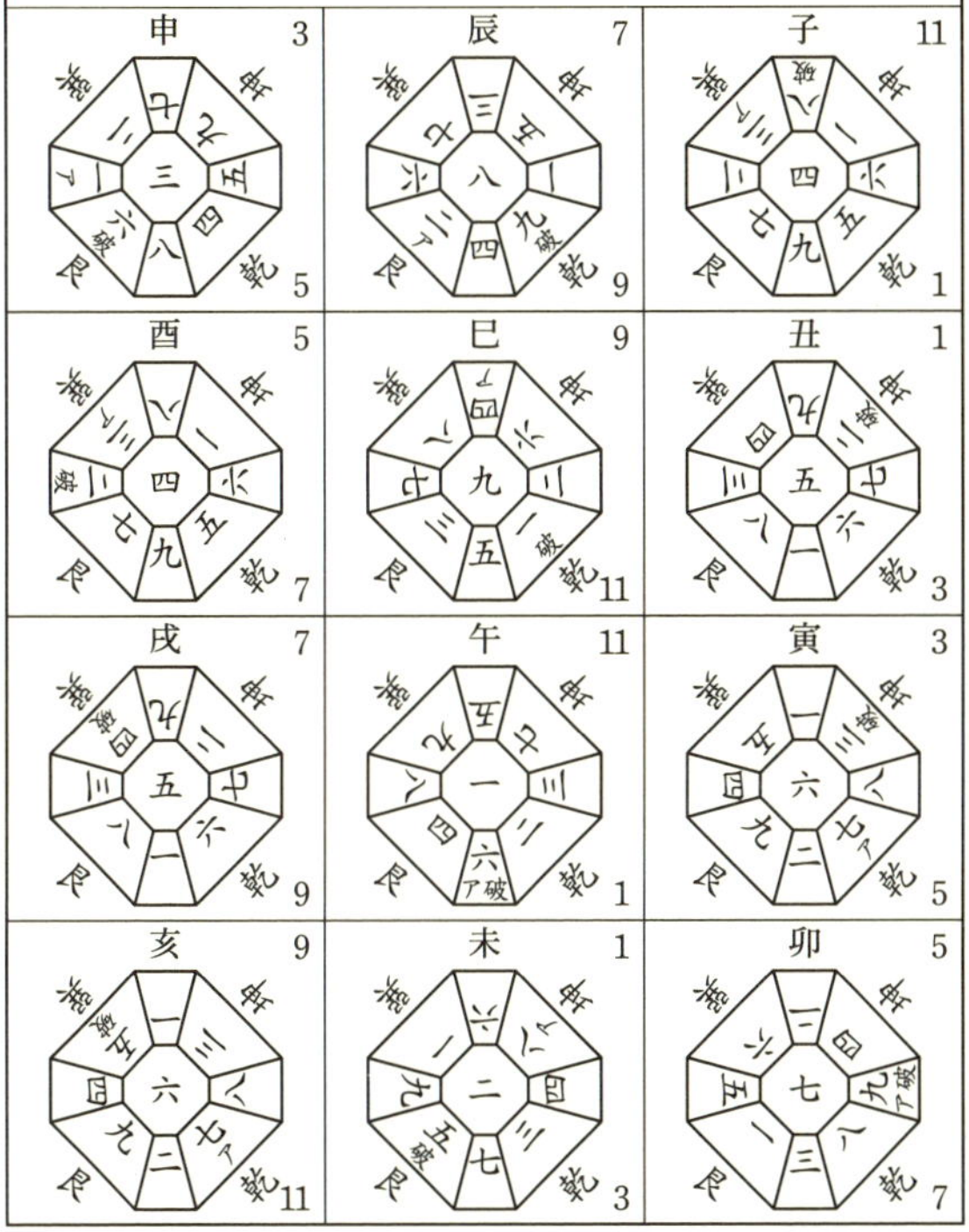

陽遁

寅巳申亥の日の時刻盤

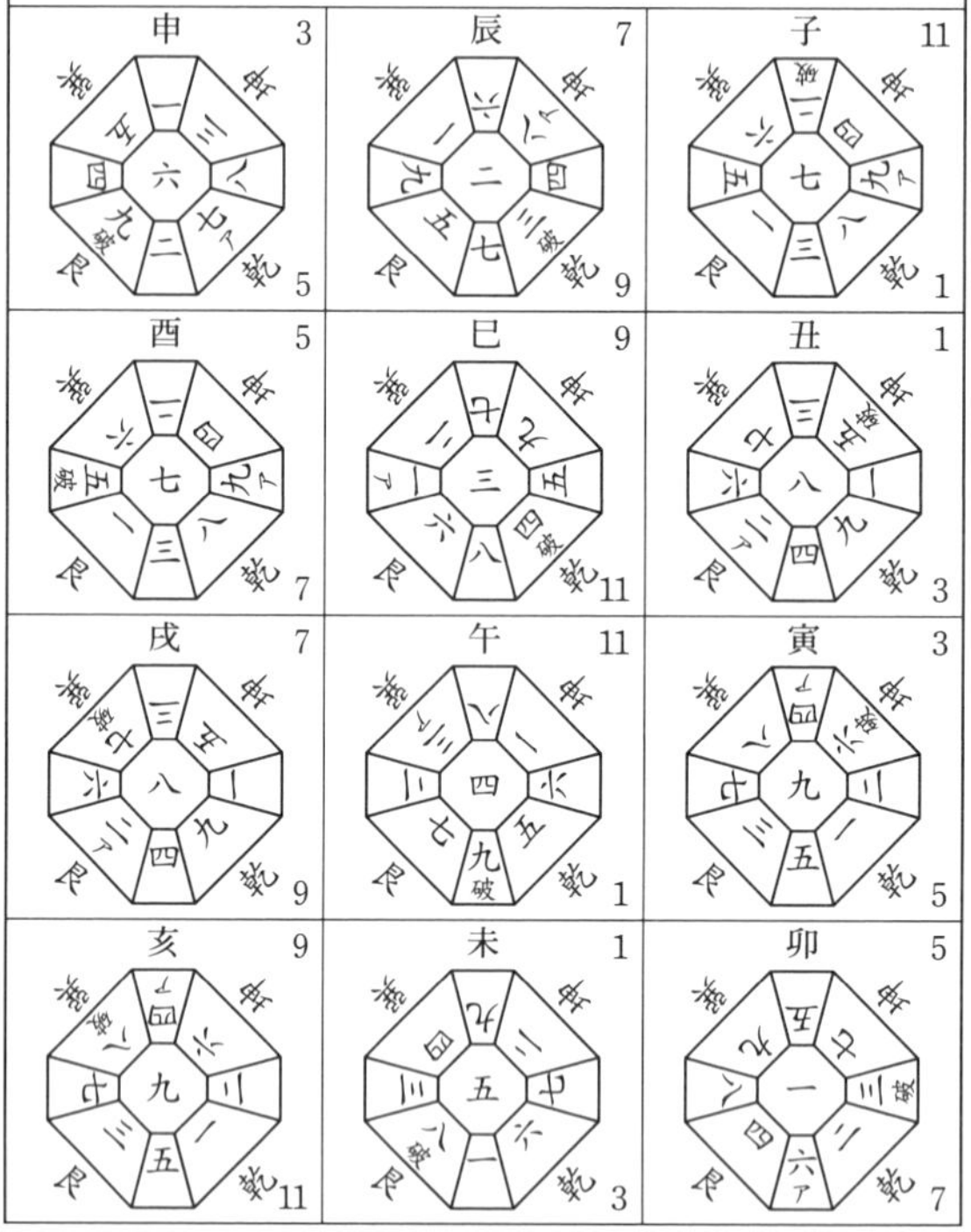

陰遁

子卯午酉の日の時刻盤

夏至節甲子の日を以って九星逆行の始めとする

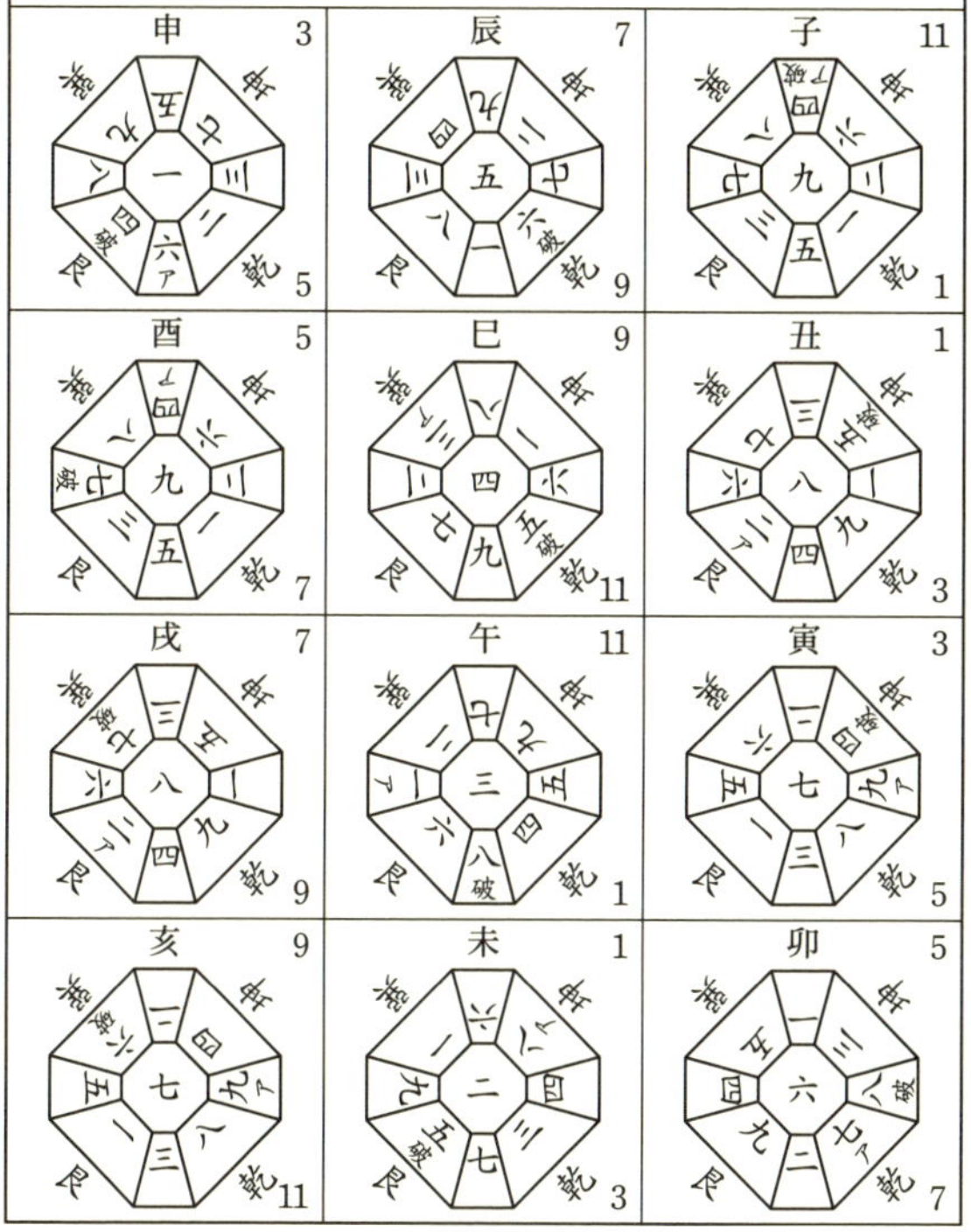

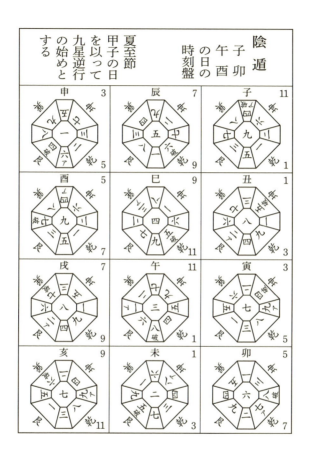

陰遁

丑辰未戌の日の時刻盤

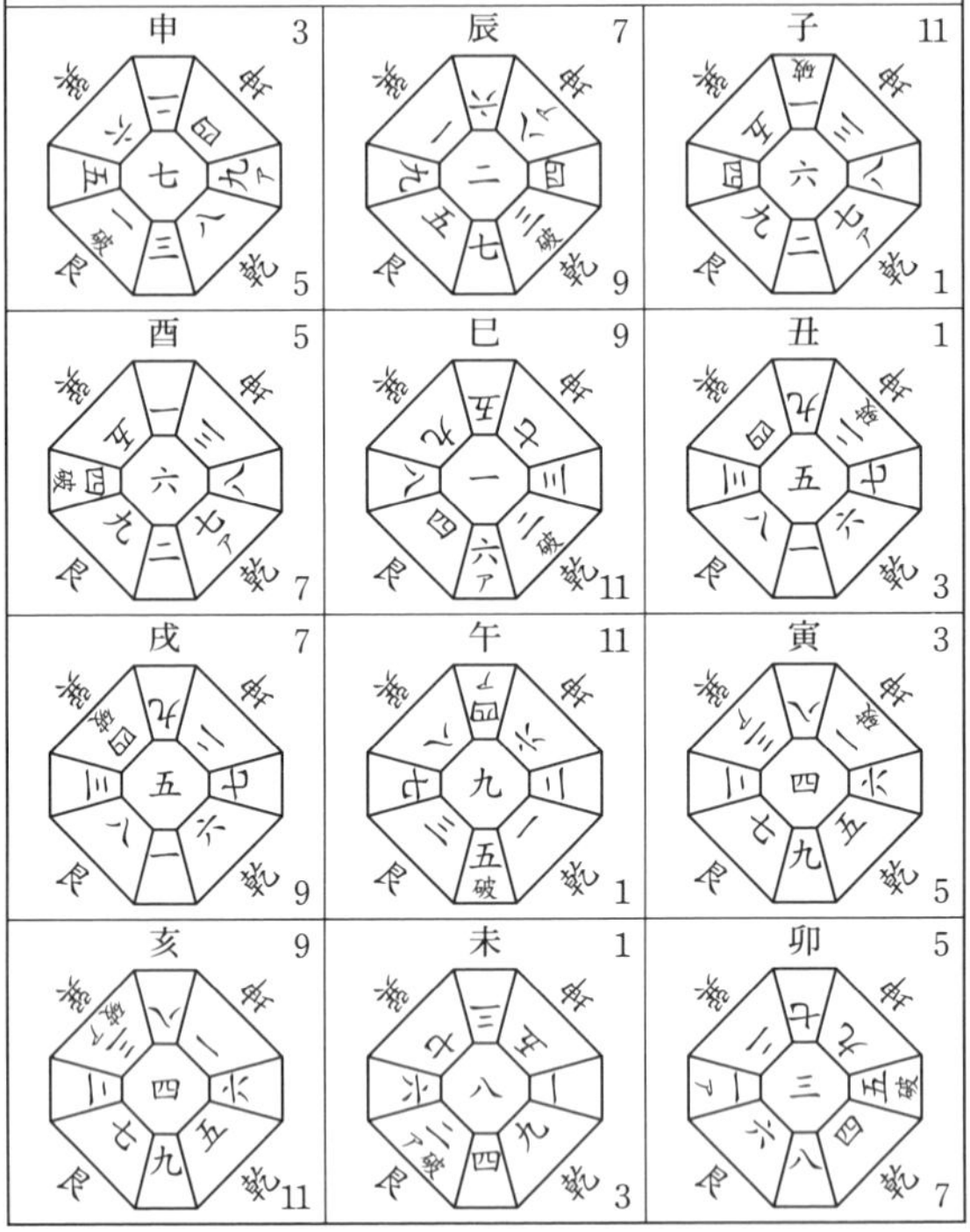

陰遁

寅巳申亥の日の時刻盤

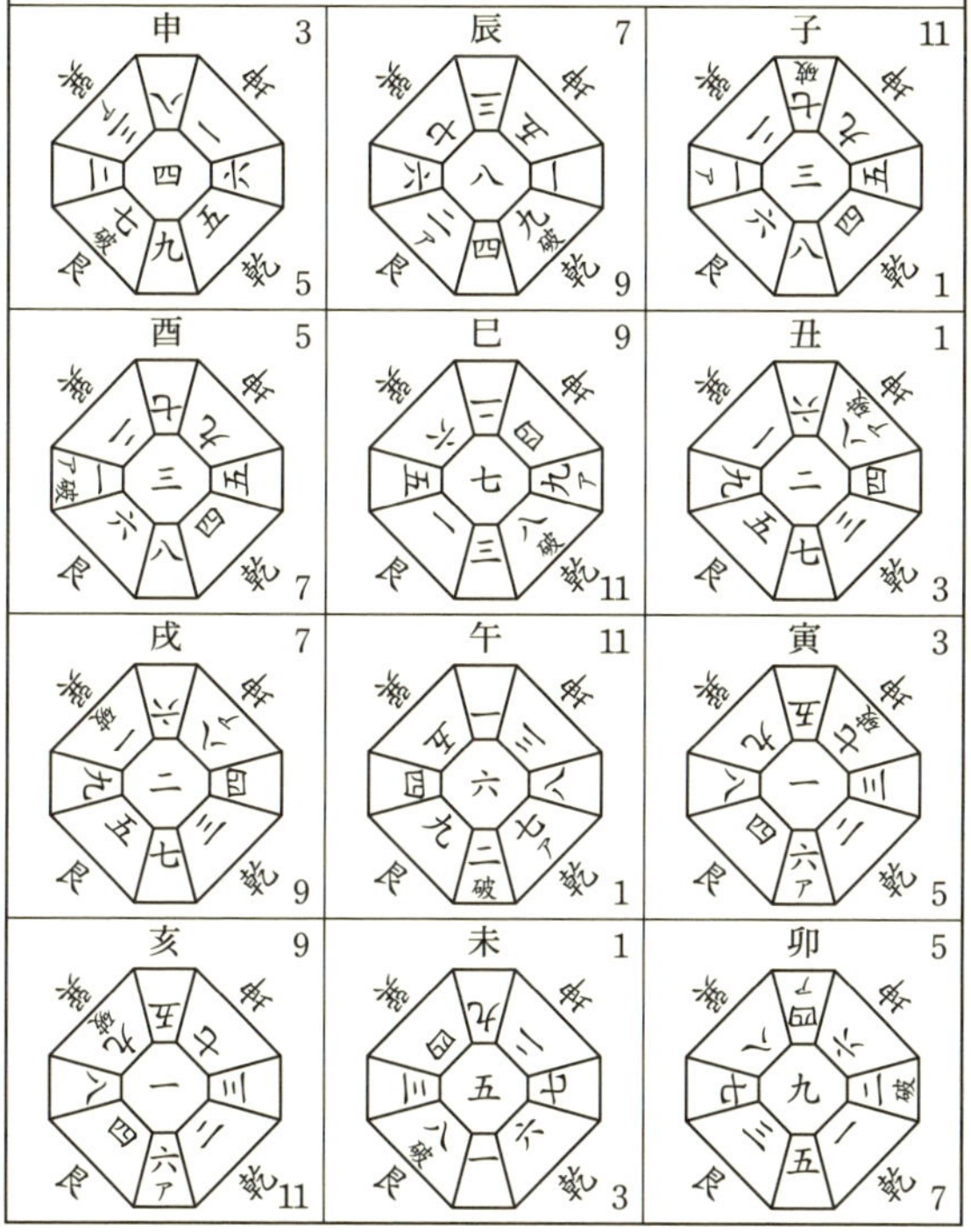

ホロスコープ　ほろすこーぷ…256
本筮法　ほんぜいほう…256
本命殺　ほんめいさつ…256
本命星　ほんめいせい…257
本命的殺　ほんめいてきさつ…258
本命盤　ほんめいばん…258
【ま】
埋金法　まいきんほう／埋木法　まいぼくほう…259
間取り　まどり…27
魔法陣　まほうじん…259
萬年暦　まんねんれき…260
巳　み…160
身強　みきょう／身弱　みじゃく…260
御砂祓い　みすなばらい　261
壬　みずのえ・ジン…140
癸　みずのと・キ…140
南欠け　みなみかけ…39
南張り　みなみはり…37
命式表　めいしきひょう…261
命理学　めいりがく…262
孟子　もうし…262
木局三合
もくきょくさんごう…129,262
沐浴　もくよく…152,262
盛り塩　もりじお…263
【や】
厄年　やくどし…264
祐気どり　ゆうきどり…264
ユリウス暦　ゆりうすれき…265
養　よう…154
陽爻　ようこう…106
陽宅　ようたく…265
陽遁期　ようとんき…265
用神　ようじん…266
余気　よき…266
【ら】
洛書　らくしょ…42
離　り…43
理　り…267
離宮　りぐう…91
六親　りくしん…267
立夏節　りっかせつ…234
立秋節　りっしゅうせつ…236
立春節　りっしゅんせつ…232
立冬節　りっとうせつ…237
略筮法　りゃくぜいほう…267
流年運　りゅうねんうん…267
両儀　りょうぎ…269
暦学　れきがく…269
暦注　れきちゅう…269
暦道　れきどう…270
連山易　れんざんえき…270
老陰　ろういん…270
老陽　ろうよう…271
六十干支表
ろくじゅうかんしひょう…272
六十四卦
ろくじゅうよんか・ろくじゅうしか…272
六曜　ろくよう・りくよう…273
六白金星　ろっぱくきんせい…70
論語　ろんご…273

【は】

破　は／破れ　やぶれ…242
白寿　はくじゅ…243
白露節　はくろせつ…236
八十八夜　はちじゅうはちや…243
初午　はつうま…243
八卦　はっか、はっけ…18,243
八将軍　はっしょうぐん…244
八白土星　はっぱくどせい…75
張り　はり…33
張りと欠け　はりとかけ…33
晩夏　ばんか…244
半夏生　はんげしょう…244
晩秋　ばんしゅう…244
晩春　ばんしゅん…245
晩冬　ばんとう…245
晩年運　ばんねんうん…17
東欠け　ひがしかけ…38
東張り　ひがしはり…36
彼岸　ひがん…245
比肩星　ひけんせい…211,245
未　ひつじ…161
未申欠け　ひつじさるかけ…39
未申張り　ひつじさるはり…37
被同会法　ひどうかいほう…222
丙　ひのえ・ヘイ…138
丁　ひのと・テイ…138
百寿　ひゃくじゅ…246
病　びょう…153
豹尾神　ひょうびしん…246
比和　ひわ…246
風水　ふうすい…246
風門　ふうもん…247
吹き抜け　ふきぬけ…247
伏義　ふくぎ・ふっき…247
福星貴人　ふくせいきじん…247
物象　ぶっしょう…247
仏滅　ぶつめつ…248
不変運　ふへんうん…17
文王　ぶんおう…248
米寿　べいじゅ…248
別棟　べつむね…249
偏印星　へんいんせい…213,249
偏角　へんかく…250
変化線　へんかせん…251
偏官星　へんかんせい…213
偏財星　へんざいせい…212
変通星　へんつうせい…252
墓（三合）　ぼ…252
墓（十二運）　ぼ…154,252
方位　ほうい…252
方位線の引き方
ほういせんのひきかた…32
方位の分界 ほういのぶんかい…252
方位盤　ほういばん…142,146
方替え　ほうがえ…253
方角　ほうがく…253
方鑑術　ほうかんじゅつ…253
方向　ほうこう…253
方合　ほうごう…254
方災　ほうざい…255
芒種節　ぼうしゅせつ…235
方象　ほうしょう…255
卜筮　ぼくぜい…255
卜占　ぼくせん…255
墓相　ぼそう…256

断易　だんえき…204
地支　ちし…204
地相　ちそう…205
冲　ちゅう…206
中気　ちゅうき…207
中宮　ちゅうぐう…92
中宮傾斜　ちゅうぐうけいしゃ…98
中元　ちゅうげん…207
仲春　ちゅうしゅん…207
中女　ちゅうじょ…208
中男　ちゅうなん…208
中年運　ちゅうねんうん…17
中庸　ちゅうよう…208
張横渠　ちょうおうきょ…208
彫金　ちょうきん…209
長生　ちょうせい…152
調木　ちょうぼく…209
戊　つちのえ（ボ）…139
己　つちのと（キ）…139
通変星　つうへんせい…209
程伊川　ていいせん…214
帝旺　ていおう…153,214
程明道　ていめいどう…214
的殺　てきさつ…215
天縁の星　てんえんのほし…215
天乙貴人　てんおつきじん…217
天干　てんかん…217
天空　てんくう…217
天道　てんどう…217
天徳　てんとく…218
天徳貴人　てんとくきじん…219
天徳合　てんとくごう…219
天徳星　てんとくせい…219
天門　てんもん…222
同会　どうかい…222
同会法　どうかいほう…222
淘宮術　とうきゅうじゅつ…224
冬至節　とうじせつ…238
特殊傾斜　とくしゅけいしゃ…98,224
特別祈願　とくべつきがん…224
床の間　とこのま…224
歳徳神　としとくじん…225
土砂法　どしゃほう…225
土用　どよう…225
寅　とら…158
酉　とり…162
遁行　とんこう…227
遁行四盤　とんこうしばん…228

【な】

中廊下　なかろうか…229
納音　なっちん…230
二十四山盤　にじゅうしざんばん…230
二十八宿　にじゅうはちしゅく…230
二十四節気　にじゅうしせっき…231
日盤　にちばん…239
日主　にっしゅ…239
日柱　にっちゅう…240
日破　にっぱ…242
二百十日　にひゃくとおか…240
入梅　にゅうばい…240
庭木の伐採　にわきのばっさい…41
子　ね…157
禰宜　ねぎ…92
年運　ねんうん…240
年柱　ねんちゅう…241
年盤　ねんばん…241

人門　じんもん…174
衰　すい…153,175
衰運期　すいうんき…175
水気と火気　すいきとかき…33
水局三合　すいきょくさんごう…132
数象　すうしょう…175
宿曜占術　すくようせんじゅつ…176
性　せい…177
盛運期　せいうんき…177
生旺墓　せいおうぼ…178
正官星　せいかんせい…178,213
生気（吉神）せいき…179
生気（五行の相生）せいき…179
正気　せいき…180
正財星　せいざいせい…180,212
正象　せいしょう…180
生数　せいすう…181
成数　せいすう…181
正中　せいちゅう…181
生木　せいぼく…181
清明節　せいめいせつ…234
生門　せいもん…182
絶　ぜつ…154,182
節入り　せついり…182
節替わり　せつがわり…182
節分　せつぶん…183
潜在運　せんざいうん…183
占星術　せんせいじゅつ…183
先天図　せんてんず…184
先天定位盤
　せんてんじょういばん…184
宋学　そうがく…185
蔵干　ぞうかん…193
蔵気　ぞうき…193
霜降節　そうこうせつ…237
相剋 そうこく／相生 そうじょう…186
卒寿　そつじゅ…194
園田真次郎　そのだしんじろう…195
巽　そん…43
巽宮　そんぐう…91

【た】

兌　だ…43
胎　たい…154
太陰暦　たいいんれき…196
大運　だいうん…123
大陰神　だいおんじん…196
大寒節　だいかんせつ…239
胎気　たいき…196
退気　たいき…198
太極　たいきょく…199
太極から八卦の図
　たいきょくからはっかのず…18
太極貴人　たいきょくきじん…201
太極図　たいきょくず…199
太歳神　たいさいじん…201
大将軍　だいしょうぐん…202
大暑節　たいしょせつ…236
大雪節　たいせつせつ…238
対冲　たいちゅう…202
太一九宮法 たいつきゅうぐうほう…203
太陽暦　たいようれき…203
高島嘉右衛門　たかしまかえもん…203
兌宮　だぐう…91
宅心　たくしん…29,204
宅心エリア　たくしんえりあ…31
辰　たつ…159

四隅　しぐう…142
支合　しごう…143
二黒土星　じこくどせい…55
四象　ししょう…143
四書五経　ししょごきょう…144
四神　ししん…144
四神相応　しじんそうおう…144
四正　しせい…145
七十二候　しちじゅうにこう…146
七赤金星　しちせききんせい…72
時柱　じちゅう…148
四柱推命　しちゅうすいめい…147
七曜　しちよう…148
地鎮祭　じちんさい…148
十干　じっかん・じゅっかん…136
四盤暦　しばんれき…148
磁北　じほく…149
赤口　しゃっく・しゃっこう…150
周　しゅう…150
周易　しゅうえき…150
周公　しゅうこう…150
十二運　じゅうにうん…151
十二支　じゅうにし…155
十二直　じゅうにちょく…165
十八天　じゅうはちてん…164
秋分節　しゅうぶんせつ…237
十翼　じゅうよく…164
周廉渓　しゅうれんけい…165
儒教　じゅきょう…166
朱子　しゅし…166
呪術　じゅじゅつ…167
純陰　じゅんいん…167
順運　じゅんうん…167
春分節　しゅんぶんせつ…233
純陽　じゅんよう…167
象意　しょうい…167
定位二盤　じょういにばん…169
定位対冲　じょういたいちゅう…168
少陰　しょういん…169
傷官星　しょうかんせい…212
小寒節　しょうかんせつ…239
小月建法　しょうげっけんほう…171
上元　じょうげん…171
邵康節　しょうこうせつ…184
小暑節　しょうしょせつ…235
少女　しょうじょ…171
象数易　しょうすうえき…172
小雪節　しょうせつせつ…238
少男　しょうなん…172
小児殺　しょうにさつ…172
小満節　しょうまんせつ…235
少陽　しょうよう…170
食神星　しょくじんせい…211
初春　しょしゅん…173
処暑節　しょしょせつ…236
初年運　しょねんうん…16
四立十八天　しりつじゅうはちてん…173
四立二至二分　しりつにしにぶん…173
四緑木星　しろくもくせい…61
震　しん…43
神　しん…173
震宮　しんぐう…90
神殺　しんさつ…173
人象　じんしょう…174
神農　しんのう…174
真北　しんぽく…174

孔子　こうし…106
皇寿　こうじゅ…106
庚申　こうしん…107
浩然の気　こうぜんのき…107
黄帝　こうてい…107
後天定位盤
　こうてんじょういばん…108,184
後天図　こうてんず…184
五黄殺　ごおうさつ…108
五黄土星　ごおうどせい…64
古希　こき…108
五行　ごぎょう…108
五行の相剋の図
　ごぎょうのそうこくのず…190
五行の相生の図
　ごぎょうのそうじょうのず…187
五行易　ごぎょうえき…109
五行数　ごぎょうすう…109
穀雨節　こくうせつ…234
刻破　こくは…243
五術　ごじゅつ…109
御神砂とり　ごしんさとり…110
御神砂まき
　ごしんさまき・おすなまき…115
五大凶殺　ごだいきょうさつ／五大凶方　ごだいきょうほう…121
戸建ての増改築
　こだてのぞうかいちく…119
子星　こぼし…122
暦便覧　こよみびんらん…122
坤　こん…43
坤宮　こんぐう…91
艮　ごん…43
艮宮　ごんぐう…90
権禰宜　ごんねぎ…92
【さ】
歳運　さいうん…123
歳刑神
　さいけいじん・さいぎょうじん…123
歳殺神
　さいさつじん・さいせつじん…123
歳破　さいは…242
歳禄神　さいろくじん…124
桜田虎門　さくらだこもん…124
殺気（星）　さっき（せい）…124
殺気方　さっきほう…125
雑節　ざっせつ…125
申　さる…161
三皇五帝　さんこうごてい…133
三合　さんごう…127
三合参り　さんごうまいり…133
三元（特定の日）さんげん…126
三元（暦）さんげん…127
三才　さんさい…133
傘寿　さんじゅ…134
三大凶殺 さんだいきょうさつ／三大凶方　さんだいきょうほう…134
三備　さんび…134
三碧木星　さんぺきもくせい…58
算命　さんめい…135
支　し…135
死　し…153
四季　しき…140
死気（星）　しき（せい）…135
敷地の地相　しきちのちそう…141
死気方　しきほう…136

神棚　かみだな…43
仮移転　かりいてん…44
坎　かん…43
坎宮　かんぐう…90
坎宮傾斜　かんぐうけいしゃ…45,97
干合　かんごう…45
冠帯　かんたい…46,152
還暦　かんれき…47
寒露節　かんろせつ…237
気　き…48
機　き…49
気学　きがく…49
祈願　きがん…81
気質　きしつ…82
喜寿　きじゅ…83
吉　きち…83
吉方位　きっぽうい…83
気抜き　きぬき…84
甲　きのえ・コウ…137
乙　きのと・オツ…138
鬼門　きもん…84
奇門遁甲　きもんとんこう…85
逆運　ぎゃくうん…86
逆数　ぎゃくすう…86
九紫火星　きゅうしかせい…78
九星　きゅうせい…50
九星置潤法
　きゅうせいちじゅんほう…86
旧暦　きゅうれき…87
共時性　きょうじせい…87
兄弟星　きょうだいぼし…88
凶方　きょうほう/凶殺　きょうさつ…88
義理易　ぎりえき…89
金局三合　きんきょくさんごう…131
宮　ぐう…89
宮司　ぐうじ…92
空亡　くうぼう…93
グレゴリオ暦　ぐれごりおれき…94
卦　け・か…94
刑　けい…95
形而下　けいじか…95
形而上　けいじじょう…95
繋辞伝　けいじでん…96
傾斜　けいしゃ…96
傾斜法　けいしゃほう…96
啓蟄節　けいちつせつ…233
夏至節　げしせつ…235
卦象　けしょう…99
月家　げっか…99
結界　けっかい…99
月柱　げっちゅう…100
月徳　げっとく…100
月徳合　げつとくごう…100
月破　げっぱ…100,242
月盤　げつばん…100
月命星　げつめいせい…101
月命盤　げつめいばん…102
月命盤鑑定　げつめいばんかんてい…102
月令　げつれい…105
乾　けん…43
元気　げんき…105
乾宮　けんぐう…92
乾宮傾斜　けんぐうけいしゃ…97
建禄　けんろく…152
爻/こう　爻辞/こうじ…106
劫財星　ごうざいせい…106,211

〔 索 引 〕

【あ】

相性　あいしょう…5

安倍晴明　あべのせいめい…6

暗剣殺　あんけんさつ…6

亥　い…163

一陰一陽　いちいんいちよう…8

一白水星　いっぱくすいせい…52

井戸　いど…9

戌　いぬ…163

居普請　いぶしん…9

殷　いん…10

陰爻　いんこう…106

印綬星　いんじゅせい…10,214

陰宅　いんたく…10

陰と陽　いんとよう…10

陰遁期　いんとんき…11

陰陽家　いんようか…12

陰陽五行論

　いんようごぎょうろん…12

卯　う…158

丑　うし…157

雨水節　うすいせつ…233

右旋　うせん／左旋　させん…14

午　うま…160

裏鬼門　うらきもん…15

盂蘭盆　うらぼん…15

運気　うんき／運勢　うんせい…16

易　えき…17

易卦　えきか…18

易経　えききょう…19

易象　えきしょう…20

恵方　えほう…20

黄幡神　おうばんじん…21

王弼　おうひつ…22

王陽明　おうようめい…22

大祓い　おおはらい・おおはらえ…23

尾島碩聞　おじませきぶん…23

お砂とり　おすなとり…23

御砂まき　おすなまき…115

御水とり　おみずとり…23

親星　おやぼし…24

陰陽道　おんみょうどう…24

【か】

夏　か…25

回座　かいざ…25

階段　かいだん…26

火局三合　かきょくさんごう…130

欠け　かけ…35

欠け込み　かけこみ…35

下元　かげん…27

卦辞　かじ…27

家相　かそう…27

家相盤　かそうばん…28

方違え　かたたがえ…41

卦徳　かとく…43

河図　かと／洛書　らくしょ…42

庚　かのえ（コウ）…139

辛　かのと（シン）…139

松田統聖
気学 必読書 シリーズ

【著者略歴】

松田統聖（まつだ とうせい）

東京教育大学・大学院哲学科博士課程中退　筑波大学専任講師（中国哲学）
韓国精神文化研究院に招聘され、韓国にて易学、太極論の研究を極める。
その後、運命学に専念するため筑波大学を退官。
現在、正統気学の確立者として、四柱推命、算命を含めた講義・鑑定を指導
聖法氣學會名誉会長（現職）。
著書に「九星の秘密」「気学の力」「運命の見方」「家相の見方」「気学の真髄」「実践する気学」など多数

作道潤聖（さくどう じゅんせい）

青山学院大学法学部卒業、流通サービス企業にて幹部向け経営情報誌の編集に携わる。コンサルティング会社に移り、人材活性化プログラムに取り組む。日本行動分析学会理事を務める。中小企業の管理者教育などを行う。

「吉凶は動より生ず」の文言に惹かれて気学の道に入る。当初から松田統聖会長（当時）に師事、古代中国運命学の系譜に至る気学の深淵さに感銘し現在に至る。

現在、聖法氣學會　常任幹事。気学の研究と会の運営に携わる。

気学用語事典

２０１９年１月30日　初刷発行
定　価――本体１、７００円＋税
著　者――松田 統聖／作道 潤聖
発行者――斎藤 勝己
発行所――株式会社東洋書院
〒１６０－０００３　東京都新宿区四谷本塩町15－8－8F
電　話　０３－３３５３－７５７９
ＦＡＸ　０３－３３５８－７４５８
http://www.toyoshoin.com
印刷所――株式会社平河工業社
製本所――株式会社難波製本

ISBN978-4-88594-525-0